U0826068

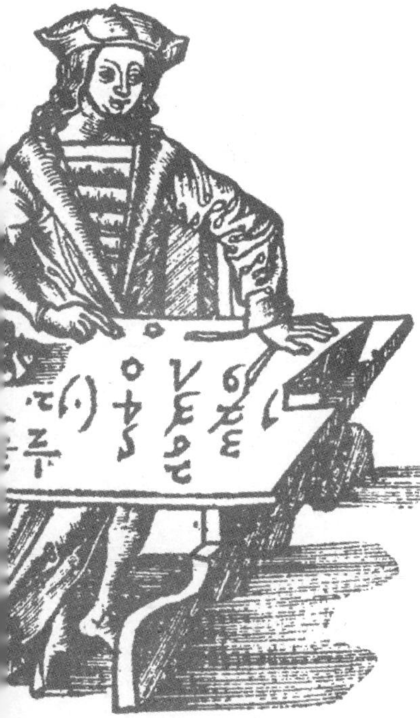

数学家的艺术生活

Art in the Life of Mathematicians

[匈] 安娜·凯普斯·塞迈雷迪 编
(Anna Kepes Szemerédi)
李东璘 胡婧 译

北京大学出版社
PEKING UNIVERSITY PRESS

著作权合同登记号　图字：01-2015-7025

图书在版编目（CIP）数据

数学家的艺术生活/（匈）安娜·凯普斯·塞迈雷迪编；李东璘，胡婧译. —北京：北京大学出版社，2017.11

ISBN 978-7-301-27662-4

Ⅰ.①数… Ⅱ.①安… ②李… ③胡… Ⅲ.①数学家－生平事迹－世界 ②艺术－文集 Ⅳ.①K816.11 ②J-53

中国版本图书馆CIP数据核字（2016）第248350号

书　　名　数学家的艺术生活
　　　　　SHUXUEJIA DE YISHU SHENGHUO
著作责任者　［匈］安娜·凯普斯·塞迈雷迪（Anna Kepes Szemerédi）编
　　　　　李东璘　胡　婧　译
责 任 编 辑　黄　炜
标 准 书 号　ISBN 978-7-301-27662-4
出 版 发 行　北京大学出版社
地　　址　北京市海淀区成府路205 号　100871
网　　址　http://www.pup.cn　　新浪微博：@ 北京大学出版社
电 子 信 箱　zpup@pup.cn
电　　话　邮购部 62752015　发行部 62750672　编辑部 62754271
印　刷　者　北京大学印刷厂
经　销　者　新华书店
　　　　　720毫米×1020毫米　16开本　20印张　270千字
　　　　　2017年11月第1版　2017年11月第1次印刷
定　　价　52.00元

未经许可，不得以任何方式复制或抄袭本书之部分或全部内容。

版权所有，侵权必究

举报电话：010-62752024　电子信箱：fd@pup.pku.edu.cn

图书如有印装质量问题，请与出版部联系，电话：010-62756370

译者序

在很多人的印象中，数学家高深莫测、孤僻乏味。聪明、认真、严谨、专注常常是大家给数学家贴的标签。但是如果说数学家也同样有着热爱艺术的心，也许不少人并不理解。

由于工作的缘故，我经常能接触到来自世界各地的优秀数学家，他们在数学研究上很有建树，令人惊讶的是他们在艺术方面也造诣颇深，有的精通绘画、书法、诗词、乐器，有的在舞蹈、戏剧、电影等门类上展现出了极高的艺术天赋和专业水准。数学与艺术虽迥然相异，但在看似无关和差异的背后，却隐含着极其深刻的联系。数学与艺术所使用的具体语言不同，但它们都以一种凝练的方式来表达客观世界。数学与艺术同源共生，关系密切。从结绳记事、记号陶文到象形文字，从陶器、青铜器再到瓷器，其中包含的点、圆、方等几何符号表明人类从远古时期开始已经形成数学的几何概念。从事艺术需要灵感、自由、热情和想象力，而数学的发展进步也离不开灵感、自由、热情和想象力。数学家大胆提出各种猜想，建立理论，积极思考，直至洞悉客观世界的规律。难怪著名的德国数学家康托尔感慨说“数学的本质在于它的自由和想象”。

数学与艺术不仅在描绘客观世界上有共同之处，它们的终极目标更趋一致，那就是追求美。艺术是对美的观照和领悟的结果，艺术追求美，这很好理解。但数学也追求美，可能就较难理解了。实际上，我们常听到数学家用“很美”来形容某个证明过程或者研究结果，这既是对数学研究工作的至高评价，另外也暗含着数学家对美的追求。数学之美从根本上说是数学思想和精神之美，它更为抽象和精密，感受它需要具备相关的专业知识以及优秀的理解力和领悟力。

数学与艺术从来都不是相互隔绝而孤立存在的。大家所熟知的文艺复兴时期的天才画家、科学家达·芬奇，将“对数螺线”“黄金分割定律”运用到他的一幅幅经典画作当中，创立了全新的数学透视理论。达·芬奇自认为在绘画等艺术方面很业余，令他更加痴迷和投入的却是数学、生理、工程等研究工作。达·芬奇一生在艺术和数学等方面所取得的辉煌成就为后人交口称赞。可见，数学与艺术的结合有很大的能量，能产生出意想不到的效果。

作为世界上最聪明的人，数学家眼中的艺术必定是与众不同的。《数学家的艺术生活》汇集了多位顶尖数学家，包括国际数学最高荣誉“菲尔兹奖”得主、“阿贝尔奖”得主、欧美国家科学院院士等，对艺术的所见、所闻、所思、所感，向我们展示了数学家独树一帜的艺术品位和丰富多彩的艺术生活。从这本书中，我们不仅可以对数学家有一个更为全面的了解，还可以跟随他们走进艺术、欣赏艺术，并从中受益。

在本书的翻译过程中，我们得到了作者安娜的悉心指导，北京大学田刚院士对本书的翻译出版给予了诸多的宝贵意见。北京大学数学科学学院宋春伟教授对译稿作了精心审读，北京大学出版社陈小红、黄炜两位老师对本书的编辑工作倾注了大量精力。在此深表敬意并致以衷心的感谢！

李东璘

2016年8月

北京大学镜春园

前　　言

数学家最好的成就是艺术，一种完美的高等艺术，清晰透彻，历历可辨，如同最隐秘的幻想那样大胆。数学天资和艺术天资有着千丝万缕的联系。

——古斯塔·米塔格-莱夫勒（Gosta Mittag-Leffler）

编写本书的想法产生于2010年。当时，我组织了一个题为“数学世界中的艺术”的展览，借此庆祝丈夫安德烈·塞迈雷迪（Endre Szemerédi）70岁生日。

展览以“数学和艺术”为主题，吸引了公众非常大的兴趣，其中有数学家，也有非数学专业的人士。因此，我决定创作一本数学家谈论艺术的文集。

这让我意识到，为何不让数学家发声，表达自己对艺术的想法呢？我想知道艺术对他们有何意义。

数学家的艺术身份十分丰富，从歌剧迷、艺术爱好者到编剧、音乐人、画家、摄影师、演员以及舞者，往往处于专业水平。

我请世界一流的数学家为本书献文，其中有很多都诚恳地答应了。与他们合作是一次令人兴奋的经历。

当然也有很多数学家本可以参与进来，但最终未能如愿，时间限制是原因之一，或者单单是因为我不了解他们的艺术爱好而没有联系他们。我希望他们会受到本书的鼓舞，将来再版时来分享他们的见解。

我万分感谢对本书积极分享宝贵想法的数学大师。对于他们为此献出的时间、耐心和对本书的热情，我不胜感激。

我想特别对谢尔盖·盖尔范德（Sergei Gelfand）表示感谢，感谢他支持我对本书的计划，并帮助本书出版。

我非常感谢丈夫安德烈·塞迈雷迪的支持和建议。同时我感谢自己有机会见到他所有的好同事、好朋友，他们当中有很多人参与了本书的编写工作。

最后我想感谢女儿。她们在本书编辑期间给了我时间、耐心以及时而质朴的意见。

我将本书献给我的孙子、孙女，希望让他们知道数学无处不在。

安娜·凯普斯·塞迈雷迪（Anna Kepes Szemerédi）

目　　录

阿萨夫·纳欧尔，安玛丽·佩尔

导言

数学和艺术是范围广阔、影响深远的两大学科，它们之间存在持久的联系，而这并非本文的重点。构成本书的自传体和哲理性的文章，以其丰富多样的内容、极为诚恳的笔调和非常浓厚的兴趣，更好地揭示了本书主题的广度和相关性，亦非本文所要单另介绍的对象。诚然，数学和艺术的联系中有些方面对我们看似最为重要，作为研究数学和艺术历史的学者，我们撰写本书导言部分，是为了尽可能地对比这两种截然不同的学科，通过强调自己不熟悉对方专业这一事实，突出这些重要的方面。

首先，不容否认的是，纵观历史，艺术家需要依靠数学完成艺术创作，而据笔者所知，尚未有一位数学家运用艺术来建立新的数学理论，从这个层面上看，数学和艺术的关系存在不对称性。然而，如果我们把目光转向历史记录最完整的视觉艺术，而不是表演艺术，我们就会发现其中所包含的一些基本共性。这有助于解释数学对艺术的亲缘性，或者说至少解释了数学家为何用艺术作比喻或类比来说明隐藏在新理论里的美学特征以及从中获得的满足感，尤其在更大的公众场面下更是如此。即使在圈内，面对那些引导他们发现重要问题、解决难题及实现其他更多目标的研究成果，数学家们也会谈论美和雅，但这又增加了一种趣味，几乎是在专业知识之外，但确实又和知识相关。而与之相悖的是，这种知识带来的愉悦感却能引发身体上的诸多反应。笔者希望阐述的正是这种乐趣及其与艺术的相关性。

理想化的追求

数学和艺术之间最大的共同点莫过于对理想的追求。正如数学产生于思想的疆域，历史上大部分的艺术都在追求或再现神灵和英雄的世界。比如说古希腊的雕塑，展现在人们面前的肯定不是人与自然的景象，原因在于人与自然是低俗的，充满缺陷和丑陋，很容易接近和复制，几乎吸引不了多少兴趣。（估计恰恰是这种理想化的倾向，即使是摄影时代的到来，也无法磨灭艺术魅力的原因之一。）古希腊雕塑体现的不是单独的历史人物，而是具有模范性和永恒性、超越一切的神，这些形象通过数学推算被体现成为精湛绝伦的雕塑作品[①]。

颇具影响力的古希腊雕塑家波利克里托斯（Polykleitos）编著的《法则》（*Canon*）一书提出选用身体某个部位，在人体上复制多次，使其成为贯穿始终的基础模块[②]。直到今天，艺术专业的学生仍在学习以额头纵向三份、眼睛横向五份的比例画人的脸框。如今掌握这些法则扩大对象的额头面积或眼间

---

① 它们的裸体形象进一步代表了它们的神性，而凡夫俗子则需在公共场合遮掩他们那不完美的躯体，否则便会构成对社会的不敬，危及自身的名誉。

② Richard Tobin, “The Canon of Polykleitos,” American Journal of Archaeology, Vol. 79, No. 4 (Oct, 1975), pp. 307—321. Andrew Stewart, “The Canon of Polykleitos: A Question of Evidence,” The Journal of Hellenic Studies, Vol. 98, (1987), pp. 122—131.

距离并不难，但人物写生并不是古希腊人的兴趣之所在，他们更看重像《法则》中提出的那种理想形态，其内部一致性、非现实感，以及本质与特质、普遍性与独特性的分离和对立，同数学的主要特点有几分相似。在古希腊，数学的确是艺术的左膀右臂，其作用之大，不仅仅被用于设计像帕台农万神庙（Pantheon）那样重要的建筑。从更加细致的层面上看，面对规模如此宏大的建筑，人类的感官定会有薄弱之处，而数理分析能够预测并弥补这些先天的不足。最终的建筑线条经过细心计算，略不同于完美的直线，这使建筑整体看上去脱离了事实和现实，但对人而言却是一种理想的实现。①

柏拉图在《理想国》第十卷中痛斥艺术家，说他们学识浅薄，喜欢模仿，不讲真话，他的批评带着现代的味道，因为像波利克里托斯那样知名的艺术家在解剖学、数学和艺术领域颇有造诣，同时不乏创新能力、思辨能力，也没有像柏拉图说的那样缺乏道德意识。柏拉图认为，艺术仅仅给人愉悦感，无益于社会和个人的发展，而数学则不同，它对军事战略制定、心智发展以及真理的探究大有裨益。这就是柏拉图为何不顾反对的声音，坚持不许他的理想国发展诗歌和艺术，而是把数学定为基础学科。如今，数学家试图让外界人士相信数学美轮美奂，趣味横生，而这与影响当代的古代价值观、判断及反对派思想背道而驰，更别提当今大多数人在中小学阶段学习数学的痛苦经历了。

塑造完美形态的乐趣

不论是通过思考、视觉感触，还是体力劳动，实现像大型雕塑或建筑那样一个单纯而又完美的基础形态所感受到的快乐心情，是数学和艺术的第二个共同之处。虽然这是一种别样的乐趣，但它有时却很难被察觉，究其原因，无外乎是这种乐趣的邂逅极少像是看到圆形或正四面体等形状那样的纯粹、明显、

---

① 有关万神庙（Pantheon）及其非直线理论，参见J. J. Pollitt, Art and Experiences in Classical Greece, (Cambridge: Cambridge University Press, 1972), pp. 71—78.

易于表现。一般而言，这些被独特定义的形态并不是自然存在的，但它们经过艺术的刻意组合、修改、利用，在潜意识中发挥着作用，而不易被识别。数学家从各种不同的数据中发现最有意义、最单纯化的规律、联系或组织原则；艺术家创造出富有动感、结构均衡、整体感强的绘画作品；观众分析该艺术家如何将不甚相干的元素组合成一个形式上的整体，或者更进一步说，该形式上的组合是怎样与艺术家所要表现的主题联系起来的。现在让我们比较一下数学家与艺术家或观众在上述过程中所感受到的愉悦心情。在这里，数学家是一位有创造力的艺术家，还是一位被深深吸引、甚至参与其中的观众，要取决于把数学看成是发明或是发现。艺术是手工技艺的展示，而数学也同样离不开计算，但两者有相当一部分位于概念性的层面，所产生的乐趣也不例外。因此，完美形态发现的过程越具挑战性，成功后所获得的价值感就越强，伟大的数学或艺术均不是简简单单得来的（简单不是单纯，后者来之不易），这种显而易见的道理毋庸提及便能知晓。

数学家和艺术家追求理想的结果是偏爱利用完美形态或尽可能实现单纯性、准确性和完整性的形态，赋予空间以结构。数学和艺术无法容纳混沌或未知的空间。这两门学科均不接受这种混乱或无头绪的状态。作为实例，我们来比较一下数学“群”的概念和建筑“中心式”的布局，同时选取这两者的特殊关系与对称性及其内部和总体一致性进行对比。虽然中心式建筑应用前景很广，也会在视觉上产生几何美，但它相对少见，相比之下，“群”的现象随处可见，这与前者相比较，突出了数学和建筑之间的一项基本差异，即数学可以天马行空，而建筑则落到实地，为人所用。罗马的万神庙和小神殿（Tempietto）等具有完美比例的建筑作为宗教纪念丰碑屹立在世并非偶然，或者更进一步讲，布拉曼特（Bramante）为圣彼得大教堂设计的中心式结构经过重大调整才得以满足其服务对象——广大民众的各种不同需求。建筑的完美形态体现在民用方面的最佳典范，也许莫过于威尼斯城外的帕拉迪奥氏别墅，但像这样奢华的建筑不为多见，而且其建设以损失大量的便利性为代价，这一点佐证了数学相对而言不受物质和实用性的限制①。诚然，数学超越三维，往往在无边或无限的维度空间中运行，在此意义上免受物质的局限，但是物质世界中艺术的有力存在是数学最大的财富，因为邂逅艺术的每个人都必须应付数学——即便在最坏的情况下只是为了将它扫地出门。

抽象化与先锋派

数学和艺术之间最为明显的联系可能要数对抽象化的依赖了。抽象化思维是人类发展后期的产物，由此产生新信息和新联系，同时建立了只有通过长期浸入式学习才能掌握的新语言（仅凭阅读和观看是不行的）。在数学和艺术领域，新语言的普及使之前不同组别的专家阶层得以相互对话，大大地提高了我们的总体知识水平，但尽管如此，专业术语还是阻碍了外界的接近，令其避而远之，而这或许是数学界和艺术界面对最紧迫的公关问题（有些人认为这根本不是问题）。数学家被指责和生活脱节，而艺术家则被扣上江湖骗子这项更为严重的罪名，认为他们居心不良，对社会产生有害影响。就艺术而言，至少也部分存在自相矛盾的尴尬，因为很多艺术家选择了抽象表现主义的路线，而原因恰恰是他们认为抽象的东西能够被人普遍理解。举例来说，苏联革命先锋派就运用抽象表现主义作为与广大文盲阶层沟通的工具，其基本动机是想通过参与政治推进社会的重塑进程。1920年，埃尔·利西茨基（El lissitzky）创作出一幅名为“以红楔打击白匪”的政治宣传海报，其中一枚代表布尔什维克的红色三角穿过一个代表前执政当局的白色圆环，直逼圆环中心，借此来宣扬苏维

① 在最为苛刻的自然条件下，另一种中心式建筑结构大量涌现，即圆锥形帐篷（tipi）和冰屋（igloo）。虽然这些构造被认为是集功能和美于一体，但它们的价值主要在于其至高无上的实用性，而并非其完美的圆锥形和半圆形结构。因此，从传统意义上讲，我们对建筑的审美观受规模、永久性及独特性的牵制。此外，完美形态也不应该过于强势，亦不可过于显露，而是应该嵌于更为复杂的形态之中，延缓人们的发现过程，从而尽可能地加大成功之喜悦。

埃革命。统治者们（如斯大林）以及广大的苏联民众则更青睐于反映自然与人以及理想化生活的较为传统和保守的艺术。就这样，与参政先锋派的初衷相反，抽象化使艺术家脱离了大部分公众。虽然数学家不同于人文学家，没有为自己的数学研究成果寻求政治角色，但他们也许不愿看到自己对知识的探求造成与社会隔膜的不幸结果。

若抛开艺术的政治角色不谈，数学界和艺术界参与社会的方式就有了坚实的可比基础。首先，两者具有强烈的国际性特点。虽然民族传统依旧根深蒂固，如匈牙利的组合学、瑞士的平面设计，但数学家和艺术家因通用一种抽象语言而成为国际社会的一分子。在职业生涯的早期，长期出国进修获得高度鼓励，甚至是必要的做法，而在整个职业生涯，都少不了参与国际会议和展出。实际上，在多数国家里，没有踏出国门不仅仅是一个重大的劣势，而且还会受到歧视，这反映了学术界对国际参与性的坚守。此外，国际视野或已经具有内化性和自动性特点的对外自我辩解，对抽象化目标实际上是一种平行和加强。两个领域的发现均由几近乌托邦式的乐观态度和能量所驱动。而在现实中，数学家和艺术家不但拥有超强的社交能力，而且他们的大部分工作需要通过协作来完成，这与大众印象中动作笨拙的数学家以及遭人误解、愁眉苦脸独自一人在工作室创作的艺术家截然不同。数学和艺术常常需要团队协作，将新发现建立在前人的研究成果之上，从而拓宽寻求真理的共同道路。与此同时，竞争也很激烈，原因是虽然研究兴趣和目标可以共享，但人们看重的是独创性，所以占领先机是必要的。在历史上，两门学科都注重天才的诞生，不乏天才少年之逸事，但通常人们认为比同辈领先十年、二十年，甚至一代人的才子屈指可数（对天才性别的偏见恰恰反映出其被建构性及后果）[①]。这些故事的主人公有时

① 有关艺术天赋的女权主义论述，参见：Linda Nochlin, “Why Have There Been No Great Women Artists?,” *Women, Art, and Power and Other Essays*, (New York: Harper & Row, 1988), pp. 145—178. 该文于1971年首次发表。

甚至是病态化的，他们患有精神疾病，不能正常生活，痛苦万分，但在大众的眼中，这种病态与超出常人的创造力如影随形，实乃不幸但无法避免。一方面是例外卓异的确证，而另一方面，如果生活被刻画成了悲剧，这种疾病又是一种对人生宿命的补偿或惩罚。虽说天赋的范围很广，也有很多种不同的天赋，但很大一部分成果取决于新理念或新技术揭示或实现的方向。多人同时发现同一事物的现象明显存在于数学和艺术领域。不过，杰出人士确实能够独自产生巨大的甚至是轰动的效应。黎曼和毕加索等人彻底改变了世界。但是我们不禁要问：假若黎曼或毕加索没有站在全球数学界、艺术界的中心，也没有得益于中心地位的教育和关注，黎曼的几何和假想或立体派画作、抽象拼贴画需要多久才能问世？还会不会问世？毫无疑问的是，在文化沙漠中，这些创新成果是不会得以发现或受到赏识的。

从更广的角度，我们目睹了数学和艺术在20世纪对世界产生的巨大的间接的影响，日常生活因此得到转变。对外界而言，这也许是证明其重要性最有说服力的证据了。数学和艺术最强烈的抽象化概念并不是仅仅为了抽象而抽象，这种可被视为是一种过时的风格或是一种学术狂热的结果，而是以激励古人踏上高远乃至神秘的寻求真理之路为动力。如今，数学界不再有毕达哥拉斯式的人物，艺术界也不再有见神论者，如孟德律昂（Mondrian）和康丁斯基（Kandinsky），古代人所表现出的壮志未酬誓不休的精神，在公开场合成为大多数艺术家和数学家调侃的话题，但在私下里也不免令他们肃然起敬。其中的道理很简单，即数学和艺术确实能够满足人们的精神乃至生存需求，不亚于宗教的作用。然而，从本质上来讲，数学家和艺术家没有明确的研究目标，大多数人会认为这种说法是有问题的。例如在大型应用的层面，数学家和艺术家很难解释清楚终结点的不确定性恰恰就是研究的动力，否则他们的付出就失去意义了。如此精神化、理想化的学科通过工程和设计会产生这么多的结果，这点更具反讽意义和深远意义。举例来说，应用于网络安全技术的数论，或者是应用于工程学的傅里叶分析法和偏微分方程，且不论应用于经济学、程序算法学等众多科学领域的概率论和几何，其影响不可被低估。艺术界的影响包括新思想典范——包豪斯建筑学派。该学派涉及平面设计、建筑、室内设计、工业设计、装饰装潢、摄影、绘画等诸多专业，其成果不仅仅改变了我们眼中的世界，更是改变了我们看待世界的方式——周围环境变了，我们的审美观也转变了。（本书亲爱的主编——安娜·凯普斯·塞迈雷迪的伯父乔治·凯普斯（György Kepes）在推动变革的进程中扮演了十分重要的历史角色。此话恐有歌功颂德之嫌，但笔者不得不提，望主编海涵。）最后，我们可以细细思索和品味这样一个事实，那就是在20世纪初先锋派追寻不同的抽象化道路中（其中也包括象征主义、原始主义和表现主义），几何最终成为一条抽象艺术重要的中心路线。本书以数学的视角审视艺术，作为它的导言，本文的结语恰恰与之相反：数学于艺术而言存在特殊相关性，尤其对于我们这个时代的抽象艺术，更是如此。

阿萨夫·纳欧尔（Assaf Naor），数学家，重点研究数理分析和度量几何，于2002年获得耶路撒冷希伯来大学博士学位，之后进入美国华盛顿州雷德蒙市微软研究中心理论小组，任研究员；2006年前往纽约大学库朗数学科学研究所任教，成为数学与计算机科学教授；自2014年起担任普林斯顿大学数学教授并兼任西蒙斯基金会算法与几何（A&G）智库负责人。

安玛丽·佩尔（AnnMarie Perl），20世纪欧美艺术历史学家，重点研究欧美艺术社会政治的方方面面。她毕业于纽约大学美术研究院艺术历史专业，完成题为“以1945—1962年达利、毕加索、乔治·马修和伊夫·克莱因为例论表演技巧与现代艺术的结合”的论文，获博士学位，目前担任普林斯顿大学艺术与考古学系博士后研究助理兼讲师。

HOLIDAY PRESENTATION
The Barber of Seville

贝拉·博洛巴斯

一位数学家眼中的歌剧与音乐

轻柔的低语远去了，那音律……[①]

“他懂音乐吗？”我听到读者问，“他懂歌剧吗？”首先坦白，我不太懂。在深度分析歌剧方面，我一点都不够格，但我可以大胆地说，我和妻子盖比瑞拉都热爱音乐，热爱歌剧，曾去过纽约大都会、科芬园皇家剧院、匈牙利布达佩斯国家剧院，以及米兰、维也纳、巴黎、柏林、莫斯科、威尼斯、智利圣地亚哥、里约热内卢、布拉格、西雅图等地的剧院，观看过无数场悦目娱心的演出。我们喜爱绝对精彩的演出，并且（在我看来）能分辨演出是否精彩。神奇之夜的经历成为十分宝贵的回忆——事实上，在不经意的时刻回忆那些夜

① 译者注：作者摘自雪莱的诗作《轻柔的声音寂灭后》（*Music, when soft voices die*）。

晚，心情就会好起来。古典音乐和歌剧极大地丰富了我们的生活。

这篇短文有两个目标：第一个的自我色彩很浓：我想谈谈自己是如何爱上歌剧的，为什么对歌剧的惊世之作怀有最崇高的敬意，以及这些作品给我们的生活增添了多少色彩。第二个目标也不谦卑：我想让读者一睹歌剧神奇的天地——当然是我眼中的歌剧天地。本文并非面面俱到，不是罗列出一份歌剧、作曲人、剧作者及其他相关人员的资料，并一一进行介绍。我想选几个代表多谈谈。如果把我想说的话全部写出来，篇幅就会过长，即使是目前的这篇文章，也一定会考验读者的耐心。我不会对歌剧进行系统性的介绍——恰恰相反，我给出一个个小片段，但我想就算读者完全不了解本文主题，这样的片段读起来也不乏趣味。文中反复提到很多日期，势必会让有些（很多？）读者烦心，但如果换成读者的身份，让我去迎合作者，我可不愿意。比方说让我记住1791年莫扎特逝世，1891年奥斯卡·王尔德（Oscar Wilde）完成《莎乐美》，那可不行——不过你们可能已经猜到了，这些日期我全记得。

倘若本文能鼓励一些读者试着去欣赏歌剧，说不定还会有一两个人爱上歌剧，那我也就算大功告成了。

早年时期

从记事起，我就生活在艺术的氛围里。记得小时母亲教我读诗，事实上，以前常有人告诉我，那时我还是蹒跚学步的孩童，对于来访者，我也不管对方愿不愿意，就以命令的语气问道：“我能为您背首诗吗？”读完小学一年级后，我变得极为腼腆。从此之后，除非有人硬逼着我，否则我绝不会背诗。要是在今天，像我这样过分害羞的情况在医生那里就变成了阿斯伯格综合征，但在当时，从来都没有人听说过当今孩子患上的各种时髦的怪病。

我的父母都是歌剧迷，从孩子很小的时候就带他们看话剧和歌剧，把自己对剧院和歌剧的热爱注入孩子幼小的心灵。说音乐是我的生活不可或缺的一部分，有些惭愧，因为对于音乐，我是彻底的外行，唱歌跑调，也不会弹奏任何乐器。上学时，老师要求学生面对全班唱歌。我吓坏了，坚决不参加。音乐老师体察到我的问题，于是只要我掌握基本乐理就算过。

我在音乐的陪伴下长大。毫无疑问，我第一次听古典音乐是在教堂——李斯特、柯达伊、莫扎特、巴赫、亨德尔等名家的作品，还有那震撼心灵的致“匈牙利圣女”的古老圣歌，其中有一首曲子是父亲的最爱。在这些为教堂谱写的“严肃”乐曲中，巴赫创作的《B小调弥撒》最具代表性，被认为体现出“天主教派赞颂主和路德教派崇拜十字架这两种精神上剧烈的碰撞”。50多年来，这首弥撒一直是我最喜欢的乐曲之一。圣乐下来便是歌剧了。我五六岁时，父母就开始带我去“大剧院”了——布达佩斯那座漂亮的小剧院。

我第一次看《邦克公爵》（*Bánk Bán*）的演出——甚至也可能是我平生看的第一部歌剧——给我留下了永恒的印象。匈牙利人都知道，在那座小小的匈牙利歌剧院，《邦克公爵》是其全部剧目的中流砥柱。这部美妙的威尔第式歌剧由费伦茨·艾凯尔（Ferenc Erkel）于1861年创作，讲的是公元1213年，匈牙利贵族趁国王安德鲁二世率十字军东征圣耶路撒冷之时密谋反叛，想把日耳曼王后格特鲁德和她手下那些一事无成的外国佬赶出匈牙利，而匈牙利的副王邦克公爵强烈反对谋反——他终究是国王任命的教区牧师。但得知妻子梅琳达受到格特鲁德王后弟弟的侵犯后，邦克公爵便加入反叛行动。最终，邦克公爵杀死了王后，而梅琳达精神受到刺激，带着小儿子跳河自尽了。对罹患阿斯伯格病的我来说，梅琳达的死使我感到伤心和恐惧（那时我一准认定王后该有如此下场），家人不得不安慰我说梅琳达实际上没死。等到演出结束，看到“梅琳达”出来谢幕，我才如释重负。这对一个歌剧迷来说可谓开局不利！

渐渐地，我对歌剧入了迷。其实在童年阶段，我就已经喜欢上歌剧了，但直到25岁左右，才上升到热爱的程度（偶尔会爱过头）。20世纪60年代住在布达佩斯的时候，我经常去看歌剧，也喜欢看，但极少遇到能真正让我感到振奋的作品。给我留下深刻印象的第一部剧是1963年戏剧学院期末考试剧目，名为《费加罗的婚礼》（*Le Nozze di Figaro*），是由朝气蓬勃的年轻学生演的——演出地点自然是在匈牙利的布达佩斯。其中有位快乐的“苏珊娜”，她的表演令我吃惊，是她脱凡超俗的气质吸引了我。几年之后，我有幸把她娶回了家。从此之后，我爱着饰演苏珊娜的盖比瑞拉——不仅如此，我还爱上了《婚礼》和《唐·乔瓦尼》（*Don Giovanni*）。我在书房里把这两部歌剧的唱片听了一遍又一遍。幸好书房离父母工作的房间比较远，所以我没有把他们给弄疯了。多年来，我把这两部旷世之作听了无数遍，也去几个国家的剧院观看了几十场演出，但现在依然觉得它们把我带向一个更高的境界。

1963年，在布达佩斯读本科期间，我转入剑桥学习一年。期间，我去了几次科芬园，也去了两次巴黎歌剧院，感觉都很不错，可是没有一部能让我叫好的演出，比在布达佩斯看过的演出好不了多少。毫无疑问，这样的评价证明了我的无知，因为我在科芬园看过的一部大歌剧就是玛丽亚·卡拉斯（Maria Callas）出演的《托斯卡》（*Tosca*）——当今它被广泛认为是绝对出神的演出，实际上被誉为一部世纪传奇，但我却没有领略到它的神奇。

莫斯科波修瓦剧院

第一次让我感到震撼的演出是莫斯科波修瓦剧院上演的剧目。1967—1968年我应邀去苏联科学院游学，拜访了伊斯雷尔·莫伊斯维奇·盖尔范特及其身边的优秀团队。在此期间，我学到了很多数学知识，可到了晚上，我跑遍整个莫斯科市，就为了观赏音乐会和话剧，也去波修瓦剧院观看歌剧和芭蕾舞剧——科学院雇的“翻译”负责给我买票。我非常喜欢莫斯科举办的音乐会，更喜欢在波修瓦剧院上演的苏联歌剧。

一个半世纪以来，苏联（俄罗斯）有两大歌剧和芭蕾表演场地，一是位于莫斯科的波修瓦剧院（1825年开放），二是位于圣彼得堡的皇家马林斯基剧院

（1890年开放，但相关公司的历史久远得多）。我在莫斯科游学期间，在苏联解体前那些快乐的日子里，列宁格勒市基洛夫剧院是皇家马林斯基剧院的前身。这两家剧院之间固然存在良性竞争，可在当时，波修瓦剧院显然更胜一筹。上演世界顶尖的意大利歌剧，剧院本身是不能被指责的，因为斯拉夫人那种宽广的胸怀和气韵无法与意大利歌剧的精妙和美丽很好地融合在一起。我观看了在那里上演的所有意大利歌剧，总是希望下一部威尔第的作品会有更好的表现，可每次都是扫兴而归。然而，对于俄国歌剧，波修瓦剧院则大放光彩。

在匈牙利，我印象中最好的俄国歌剧是柴可夫斯基的《叶甫盖尼·奥涅金》（*Eugene Onegin*）。但到了莫斯科，我很快便发现自己犯了个大错误。（多年之后，一位朋友争辩说《奥涅金》没有进入百部最佳歌剧的行列；他说得没错。）穆索尔斯基（Moussorgsky）是和柴可夫斯基同时代的作曲大师，他创作的《鲍里斯·戈都诺夫》（*Boris Godunov*）和《霍万斯基党人之乱》（*Khovanshchina*）都是很棒的歌剧，尤其在波修瓦剧院的演出，更是无与伦比。在莫斯科生活的那一年里，每部剧我看了大约八次，每场演出的分分秒秒都是一种享受。大家都认为《鲍里斯》更棒，因此名气自然也就更大。但对我来说，《霍万斯基党人之乱》看上去更加震撼。我完完全全地爱上了这部剧（现在依然如此）。我喜欢它的一切。其一，穆索尔斯基出生在一个具有影响力的世家，在开始创作剧本之前做过大量的历史研究。其二，曲调丰富，借鉴了大量的俄国民间传说。其三，歌手的音色与乐曲浑然一体。其四，演出阵容华丽大气。其五，情节复杂，以浓烈的悲剧色彩结束。

《霍万斯基党人之乱》的故事发生在17世纪末处于动荡岁月中的俄罗斯。当时，沙皇阿列克谢一世的四个孩子争抢皇权。皇位由病弱的大儿子费奥多尔继承。在他死后，哥哥伊万本应接任，但波亚尔杜马（由俄国贵族阶级组成的议会）却把年仅十岁的同父异母的弟弟彼得（大帝）推上了皇位。然而，势力强大的枪步兵（即火枪手，训练有素的士兵）坚持认为，彼得和伊万应该双双继位，而他们的姐姐索菲亚应出任摄政王。几年后，彼得开始立遗嘱时，爆发了纷争。效忠于伊万·霍万斯基王子的枪步兵以及由多西费领导的旧礼仪派修士（反对彼得西方化改革的东正派基督徒）起身反叛。彼得很幸运，枪步兵都是粗暴的酒鬼，与劳苦修行、心灵虔诚的旧礼仪派修士不和，相互鄙视，因此反叛注定会失败。歌剧展现的正是他们与彼得之间的殊死对抗。

穆索尔斯基十分同情枪步兵和旧礼仪派修士，也更同情长期饱受战乱之苦的俄国民众。他力求建立一种俄式乐曲风格，所以，《霍万斯基党人之乱》的乐曲中流露出浓厚的俄国民俗色彩，也就不足为奇了。每一个场景都很精彩，其中几个场景具有典型的俄国风味。当演到霍万斯基王子心情不好，女眷们翩翩起舞以取悦于他，舞蹈演员选的都是那些敦实憨厚的妇女形象，不是通常身材苗条、跳芭蕾的那种类型。这样的安排营造出像家一样温馨的气氛，让观众感到给亲爱的“父王”表演的是家里的女人们，而不是专业的舞蹈演员。

遗憾的是，穆索尔斯基临终前未能完成该剧的谱曲。因此，在穆索尔斯基辞世几年之后，该剧首演选用的是林姆斯基-高沙可夫（Rimsky-Korsakov）的版本。又过了一段时间，斯特拉文斯基（Stravinsky）和拉威尔（Ravel）共同“完成”了该剧。时隔多年，肖斯塔科维奇（Shostakovich）也推出了自己的版本。在莫斯科的时候，我有幸观看了这三个版本。不得不说，各个版本我都十分喜欢，尽管我觉得林姆斯基-高沙可夫删掉了很多内容，很可惜。（习惯认为，林姆斯基-高沙可夫的版本不好，可我们不应忘记，俄国低音歌唱家、全球首位以一流水准饰演霍万斯基王子的沙利亚滨拒绝参演其余两种版本。）在波修瓦剧院表演的歌唱家们给我留下了最深刻的印象——我依旧欣然地记得演唱《霍万斯基党人之乱》和《鲍里斯》两部剧的涅斯特伦科（Nesterenko）、奥格尼夫采夫（Ognivtsev）、阿尔希波娃（Arkhipova）、奥布拉兹卓娃（Obraztsova）和阿特兰托夫（Atlantov）。他们的演唱风格与饰演角色极为相配，能把人物演活了。据我所知，到目前为止，没有一位饰演鲍里斯的西方歌唱演员能和涅斯特伦科或奥格尼夫采夫相媲美。

《霍万斯基党人之乱》的篇幅并不短，而且就算是提前离场，也会发现其中包含了大量的戏剧效果。我之所以这样说，是因为观众中有很多（大多数？）外国人确实在第四幕结束后便回家了。没错，第四幕看起来的确像结尾。在该幕的第一个场景中，霍万斯基王子遇刺；在第二个场景中，多西费痛诉反抗力量的瓦解。在枪步兵被带向刑场的那一刻，彼得沙皇派人传话，说他们被赦免了。所以，当第五幕开始的时候，观众席看起来就像在换幕时被投中了一颗炸弹一样。当然，最后一幕才上演真正的悲剧：留在台上的唯一主要人物多西费与旧礼仪派修士一起点燃了火葬用的木柴堆，唱着赞美主的圣歌跳入火海，结束了自己的生命。彼得的士兵来晚了，未能将他们收监。这是一个令人震撼的结局，配以强烈的旋律和熊熊燃烧、险些把剧院吞没的火焰，一个让你的心情一连多日都无法平复的结局。

四十多年过去了，我再也没有回到波修瓦剧院，剧院现已修复一新（代价也是巨大的），感觉应该趁现在重游莫斯科，欣赏几场《鲍里斯》和《霍万斯基党人之乱》的演出。波修瓦剧院的环境对这两部我最喜欢的歌剧来说最合适不过了，音响效果也比以前好多了。除此之外，“新”波修瓦剧院的内部装修重现沙皇时代的辉煌。正门前的剧院标志由苏维埃锤子和镰刀的图案换成了原来的双头鹰。剧场装饰富丽堂皇（也许过于奢华了）。观众座席选用的是舒适的扶手椅。看到这一切会给我带来极大的快乐。

科芬园和大都会剧院

离开莫斯科半年后，我终于回到了剑桥。盖比瑞拉来到剑桥后（根据匈牙利政府的规定，当属非法出境），我们就在一套很简陋的公寓里开始了婚姻生活。从一开始，我们就经常光顾科芬园，买最便宜的座位。我们看过很多歌剧，其中包括《弄臣》（*Rigoletto*）。在该剧中，公爵的演唱者是一位年纪轻轻、个子很高的意大利男高音。他唱得不错，但并不出众，没有给我们留下深刻的印象，所以我们也没有费心记住他的名字。多年之后，我们再看节目单的时候，惊讶地发现当时饰演公爵的演员竟然是鲁契亚诺·帕瓦罗蒂（Luciano Pavarotti）。很显然，我们的眼光不够好——评论家也不比我们好哪去！但在过去，帕瓦罗蒂的嗓音还没有形成现在所具有的那种惊人的魅力，如今他成为我们听过最棒的男高音。过了一些年，我们在纽约大都会剧院再次听到他演唱时，被他的表现惊呆了，再也不怕忘记他的名字了。

从20世纪70年代开始，我们越来越喜欢科芬园的演出，后来是纽约大都会剧院（下文简称“大都会”）的演出，到最后我们迷上了杰出的剧作。如今，我们喜爱水平一流的演出（这话太空洞了！）以及充满热情的年轻新秀的表演，但对于那些功夫不是十分到家的演员，即使他们表演得不错——甚至是非常不错，我们都不是特别想去看他们的演出。即使是最好的剧院，时不时也会令人感到失望，可我们的运气很好，极少扫兴而归。

我们最常去的剧院莫过于科芬园和大都会了。最近也经常去布达佩斯的那家剧院。我们曾在一周之内去大都会看了五次——甚至六次演出。只要有合适的机会，一部剧要看三四遍，经常是两套班子的表演。一部优秀的作品反复观看后，能收获很多的东西，真是神奇极了。不用说，如果作品不优秀，我们是不会再去看的了。

作曲家和评论家发表的那些被社会认可的真知灼见告诉我们，弦乐四重奏是上乘之作。对此，我不敢反驳，可是歌剧的内容远比音乐作品丰富得多。一部杰出的歌剧凝聚了许许多多艺术家的劳动成果——个个都是世界顶尖的艺术家，个个都奋力展现顶尖的创作。首先需要像莫扎特、瓦格纳、施特劳斯（可不是约翰·施特劳斯哦，是理查德·施特劳斯）、贝多芬、穆索尔斯基、雅那切克或巴托克这样的天才作曲家。其次需要庞特、霍夫曼斯塔尔、梅塔斯塔齐奥、斯克利布、博伊托、古德曼等剧作家（偶尔是作曲家本人创作剧本）；

2012年12月6日在大都会上演的《狄多的仁慈》（La Clemenza di Tito）

托斯卡尼尼、卡拉扬、伯姆、萧提、穆蒂等指挥大师；庞耐尔、柴菲莱利、麦克维克、佩俐等深谙历史、音乐和剧本的杰出导演；优秀的布景设计师和化妆师。还需要世界一流、身处事业巅峰的歌唱演员、优秀的合唱团和技术娴熟的舞蹈演员。除此之外，一部舞台作品必须攻克各种各样的技术难题。最后，一个真正动人的夜晚离不开宜人的剧院。那是一栋与大师级作品相得益彰、保持原有设计功能的经典建筑。偶尔（往往在一座很棒的剧院里）满足上述大部分条件，便堪称奇迹。如果上述所有条件都实现了，那将是一个真正难忘的夜晚，观众离席时也将获得一份永久的馈赠：在接下来的许多年里，每当回忆起这个振奋人心的经历，精神世界会变得更加富足。我和盖比瑞拉十分幸运，遇到过几场这样的杰作——每每想起它们，就感到愈发幸福。

经常有人指责说，歌剧迷去剧院实际上是为了炫耀，或者是因为看歌剧是“得体”的行为，而且过后还可以吹嘘一番呢。诚然，这种心态的确在19世纪乃至20世纪普遍存在。当时，晚上去看歌剧是一种社交活动。我相信，这种情况至今仍偶有发生，尤其是在一家阔气的公司款待外宾的情况下，但大多数走进剧院的人根本不是想夸耀。他们去剧院是因为被歌剧的魅力所吸引。几年前，在大都会的休息厅里，我无意间听到两位老医生的对话（他们的伴侣也许已经离世）。其中一个人刚从巴黎回来，抽空在巴黎看了场演出，说他很幸运地欣赏了一场精彩的演出。另一个人说道："是啊，我也离不开歌剧。假如没有歌剧，我不知道该怎么办。"我没有任何理由怀疑他们对歌剧的挚爱。

音乐、剧本、歌剧

音乐是艺术真正的抽象形式。聆听帕赫贝尔的《卡农》、贝多芬的弦乐四重奏或门德尔松的《无词歌》（*Songs without Words*），内心会感到满足——我们不是要试着"解密"旋律的意义，而是尽情地欣赏它。除此之外，音乐也抵御住了概念艺术的恶疾：有谁听说过一位"作曲家"指导他人按照某某样式谱写一首曲子，然后还因此获得赞誉？不幸的是，偶尔也有作曲家为同僚效力，而不为包括我在内的广大听众服务，就好像主要目的只是为了创新，曲解了瓦格纳的建议："孩子们，创作点新的东西出来吧。"当然了，瓦格纳自己做梦都不会料到，为众多音乐爱好者谱曲不会让作曲家飞黄腾达，而获得内部人士的高度评价却能使他们心满意足。

尽管音乐是抽象的，但比起像我这样的"门外汉"，一位好的音乐家能从音乐作品中获得很多东西。对于优秀的音乐家而言，没有文字的音乐也会说话，就像一位讲故事的人对我娓娓道来一样。一天，我们的朋友——才华横溢的小提琴手强诺·赛尔梅奇（János Selmeczi）和他的妻子为我们演奏了巴托克《44首小提琴二重奏曲》中的部分乐曲。他说当演奏到《丰收》一曲时，他真的能感受到炙热的阳光照射在他身上，而且听见了一个穷人和一个富人之间的对话。起初他们相互争论，但到最后言归于好了。

在音乐的敏感度和知识方面，我远不如赛尔梅奇先生，对音乐的喜爱，往

2011年12月3日，盖比瑞拉同安德烈·塞迈雷迪夫妇观看《罗德琳达》时的合影

往依赖故事和视觉效果。就拿我最喜欢的歌剧之一《费加罗的婚礼》来说吧，其中就包含了各种要素：天籁般的音乐，配以绝佳的剧本，为演员创造了充分施展艺术才华的机会。博马舍（Beaumarchais）创作的同名剧本在巴黎引起了不小的轰动。该剧本身具有很强的欣赏价值，经过天才剧作家罗伦佐·达·庞特（Lorenzo da Ponte）巧妙的改编，就成为莫扎特理想的创作素材。最终的成果是一部远远超出博马舍原剧水平的大师级作品。除此之外，我也对优美的嗓音情有独钟。因此，一场精彩的《婚礼》对我来说简直再好不过了。还有一个例子是理查德·施特劳斯的《厄勒克特拉》（*Elektra*）。索福克勒斯（Sophocles）最初创作的剧本感情过于强烈，不太适合当今的观众——肯定不适合我！但胡戈·冯·霍夫曼斯塔尔（Hugo von Hofmannstahl）的剧本以索福克勒斯的作品为基础，让施特劳斯能够通过音乐将不同寻常的感情转达给观众。（在此我要赶紧补充一点：《厄勒克特拉》完全属于霍夫曼斯塔尔的个人成就；他创作时不受任何牵制，也没有丝毫义务再现索福克勒斯的风格。）主人公厄勒克特拉的痛苦遭遇全部以纷乱的曲调表现，而当欧莱斯特出现后，一切变得和谐沉静、张弛有序起来。观众的心情随之跌宕起伏，但对我们来说却能感同身受。借用维特根施泰因（Wittgenstein）的话，我想说，“人对于不能说的事情就应当写成一部歌剧。”[①]音乐在表现强烈感情和微妙情绪时起到的作用，怎么说也不为过。

众所周知，音乐是剧本或电影的附属品，但偶尔也会产生至关重要的影响。米洛斯·福尔曼（Milos Forman）导演的《莫扎特传》（*Amadeus*）去掉配乐，也会是一部很好的电影，但加上莫扎特的音乐，就变成了大师级的影视作品。老电视剧版的《福尔摩斯》去掉配乐，依旧能吸引观众，但帕特里克·高尔斯（Patrick Gowers）的配乐把这部剧带到了一个更高的层次。近期

---

① 译者注：维特根斯坦的原话是：“Whereof one cannot speak, thereof one must be silent.”（人对于不能说的事情就应当沉默。）

由乔·怀特（Joe Wright）导演、凯拉·奈特莉（Keira Knightley）主演的电影《傲慢与偏见》因为配以达里奥·马里安奈利（Dario Marianelli）编排的钢琴曲而增色不少。在歌剧中，剧本与音乐的联姻更加不可或缺——除此之外，音乐的表现形式不仅仅限于乐器，而且还包括声乐。帕瓦罗蒂、莱蒙迪、雷米、蒙特塞拉特·卡巴莱（Montserrat Caballé）、萨瑟兰、格鲁贝罗娃、奈瑞贝科、德萨耶等艺术家的歌唱简直棒透了。每当听到优秀的音乐人说他们只关心室内乐，不关心人的嗓音，我都感到十分讶异。不在乎好嗓子就好比不在乎人的情感，或者就像一个人退休后孤独地离开伦敦，来到威尔士的一个偏僻村庄，不假思索地脱口而出："哎呀，这儿太好了！没有人耶！"

理查·瓦格纳

一个人的卑劣行为应不应该成为否定其艺术成就的标准？一个人的品格令我们厌恶，是否就意味着我们不能赞赏其艺术作品？如果这些问题针对的是科学家及其科研成果，那么答案一定是否定的。一位数学家或物理学家，不管他的品格怎样，只要在工作上出类拔萃就能得到我们的认可。我们也许不愿和这样的人交朋友，甚至不愿和他共进午餐，但依然对他的骄人成绩大加赞扬。不难想象，即使是一个猥亵儿童的罪犯，只要成功证明了黎曼猜想，也会得到掌声。然而，在艺术领域，就得另当别论了。这种态度的转变是我强烈反对的。艺术作品应该具有独立性，与创造者无关。

我谈到上述问题是因为理查·瓦格纳（1813—1883）和他的歌剧。几乎每一个关于瓦格纳的文献都有一条提示，说他的人品很差，缺乏道德，歧视犹太人。常有人告诫我们喜欢瓦格纳是错的，因为他极令人讨厌，似乎喜欢他的音乐就得共享他的观点、宽恕他的品行一样。这种态度与真理差之千里。着实让人感到惊奇的是，像这样一个满身缺点的人竟然能创造出那么多的经典作品，其中包括《尼伯龙根的指环》（*Der Ring des Nibelungen*）。这部作品很有可能是艺术界最伟大的丰碑。G. B. 萧伯纳（G. B. Shaw）专门写了一本书，“为帮助那些想要与行家的内部圈子一样平等地了解这部剧作的人。”他还写道：“只有那些思想境界更广阔的人才能屏住呼吸将它（《指环》）看完，发现其中所展现的人类历史悲剧及让当今世界畏缩的各种可怕窘境。”

理查 · 瓦格纳（1813—1883）

谈到瓦格纳，就不免想起彼得 · 谢弗（Peter Shaffer）的剧作《莫扎特传》（*Amadeus*）。表面上，该剧（受到亚历山大 · 普希金的一篇短文启发）是讲才华盖世的莫扎特和艰难前行、社会关系优越的对手萨列里之间的紧张关系，但其真正的主题却是在讨论我们凭借勤奋的工作和良好的行为，是否有资格从平庸上升到天才的高度。反过来说，一位天才所取得的成绩是否因自身弱点而被否定？这两个问题的答案都是一声响亮的“不”！萨列里一向是平庸的代表，甚至连他的行为也变得卑鄙下流。在艺术界，瓦格纳是做人失败但拥有天资的最好例证。在科学领域，最好（最坏？）的代表或许要数牛顿了。有人说他是史上最伟大的科学家，而他的品格同样不受人尊敬。

对于瓦格纳本人及其歌剧，专业人士已经贡献了成百上千本著作，我就不在这里班门弄斧了。我只是把自己对瓦格纳及其作品的一些想法写下来，尤其是《指环》。感想太多，不写几十页便很难停下来，所以点到为止吧。作为题外话，有一点总让我感到不可思议，那就是朱塞佩·威尔第（Giuseppe Verdi）和理查·瓦格纳这两位最著名的歌剧作曲家竟然出生在同一年——1813年，虽然瓦格纳在音乐创作方面比威尔第起步晚得多。

起初在政治方面，瓦格纳属于极左派。19世纪40年代，他在德勒斯登住了7年，甚至结交了俄国无政府主义者米哈伊尔·巴枯宁（Mikhail Bakunin）。1849年五月起义失败之后，革命的浪潮横扫整个欧洲，瓦格纳不得不选择逃跑。在接下来的四年里，他一直是萨克森警方的在逃通缉犯。然而，到了人生的最后阶段，他转向了右派。

在歌剧方面，瓦格纳的才能十分全面。他掌控着歌剧制作的各个环节。他不仅仅是作曲人和编剧，而且还担当起了舞台设计、导演和总指挥的角色，在每个层面都有激进的看法。他的这套功夫，无人能比。他甚至在拜罗伊特设计了一家歌剧院，很明显是借用戈特弗里德·森佩尔（Gottfried Semper）的一些设计（对我们来说，森佩尔最有名的设计是德勒斯登那家漂亮的剧院——森帕歌剧院）。拜罗伊特歌剧院专为上演瓦格纳的歌剧而建造。1876年，剧院设立“拜罗伊特音乐节”，开幕日上演了完整的《指环》，德皇威廉二世（Kaiser Wilhelm II）和柴可夫斯基亲临演出。至今，音乐节的盛况仍不减当年，要等十多年才能买到一张票。瓦格纳减弱观众席的灯光，将乐队安排在低于舞台的乐池里，这些设计在当时属历史首创。

瓦格纳坚持创作真正的艺术，不求经济利益，因此无暇理会那些志向不同的作曲家。他想让歌剧成为“艺术的整体杰作”（*Gesamtkunswerk*），将音乐、诗歌、舞蹈、歌曲和视觉艺术融为一体。瓦格纳以叔本华的哲学为纲领，认为音乐表现世界的本质，是艺术的最高形式。但在歌剧里，他却降低了音乐的位置，使其从属于剧本，后来把自己的歌剧称为“音乐剧”。

他是一个伟大的创造者，他掀起的音乐革命对许多作曲家产生了巨大的影响。克劳德·德彪西（Claude Debussy）、古斯塔夫·马勒（Gustave Mahler）、尼古拉·林姆斯基-高沙可夫（Nikolai Rimsky-Korsakov）、阿尔班·贝尔格（Alban Berg）、阿诺尔德·勋伯格（Arnold Schoenberg）等很多人都遵循他的足迹。甚至连威尔第晚年也受到了他的影响。在一些同时代的漫画中，威尔第头戴贝雷帽，面对歌剧《罗恩格林》（*Lohengrin*）中的天鹅。瓦格纳是一位艺术巨匠，但做人却很失败。

我认为，弗朗兹·李斯特（Franz Liszt）（1811—1886）和汉斯·冯·彪罗（Hans von Bülow）（1830—1894）对瓦格纳的态度就值得我们学习。他们能分别对待瓦格纳的音乐和人格。一方面，他们十分佩服瓦格纳的作品，而另一方面，他们对瓦格纳人格的评价极低。李斯特和彪罗是瓦格纳的两位最热忱的支持者（第三位支持者是巴伐利亚的路德维希二世，被称作“疯子国王路德威维希格”）。彪罗娶了李斯特与伯爵夫人玛丽·达各尔（Marie d’Agoult）的私生女克斯玛（Cosima）为妻，不久便生了两个女儿。李斯特处处帮助瓦格纳，在经济上为他慷慨解囊，并竭尽全力宣传他的歌剧。彪罗这位当时最伟大的指挥家（也常常被认为是第一位指挥家）完全投入到瓦格纳的音乐中。为了指挥瓦格纳的作品，他甚至放弃了自己的作曲事业。1865年，他还指挥了《崔斯坦与伊索德》（*Tristan und Isolde*）在慕尼黑的首场演出，而在一个多月前，克斯玛生下了女儿伊索德——她的父亲不是彪罗，而是瓦格纳。最终，彪罗同意与克斯玛离婚，而后克斯玛便嫁给了瓦格纳。令人惊奇的是，彪罗一如既往地热爱瓦格纳的音乐，继续指挥他的歌剧，甚至哀悼了他的逝世。李斯特强烈鄙视瓦格纳的行为，多年来拒绝与他握手，但依然为他的歌剧进行宣传。

我第一次邂逅瓦格纳的作品是在九岁或十岁时，而结果却不尽如人意。当时，我的法语家教特别喜爱瓦格纳——事实上，他喜爱各类音乐，小提琴也拉得很好。为了让先生高兴，也是为了教育我，父母买了两张《纽伦堡的名歌手》（*Die Meistersinger von Nürnberg*）的票，希望先生对歌剧的热情和知识能感染我。至今还记得盼到第一幕结束后，我终于能在幕间休息时和先生走出布达佩斯歌剧院，踏进斜阳的余晖，呼吸新鲜的空气。但想到之后还有两幕的戏，我就感到郁闷。我不明白人们为什么把这部剧说成是喜剧。然而，先生却高兴极了。当时我并不知道流传着这样一个挖苦人的说法："有这样一种歌剧，6点开幕，演了三个小时之后，你看看表，说时间才到6点20分。"我认为这正符合我和先生看的那场演出。现在我知道那晚的演出缺乏水准，照本宣科，意义不大，唱得也很糟糕。假如今天看这场演出，我不确定自己的态度是否会更乐观一些。事已至此，上述经历影响了我三十年，使我坚信瓦格纳所有的作品都沉闷乏味、冗长不堪。

直到研究历史的好友诺尔曼·斯通（Norman Stone）信誓旦旦地对我们说瓦格纳特别棒，必须要再给他一次机会之后，我才睁开了眼睛——还是说竖起了耳朵？我们听从了他的建议，放下偏见。在看过科芬园的几场演出之后，我们爱上了瓦格纳的作品。这种感情一直持续至今。事实上，在观看过无数场《指环》和其他歌剧的精彩演出之后，这种爱比以往任何时候都更为强烈。

瓦格纳最好的歌剧是哪一部，人们对此众说纷纭，但1865年首演的《崔斯坦与伊索德》确实是数一数二的作品，往往认为引领了和声和调性的创新，从而为20世纪古典音乐的发展指明了方向。1891年，马克·吐温在拜罗伊特也这样写道："昨天上演的歌剧是《崔斯坦与伊索德》。我见过各种各样的观众——电影院的观众、歌剧院的观众、音乐会的观众、参加布道和葬礼的观众，但没有一个地方的观众像在拜鲁伊特欣赏瓦格纳歌剧的观众那样聚精会神、毕恭毕敬。从一开始，全场就陷入这样的气氛中，全神贯注，一动不动，直至结束。……昨晚的这部《崔斯坦与伊索德》令所有怀揣信仰的观众心碎，我知道有些人听说很多观众看完歌剧之后无法入眠，彻夜在流泪。"

我们最后两次观看瓦格纳歌剧，都是在没有事先计划好的地方。2013年1月，在布达佩斯上演了《漂泊的荷兰人》（*Der Fliegende Hollander*）这部精彩的歌剧——也许要数我们在那家剧院看过的最棒的歌剧了。故事根据亨利希·海涅（Heinrich Heine）的小说改编，主题思想是"通过爱实现救赎"。这是瓦格纳最早创作的歌剧之一，浪漫至极。虽然演出没有根据歌剧长度适当安排幕间休息的时间，但从始至终我们所有观众都看得津津有味。

布达佩斯，2013年1月4日，《漂泊的荷兰人》全体演员谢幕（左图）；剧院大厅楼梯旁的盖比瑞拉（右图）

第二个看剧的地方说来也许不那么"正宗"，因为那是在西雅图附近雷德蒙德市的一家影院，以"大都会现场直播"的方式观看《帕西弗》

（*Parsifal*）。早上9点多一点（纽约时间的正午时分）演出开始，下午3点差几分结束，共5个小时的乐曲，两次幕间休息不到一个小时。这是一次奇特的经历，既感到振奋，又有些闹心，但同时也绝对是一种享受。

《帕西弗》是瓦格纳最后一部歌剧，断断续续经历了25年的创作。故事笼统地（非常笼统！）改编自13世纪沃尔夫拉姆·冯·埃申巴赫（Wolfram von Eschenbach）笔下的亚瑟王传奇。主人公帕西佛在第一幕中是个“十足的傻瓜”，总喜欢用箭“射空中飞动的东西”，对人间的苦难麻木不仁，后来通过一次神奇的经历对所有人产生了慈悲之心，并且回到骑士中间，治愈了国王安佛塔斯。他的这种转变深深地感动了诸位骑士以及现场的观众。闭幕后，我们很多人仍大为惊叹，久久坐在原地，动弹不得。

1882年，《帕西弗》在拜罗伊特进行了首演。在瓦格纳的安排下，舞台设计雍容奢华，仿造真正的皇宫搭建。在瓦格纳的有生之年共演出16场次。最后一次演出进行到第三幕时，病中的瓦格纳进入乐池，从指挥赫曼·李维（Hermann Levi）手中接管了指挥乐团的任务。这是瓦格纳最后一次公开露面。

事实上，瓦格纳认为《帕西弗》的意义远远超出了娱乐大众的目的，因此想让这部剧的演出限定在拜罗伊特。世界各地的剧院纷纷提出申请，希望能获准把《帕西弗》搬到自己的舞台上。拜罗伊特最终在1914年同意授权于其他剧场。第一场授权演出是在巴塞罗那，1913年12月31日晚10点30分开幕（拜罗伊特的晚上11点30分）。此后短短几个月之内，上演的剧院就有50家之多。

在大都会上演的那一场《帕西弗》中，乔纳斯·考夫曼（Jonas Kaufmann）和雷内·帕普（René Pape）的唱功和演技都上升到了惊人的高度，令我们深感佩服——虽然我们是在影院的大屏幕上欣赏的，不能代替现场演出的观感。毫不奇怪，导演佛朗索瓦·吉拉德（François Girard）在该剧上花了5年的功夫。一连多日，我们都在如痴如醉地回味从中获得的精神享受。在个人生活方面一塌糊涂的瓦格纳，究竟是如何创造出这样一部富有教育意义的天籁作品的呢？太让人不可思议了。

瓦格纳让歌剧上升到了炫目的高度，极大地影响了一批作曲大师。然而，克劳德·德彪西（Claude Debussy）认为瓦格纳的音乐是“人们错把夕阳当成了黎明”。这话的确有一定的道理。

剧作家——达·庞特和霍夫曼斯塔尔

现在回到前面的话题，谈谈更多有关剧作家的事情。在大多数情况下，歌剧的诞生归功于两位富有创意的艺术家的相互协作：一位是作曲家，另一位是剧作家。很多时候，这样的合作关系并不平等——在多数的合作中，作曲家扮演着更为重要的角色。但一名伟大的作曲家要想发挥所长，也离不开一位优秀剧作家的辅佐。尽管历史上大多数的剧作家仅仅为寥寥几位作曲家写剧本，往往又像二流写手那样按要求行文，但在理想的状态下，作曲家和剧作家应该是共同合作，相互启发灵感。也有极少数的作曲家自己担当起了剧作家的角色——上文提到的理查·瓦格纳就是最好的例子，而柏辽兹、穆索斯基和施特劳斯也写过剧本。

作曲家与剧作家完美契合，随之而来的往往是某种成功，正如亨利希·海涅（Heinrich Heine）调侃地写道：“（对于这部法国喜歌剧而言）一次次成功接踵而至；钱袋子发出快乐的声响，事实上，该剧收获的经济利益远远多于美誉，而这对领导层来说也不是一件坏事。……斯克瑞博的新作《海妖》由奥伯尔谱曲，受到了大量的好评。剧作者和音乐家配合得十分完美；两人拥有敏锐的洞察力，或者说善于挖掘有趣的事物，知道如何迎合我们的娱乐需求。他们的机智幽默让我们忍俊不禁，欲罢不能。两人都具有某种精妙的才能，能将各种心动的小元素融合在一起，而让我们忘记世上还有诗歌这种东西。”

自从第一批歌剧被创作出来开始，对于歌剧中音乐和戏剧的相对重要性，人们就一直争论不休。偶尔，同一位作曲家在人生不同阶段所表达的观点也不尽相同。极少有人像理查·瓦格纳那样深入地研究音乐和戏剧之间的互动关系。在《歌剧与戏剧》这篇长文中，他提出音乐必须屈从于戏剧的观点。此后，也许是因为受到了叔本华影响的缘故，他改变了自己的看法，大大强调音乐的重要性。莫扎特观点的转变方向恰好相反。起初他认为诗歌必须完全服务于音乐，但之后他却这样写道："最理想的情况是，一位具备舞台知识、能提出见解的优秀作曲家与一位聪慧的诗人——一位真正的大师共同创作。"

莫扎特梦想中的剧作家最终现身为罗伦佐·达·庞特。他是我心目中最伟大的剧作家之一，另一位是霍夫曼斯塔尔。我是他们的超级粉丝——尽管两位的风格截然不同。如果可能的话，我真想认识他们，请他们到家里吃饭，最好是分开见面。上文已经简单地谈到他们的成就，但现在我还应该再增加一些小片段。

罗伦佐·达·庞特（1749—1838），出生时名叫伊曼纽·科内吉利安奴（Emanuele Conegliano），是住在威尼斯附近的一个犹太家庭的孩子。十四岁时，随父亲接受了天主教洗礼，并取主教的姓名。那时，伊曼纽几乎没有接受过教育。但当达·庞特主教把他和他的弟弟们送到当地的神学院（学费由主教承担）后，他很快就赶超上来，凭借惊人的才华在短短两年的时间里学会了拉丁语、希腊语和古希伯来语，记住了很多意大利最伟大诗人的著作，并写了大量诗歌。他对意大利文学的热爱伴随他终生。不幸的是，他19岁那年，资助他上学的主教去世了，助学资金因此也中断了。为了继续学业，他不得不转到附近的一所神学院，为接受圣职做准备。果不其然，到24岁时，他听人劝说，准备做牧师——虽然他觉得自己的性情和品格和那种职业完全相反。他在这一点上的判断极其正确，因为后来他的所作所为证明他根本不是当牧师的料。不久之后，他搬到威尼斯，一边写诗一边教外语，同时玩起了女人和赌博，经常欠账。除此之外，他还迷上了歌剧，经常光顾威尼斯的7家歌剧院（7家啊！）。他具有别样的个性，有点像切利尼：一生中的经历和遭遇就像是被低俗小说家创造出来似的。他的个人传记非常值得一读（我强烈推荐！）——尽管其中很多故事很有可能是他编造出来的。

1779年，达·庞特因非法同居（期间生下两个孩子）、住在妓院长达15年而被赶出了威尼斯，这对我们来说是件好事。在几经辗转之后，他在1781年底来到维也纳。因传说是莫扎特的主要谋害者而名垂千古的宫廷作曲家安东尼奥·萨列里帮他申请了意大利歌剧院剧作者一职。面试时，皇帝约瑟夫二世（Joseph Ⅱ）问他写过多少剧本，达·庞特如实回答："一本也没写过，陛下。"他因此得到了皇帝的喜爱，并顺利入职，其主要职责是为萨列里写剧本，但他很快发觉莫扎特并不是同一阵营里的人：

"虽然莫扎特的才华也许超过了世界上过去、现在和将来任何一位作曲家，但他总是受到对手的陷害，难以证明自己非凡的天赋……我问他，如果我专为他写一部剧，是否愿意对其谱曲。

'我十分愿意，'他立刻回答说，'但我确信它永远不会得到认可。'

'这事包在我身上，'我说道。"

最终，庞特和莫扎特共同完成了他们的第一部歌剧作品——《费加罗的婚礼》，正如我前面讲的，它也是我最喜欢的歌剧之一。可能是莫扎特提议采用博马舍的剧本，但也有可能真的是庞特想办法绕过了皇帝对这部剧的禁令。通过精彩的唱词，庞特既嘲讽刻板的社会等级，但同时也着重表现了伯爵和费加罗为争夺苏珊娜而展开的才智比拼，由此产生一出出令人捧腹的闹剧。

此后，庞特和莫扎特又一同创作了两部杰出的作品——《唐·乔瓦尼》和《女人心》（*Così fan tutte*）。约瑟夫二世死后，无人再资助庞特，他只好离开维也纳，同他当时的情人一起（和她生下了四个孩子！）迁到伦敦，13年里一直从事剧本创作。后为躲债逃到美国。在工作上几经辗转，最终被哥伦比亚学院聘为该学院的首位意大利语教授——也是系里的第一位天主教徒。

庞特给美国留下了丰富的文化遗产。他是第一个唱响意大利文化赞歌的人，同时把歌剧介绍到了美国——尤其是莫扎特和罗西尼的作品。1833年，84岁高龄的他还建立了美国首座歌剧院。由于缺乏经商头脑，生意很快就倒闭了，却为纽约大剧院的创立奠定了历史基础。庞特的葬礼在圣帕特里克大教堂举行，规模盛大，很多人前来悼念，但不可思议的是，竟然没有人确切地知道他的墓在何处。

另外一位让我佩服的剧作家是胡戈·冯·霍夫曼斯塔尔（1874—1929）。他出生在维也纳的一个中上层家庭——他的母亲还是位贵族呢。各界艺术家经常造访他们家。他从很小就开始写诗。虽然他在维也纳大学读的是法律（之后攻读语文学），但毕业后他就决定投身于诗歌事业。19世纪末的维也纳是一个了不起的地方，伟大的艺术家和科学家云集于此。霍夫曼斯塔尔十分喜爱维也纳的“咖啡屋文化”，结交了很多艺术家，并加入一个名为“年轻维也纳”的先锋派社团，成为那里的重要一员。其他社员包括阿尔图尔·施尼茨勒（Arthur Schnitzler）和彼得·艾腾贝格（Peter Altenberg）。霍夫曼斯塔尔过着优越的艺术家的生活，立志通过复杂的创作来探究人的本性。

除了写诗以外，霍夫曼斯塔尔还创作剧本。《厄勒克特拉》是他第一部真正取得成功的戏剧，笼统地改编自索福克里斯的经典作品，由年轻导演马克斯·莱因哈特（Max Reinhardt）搬上了柏林的剧院。1912年，霍夫曼斯塔尔根据英国15世纪同名道德剧创作了《每一个人》（*Jedermann*），标志着他在戏剧创作生涯中所获得的最大成功。1920年，他同理查德·施特劳斯、马克斯·莱因哈特和舞台设计师阿尔弗雷德·罗勒（Alfred Roller）三人一起创立了萨尔茨堡戏剧音乐节。音乐节办得非常成功，开场第一部剧就是《每一个人》，从那之后便成为惯例，延续至今。

1900年，冯·霍夫曼斯塔尔与理查德·施特劳斯相遇，这成为其艺术生涯的转折点。施特劳斯对《厄勒克特拉》的印象非常深，完成《莎乐美》这部充满暴力的歌剧（唱词是他从奥斯卡·王尔德（Oscar Wilde）的法语原版翻译过来的）之后不久，便拿来霍夫曼斯塔尔的《厄勒克特拉》，创作出了一部更加暴力、更加令人不安的歌剧。在此之后，施特劳斯和霍夫曼斯塔尔又相继合作推出5部歌剧经典之作。他们的性格差别很大：霍夫曼斯塔尔既老成又敏感，文化素质高，对每个细节都要评判一番，在各方面都是一个精英主义者，而施特劳斯办事易冲动，人有点呆钝，也不太关心文学和哲学的细节问题。两人极少会面，只是通过较为正式的书信沟通。一人负责作曲，另一人负责写剧本。虽然不常见面，却建立起了历史上作曲家和剧作家之间最成功的合作关系。（数学界中最成功的合作伙伴是哈代和李特尔伍德。他们也是用书信沟通，虽然两人的住房近在咫尺。）特别是霍夫曼斯塔尔，丝毫不掩饰他的雄心壮志，一心一意要成为史上最棒的剧作家，创造前人未能企及的新高度。

1911年，霍夫曼斯塔尔和施特劳斯共同创作了《阿里阿德涅在纳克索斯》（*Ariadne auf Naxos*）。后来两人都认为这部剧是他们的巅峰之作。施特劳斯这样写道："亲爱的霍夫曼斯塔尔先生，以我耿直的秉性，我未能如你所愿向你献上你应得的那份敬意，对此，我真诚地向你表示歉意。……诚然，这部作品最初并没有完全令我信服，直至读了你那封美妙的信之后。你在信中对剧作意义的介绍之精彩，是像我这般浅薄的音乐人无法领会的……或许我的这种不理解会激励你不断前行——切勿有其他想法。毕竟我们希望让对方发挥出最大的潜能。"

在回信中，霍夫曼斯塔尔表示了认可："我亲爱的施特劳斯博士，……你说我们要努力让对方发挥出最大的潜能，没有什么比这句话更能打动我了。"

他继续写道："一部艺术作品中纯粹的诗歌内容，其所包含的真实意义，起初并不能被人理解。凡是能被人理解的，都不需要理解，是那种显而易见、简单有趣的故事情节，如《托斯卡》《蝴蝶夫人》等。凡是更加细微、真正重要的东西，一向不被人所认识。……对文学作品的理解只限于少数与诗歌界联系密切的文人，要历时数年才能推而广之。"

在后来的一封信中，霍夫曼斯塔尔大胆地承担起了歌剧创作项目的领导角色："我们面对的每一项任务，其最终评判标准仅仅在于对风格问题的感悟。对此，我必须把自己当成咱们二人的守护者。"

发生争论时，施特劳斯并不总是甘拜下风，如下面这段文字所示："每次咱们不能马上理解彼此时，你为什么总是这么生气呢？几乎就好像我从来都不理解你似的！……（《阿里阿德涅》（*Ariadne*）的）结尾随你怎么处理吧，尽快写完就行，拜托！但至于阿儿朵，我不会在这一点上妥协的，有艺术上的原因，也有实际的原因。……所以我们应该保留阿儿朵，这个角色会让人眼前一亮的！再无后话！"

最终，两人对《阿里阿德涅在纳克索斯》这部剧都颇为满意。霍夫曼斯塔尔之后写道："看着整部剧，想到是我逼着你完成如此与众不同、如此重要的作品，我依然感到永久的欣慰。"

实际上，霍夫曼斯塔尔一点都不喜欢遵守传统，循规蹈矩，和我在上文营造的形象截然不同。他一开始与施特劳斯共同创作的《厄勒克特拉》（1909）和《玫瑰骑士》（*Der Rosenkavalier*，1911）这两部歌剧，更是让传统的歌剧迷无法接受。其中《玫瑰骑士》曾在全球范围内禁演。第一幕开始，帷幕升起，只见一位名叫玛莎琳的贵族"老女人"和她年轻的情人奥克塔维安睡在床上。（事后想来，听序曲便知他们在嘿咻。）尽管这一场景在德勒斯登首场演出时被照搬上了舞台，但几个月之后在柏林演出时，所有像这样露骨的表演都被禁止了，换成餐厅的场景。在伦敦的首场演出，床被撤走了，并禁止歌手演唱任何涉及性爱的内容。

事实上，施特劳斯在这方面也备受争议——他的第一部经典之作《莎乐美》（1905）从一开始就遇到了麻烦：全球首演时，饰演莎乐美的歌唱演员拒绝跳"七重纱之舞"[①]。起初，这部歌剧在伦敦禁演，后经弱化处理才允许上

① 译者按：舞者身穿七层纱衣，在舞蹈的过程中层层脱下，直到赤裸全身为止。

演；等了十多年才得以在维也纳上演；纽约首演之后则被禁演。如今，性感十足的舞蹈具有超强的诱惑力，但不再让人感到震惊（尽管还是不能如施特劳斯所愿，由一流的歌唱家表演），不过之后的血腥场面还是让人难以接受。英国导演大卫·麦维加（David McVicar）近期在科芬园指导演出该剧时，展现了“上层”希律王及其妻希罗底放荡荒淫，“下层”士兵在裸体女子中间寻欢作乐的场景。跳完舞后，莎乐美身上的纱衣倒是有增无减，但她要求砍下施洗者约翰的头，用来做爱。刽子手全身赤裸，更是突出了她的丑恶。她表现出的那种令人作呕的欢愉甚至让堕落的皇庭都无法忍受，最终希律王命令士兵们将她消灭。

最后一部由施特劳斯谱曲、霍夫曼斯塔尔编剧的歌剧是欢快的《阿拉贝拉》（*Arabella*），而霍夫曼斯塔尔却未能等到首演的那一天。1929年，儿子自杀两天后，霍夫曼斯塔尔死于脑卒中。根据个人遗愿，他以方济会辅理修士的身份被安葬。

超越自我

“你不可能超越自我”——这是英国伟大的数学家J. E.李特尔伍德（J. E. Littlewood）喜欢说的一句话。（这和笑话一样，说明白就没有意思了。）在我看来，这项原则对歌剧界并不适用。有些人往往不具备创造大师级作品的能力，却依然达到了惊人的高度，不由得将其归因于天赐的灵感。我想到的一个范例是《奥菲欧与尤丽狄茜》（*Orfeo ed Euridice*）。这部克里斯托夫·维利巴尔德·格鲁克（Christoph Willibald Gluck，1714—1787）的革命性的歌剧极具影响力，自1762年首演开始一直深受观众喜爱。剧中精彩的高潮——“世上没有尤丽迪茜”（*Che faro senza Euridice*）是一首咏叹调，无论是女中音珍妮特·贝克（Janet Baker）也好，假声男高音约亨·柯瓦斯基（Jochen Kowalski）也罢，他们的演唱让我们（我和盖比瑞拉）一连几个礼拜都忘不

路德维希·霍尔文（Ludwig Hohlwein）1910年设计的《莎乐美》海报

了。如今，希腊神话的重要性已大不如从前，但这个故事却依然广为人知。音乐大师奥菲欧对妻子尤丽狄茜的感情至深。妻子被蛇咬死后，伤心欲绝的奥菲欧感动了朱比特，允许他进入冥府，把妻子带回阳间。但有一项条件：在把妻子带到阳间的过程中，不能回头看她，否则将永远失去她。尤丽狄茜认为丈夫都不看自己一眼，便拒绝跟他一起走。奥菲欧只好放弃，返回了阳间，而尤丽狄茜被立刻带回阴间。奥菲欧彻底绝望了，唱道："没有了尤丽狄茜，我该怎么办？"这种悲伤，是我们这些凡人无法想象的。该曲称得上是绝对的经典。

没有人会把卡米尔·圣桑（Camille Saint-Saëns，1835—1921）称为作曲大师，但他创作的《赛门和黛利拉》（*Samson et Delilah*）中黛利拉演唱的一首咏叹曲"我心花怒放"十分动听，由女中音歌唱家玛莉莲·霍恩（Marilyn Horne）演唱，尤为美妙。阿尔弗雷多·卡塔拉尼（Alfredo Catalani，1854—1893）的知名度还不如圣桑，但他创作的歌剧《瓦蕾》（*La Wally*）中的主咏叹曲"明天我将远行"简直美极了。（卡塔拉尼和普契尼都出生在托斯卡纳美丽的小镇卢卡，多么巧啊！）这首曲子不但引发了人们对整部剧的关注，而且还让1981年拍摄的电影《歌剧红伶》（*Diva*）受到圈内人的好评。这部电影的情节主要围绕一场音乐会的录制展开，而音乐会的核心就是那首咏叹曲。电影中著名女歌唱家是虚构的人物，由威廉敏娜·费尔南德斯（Wilhelmina Fernandez）扮演并演唱。她在这部电影中的表现十分出色，我认为超过了迄今为止我听过的有些顶级女高音歌唱家演绎的很多版本。

《拉克美》（*Lakmé*）是雷欧·德立勃（Léo Delibes）仅存的一部至今仍定期上演的歌剧。令其大放异彩的是两首咏叹曲，其中一首我认为是旷世之作——"花之二重唱"。婆罗门牧师的女儿拉克美（女高音）及其女仆玛丽卡（女中高音）一边在河边采花，一边唱着这首曲子，故取其名。各种版本的演绎都好听（甚至用在英国航空公司平淡无奇的广告中都无法破坏它），琼·萨瑟兰（Joan Sutherland）和玛莉莲·霍恩的演唱更是为之增添了光彩。

除此之外，这两位歌唱家还演唱过另外一首著名的二重奏——雅克·奥芬巴赫（Jacques Offenbach，1819—1880）创作的《霍夫曼的故事》（*Les Contes d'Hoffmann*）中的船歌。对于一部精彩的歌剧而言，这首曲子是画龙点睛之作（虽然最初谱曲对象是另一部剧）。在剧中，名妓古丽叶塔和朋友唱着“美的夜啊，爱的夜”这首情意绵绵的歌，引诱诗人霍夫曼与她坠入爱河。

即使是出自作曲大家之手的咏叹曲，同样也依赖神赐的灵感。乔治·比才（Georges Bizet，1838—1875）最著名的作品当属歌剧《卡门》（*Carmen*）。他的第二部歌剧《采珠人》（*Les pêcheurs de perles*）几乎是没有多少价值的拙劣之作，充其量也只能说全剧的质量不均，但它却包含了最美的一首咏叹曲——“在殿堂深处”。这首“友谊二重奏”由男高音和男中音演唱，令我无法抗拒。另一首振奋人心的二重奏名叫“迈向自由”，来自朱塞佩·威尔第（Giuseppe Verdi，1813—1901）的歌剧《唐·卡洛》（*Don Carlo*），同样由男高音和男中音配合演唱。诚然，威尔第一生创作了许多精彩的咏叹曲，但这首二重奏脱颖而出：“主啊，你深入我们的内心/用相同的火焰点燃一束光亮/激起那份崇高的爱/对自由的热爱！”听完这首曲子，谁都想冲向街头，为人民的自由献出自己的生命！怪不得为谋求意大利统一、从奥匈帝国夺回自由而战的勇士将“意大利艾曼纽二世国王万岁”（Viva Vittorio Emanuele Re D' Italia）这句口号缩写后，用威尔第的名字（VERDI）代替。谈到威尔第，不得不提到他30岁谱写的成名作——歌剧《纳布科》（*Nabucco*）中最著名的合唱曲。我说的当然是《让思想趁着金色的翅膀》这首曲子，更多的人称之为《希伯来奴隶大合唱》，一首从始至终令人心潮澎湃的歌曲。难怪这是大都会剧院唯一允许重复演奏的歌曲，一直保持至今。

如果重新来过……

要不是遇到一些倒霉的事，我们看过的节目单上会增添多少部歌剧啊！我常常惋惜自己错过几次欣赏好剧的机会。以下举三个例子：

贝多芬和《费德里奥》

众所周知，贝多芬一生只写过一部歌剧，那就是《费德里奥》（*Fidelio*）——它绝对称得上是大师级作品！也是我最喜爱的歌剧之一。看一场它的精彩演出，步行千里我都愿意！

贝多芬的这部名作选材并不独特，讲的是一位贤淑的妻子（费德里奥）假扮成监狱看守，救出蒙冤的丈夫（弗洛莱斯坦）的故事，但其他类似的作品却都被人们遗忘了。该歌剧的最初版本由三幕组成，1805年11月在维也纳上演，但观众反应平淡。原因应该是当时的维也纳被法国占领，观众中有很多法国军官。贝多芬的朋友劝他改写成一部两幕的歌剧。改编后的版本在1806年的春天上演，比之前的情况稍好了一点。

然而，贝多芬还不满意，继续修改这部剧。最终版本于1814年5月在维也纳首演，受到巨大的好评，至今仍在上演。遗憾的是，贝多芬没有效仿莫扎特的做法，计划在几个月内完成《费德里奥》，以便腾出时间多创作出几部歌剧。

门德尔松和梅耶贝尔

另有一人让我引以为憾，那就是才华横溢的菲利克斯·门德尔松（Felix Mendelssohn）。他16岁便根据《堂吉诃德》的一个片段创作了一部歌剧，即《卡马秋的婚礼》（*Die Hochzeit des Camacho*）。该剧虽然受到了观众的喜爱，却遭到了评论家的严厉批评。他因此受到打击，停止了歌剧创作。还有一个原因比这重要得多。随着时间的推移，门德尔松变得更加成熟。他在1831年12月给父亲的信中说自己不喜欢歌剧界。当时他还不到23岁：

> “在《魔鬼罗伯特》这部剧中，修女们轮番上场，试图勾引主人公，最终院长取得了胜利；主人公在魔法的驱使下，出现在爱人的睡房，将她推开，而赢得观众阵阵掌声。另一部歌剧中的女孩一边脱

衣服，一边歌唱着明日此时此刻燕燕于归的情景。这些场景产生了效果，但我不会为此作曲。有鉴于卑贱的题材，而且如果这就是当今时代为之而青睐的，我倒不如为教会谱曲。”

令门德尔松颇感龌龊的歌剧是1831年吉亚科莫·梅耶贝尔（Giacomo Meyerbeer）的剧作，在当时最富影响力的巴黎歌剧院上演。在19世纪，《魔鬼罗伯特》一直是歌剧院的主打剧目，但后来便黯然失色，被人遗忘。奇怪的是，在百余年之后的2012年12月，这部剧又被搬上了科芬园的舞台，引起我们强烈的兴趣。看过之后发现，虽然剧组已经尽了力，但该剧还是令人失望至极。毫无疑问，《魔鬼罗伯特》是一部低劣的歌剧，乐曲老套乏味，毫无特色。它让门德尔松丧失了歌剧创作的兴趣，真是太可惜了。

正如那封家书中所言，几个月之后，门德尔松开始了第一部宗教剧《圣徒保罗》的创作。这个宏伟的计划几乎占用了他全部的精力，耗时五年完成。他极为认真，用了两年半的时间写剧本，起初与一些神学家合作，后来直接参考《圣经》里的相关内容。毫无疑问，最终成果是骄人的，但他没有把精力用到写歌剧上，很令人惋惜。

巴托克和巴拉兹

贝拉·巴托克（Béla Bartók）自然是我最喜欢的作曲家之一。在我眼里，他是20世纪最伟大的作曲家。和贝多芬一样，他只创作了一部歌剧——《蓝胡子伯爵的城堡》（*Bluebeard's Castle*），由匈牙利审美家、影评家和作家贝拉·巴拉兹（Béla Balàzs）担任编剧。（提到他们不免有点偏心，因为两人和我一样，姓名的首字母都是B.B.，而且名字也都叫贝拉。）最初的剧本（1910年完成）是巴拉兹写给室友佐尔坦·柯达伊（Zoltán Kodály）的——该人也是一名伟大的作曲家，但柯达伊把剧本转交给了好友巴托克。1912年，巴托克完成了这部独幕剧，但直到1918年才在布达佩斯实现全球首演。因巴拉兹个人原因，其作品后来在匈牙利遭禁，直到1936年《蓝胡子伯爵的城堡》才再次在布达佩斯上演。

巴托克太倒霉了！巴拉兹离编剧的标准差得太远了，根本配不上巴托克的才华。和理查·施特劳斯的剧作搭档霍夫曼斯塔尔不同，他只能算得上是二流（或三流）诗人。巴托克不仅仅要面对一份次等的剧本（为此他写出了精彩的乐章），而且还承担了该剧遭禁的下场，结果他再也没写过一部歌剧。对我们来说，这是多么悲催的事啊！

现代艺术和现代歌剧

有人说现代艺术正经历一场危机，我赞同这种说法。我丝毫不想掩饰自己对某些艺术类型的蔑视，如装置艺术和概念艺术。多特蒙德特沃美术馆的一位女清洁工错把马丁·基彭伯格（Martin Kippenberger）的一件名为“当它开始从天花板滴落”的装置艺术作品上面的一层米色涂料当成污渍擦得干干净净。听说这则消息，总让我心里暖融融的。美术馆称，这件价值80万欧元（折合68.8万英镑）的作品是他们从私人收藏者手里借来的，现已无法恢复原状。这是多么大的一笔损失啊！

毫无疑问，克里斯托的艺术设计总能产生旅游收入，从1995年包裹柏林国会大厦到2005年在纽约中央公园用橙色遮阳棚搭建起一条蜿蜒曲折的通道，取名“门”。但我不会称他为艺术家。［克里斯托从未公开使用过自己的全名：克里斯托·弗拉基米洛夫·加瓦歇夫（Christo Vladimirov Javacheff）。他于1935年出生在保加利亚。］

当联邦政府管理部门同意克里斯托斥资5000万美元用锚在阿肯色河上固定闪光面料时，克里斯托高兴极了：“这让我们十分兴奋。世界上每一位艺术家都想设计出鼓励人们思考的作品。想象一下当时有多少人在思索着，有多少专业人士在思考着，在记录着，为的是准备那份环境影响报告。”啊，我的天啊！

我们真要去欣赏被锯掉半截身体、泡在甲醛防腐剂里的羊吗？或者是一只虎鲨？一只金色的牛犊？一张乱糟糟、脏兮兮的床？一间大米向外流的小屋？还或是一只巨大的手机？我不得不同意狄拉克夫妇的观点（丈夫是物理学家；妻子玛吉特是艺术专家）：现代艺术作品中有很多都是巨大的骗局，而大众被贪婪的商人耍弄。当然也有值得我们去欣赏的例外。正应了安迪·沃霍尔（Andy Warhol）写的那句话："艺术的挥洒，便是你的容身之处。"

我认为部分问题在于以前赞助艺术的有钱人通过购买和委托设计艺术作品来谋取私利，而如今却是市议会和艺术委员会用纳税人的钱买来艺术作品，放置在私家庭院以外的公共区域。参议员和委员们往往相信"艺术专家"危言耸听的建议。我坚持反对派的观点，认为当前的这种做法是完全错误的。如果一座城市的艺术馆是建立在千万市民无偿捐赠基础之上，而且都是他们喜欢的艺术品，那该有多好啊。

毫无疑问，歌剧和音乐的情况比美术要好得多，尽管并不是所有的音乐人都对"现代化"的发展趋势满意。曾经有人问汤马斯·毕勤爵士（Sir Thomas Beecham）是否演奏过施托克豪森的作品。他答道："没有，但我糟践过他的一些作品。"还有一点几乎不存在任何疑问，那就是歌剧的黄金时代和小说一样，是在19世纪。瓦格纳的作品确实代表了落日余晖，而非旭日东升。如今，世界各地的影剧院和歌剧院要求国家和市政府给予高额补贴，同时不断抱怨说补贴不足。对此，我又要表示反对了，因为我无论如何都无法理解，为什么要用从不进剧院的低收入工人缴纳的税金去补贴我所热爱的影剧院和歌剧院呢?

现代歌剧正在困境中挣扎，但离灭亡还很远。近几十年来，令人欣喜的作品不断问世，其中有些作品已经成为经典，如本杰明·布列顿（Benjamin Britten，1913—1976）的《彼得·格赖姆斯》（*Peter Grimes*）和伊戈尔·斯特拉文斯基（Igor Stravinsky，1882—1971）的《浪子的历程》（*The Rake's Progress*）（1951）。在《彼得·格赖姆斯》大获成功之后，布列顿向迈克尔·蒂佩特（Michael Tippett）写道："我或许是一个和时代脱节的人。我专为歌剧谱曲，并且要将这一事业完完全全地保持下去。"有些人认为，布列顿之所以成功，是因为他和欧洲其他地方的作曲家不同，没有受到那样多的歌剧传统的羁绊。为《浪子》作曲时，斯特拉文斯基已经步入暮年——差不多像我现在这把年纪。这是他一生创作的唯一一部歌剧，剧本由威斯坦·休·奥登（W.H. Auden）及其伙伴切斯特·卡尔曼（Chester Kallman）根据威廉·霍加斯（William Hogarth）的八幅同名系列绘画编写。斯特拉文斯基后来写道："我选择以18世纪'音乐'歌剧的风格来谱写《浪子的历程》。在这种风格下，戏剧的发展依靠一系列独立的乐章进行——宣叙曲和咏叹曲、二重奏、三重奏、和声、音乐插曲等。"这部歌剧在威尼斯凤凰剧院（！）举办了首场演出，立刻获得成功。

2013年1月10日，在布拉格观看《鲵鱼之战》首演时与雅里克·内赛特雷尔（Jarik Nešetřil）的合影

我和盖比瑞拉去过几次全球首演的现场，包括菲利普·格拉斯（Philip Glass，1937—）的《航行》（*The Voyage*）（1992）和约翰·科里利亚诺（John Corigliano，1936—）的《凡尔赛的幽灵》（*The Ghosts of Versailles*）（1983）。这两部剧的首演都是在大都会观看的。除此之外，还在科芬园欣赏了朋友塔里克·奥列根（Tarik O' Regan，1978）创作的《黑

暗的心》（*Heart of Darkness*）（2011），在布拉格观看弗拉迪米尔·弗兰兹（Vladimir Franz，1959—）的《鲵鱼之战》（*War with the Newts*）（2012）。所有的这些歌剧都引人入胜，有些甚至让人心潮澎湃，但我不大确信它们是否会永留史册。

在大都会首演的那两部剧具有重要的纪念意义。《凡尔赛的幽灵》的授权创作是为了纪念大都会剧院成立100周年，但首演日期向后推了三年。《航行》在1992年10月12日首演，正值哥伦布登陆美洲大陆500周年纪念日。《凡尔赛的幽灵》演员阵容强大，甚至对大都会剧院来说都是不同寻常的，讲的是继《费加罗的婚礼》20年之后发生的故事，也是根据博马舍的剧本改编的。《航行》对我们更有吸引力，因为剧中有朋友斯蒂芬·霍金坐着轮椅飞向舞台上空的形象，而极简派的乐曲与这个动作相得益彰。

《黑暗的心》和《鲵鱼之战》极具文化底蕴，在这点上甚至胜过另外两部歌剧。前者改编自约瑟夫·康拉德（Joseph Conrad）原型小说，而后者则改编自卡雷尔·恰佩克（Karel Čapek）讽刺性反纳粹小说。我们很高兴观赏了这两部剧，但我不确定将来还会不会再重温它们很多次。

《牛头怪》（*The Minotaur*）是另一部科芬园委托创作的歌剧，我们看过几次了。该剧由哈里森·博尔维斯尔（Harrison Birtwhistle，1934—）写给才华出众的男低音歌唱家约翰·汤姆林森（John Tomlinson），2008年首演。然而，除了偶尔出现优美的旋律以外，几场演出都令我们大失所望。

近些年的两部歌剧——《尼克松访华》（*Nixon in China*）（1987）和《克林霍夫之死》（*The Death of Klinghoffer*）（1991），同为约翰·亚当斯（John Adams，1947—）的作品，在我看来能够经得住时间的考验。几年来，我们一直没有打算看这两部歌剧，担心前者过于平淡乏味，而后者是讲一位行动不便的犹太老人利昂·克林霍夫在邮轮上惨遭恐怖分子杀害的故事，相当恐怖和沉重。事实证明，我们这样想有多么荒谬！两部歌剧都蕴含诗的美感，《克林霍夫之死》绝对震撼，让观众为人性的泯灭而动容。这在很大程度上归功于编剧艾丽斯·古德曼（Alice Goodman，1958—）卓越的才华。多年之后，艾丽斯进入我在剑桥的学院工作。现在我们骄傲地与她以朋友相称。此外，我们还结识了她的丈夫杰弗里·希尔（Geoffrey Hill，1932—）。很多人认为他是在世最杰出的诗人。

我尤为喜欢两部匈牙利独幕剧——强诺·瓦热达（János Vajda，1949—）的《马里欧与魔术师》（*Mario and the Magician*）和乔治·赛尔梅奇（György Selmeczi，1952—）的《警报》（*Siren*）。《警报》的编剧给札·斯茨（Géza Szcs，1953—）或许称得上是当今匈牙利最棒的诗人，同时也不难猜出《马里欧》改编自托马斯·曼（Thomas Mann）1929年出版的反纳粹短篇小说。（作为题外话，我很高兴告诉大家，赛尔梅奇、斯茨和瓦热达也成了我们亲爱的朋友）。我认为，《马里欧》是过去40年全世界所迎来的最好的一部歌剧作品。然而，到目前为止它还未登上最著名的舞台，究其原因，我不知该如何解释。我盼望这一天的到来。

评论人员

若要对音乐家发起责难，在音乐家自己的群体里不难找到支持的声音。他们可以对彼此毫不客气，发表极端无理（往往也是风趣）的言论。约翰·罗斯金（John Ruskin）曾说：“对我而言，贝多芬的乐曲听上去就像是有人在摆弄一袋钉子，时不时还有榔头掉落的声音。”格伦·古尔德（Glenn Gould）则认为：“莫扎特死得太晚了，而不是死得太早了。”对于瓦格纳，音乐界更是分成了两派，恶毒的攻击不胜枚举。“我喜爱瓦格纳的乐曲，可我偏偏更加喜欢听一只猫被倒挂在窗外，努力用爪子勾住窗框时产生的曲调，”夏尔·波德莱尔（Charles Baudelaire）说道。

然而，真正的评论者不是音乐家自己，而是观众以及为报社撰稿的专业评论员。很多国家的观众都比较宽宏大量——其他国家则不然，尤其在意大利和奥地利。在维也纳歌剧季的开幕演出上，著名女高音歌唱家蒙特塞拉特·卡巴耶（Montserrat Caballé）引来嘘声一片，窘得晕了过去。

像这样的危急时刻，我们目睹过两次。一次是在斯卡拉大剧院听帕瓦罗蒂演唱《唐·卡洛》（*Don Carlo*）时，他的嗓音突然嘶哑，遭到观众的抗议。几天之后，电视记者采访帕瓦罗蒂，问他有关那起不幸事件的情况。“是的，顶层楼座上的观众（指那些坐在上层观众席的剧迷们）认为自己是一场演出的最高裁判，”帕瓦罗蒂开始答道。我敢断定，他接下来会说“可他们真的懂歌剧吗？！”然而，让我大为惊讶的是，他接下来的回答并不是像我想象的那样。一点都不像。帕瓦罗蒂只是简单地说道：“他们没有把自己看错。”这句话表现出帕瓦罗蒂的谦逊——虽然在他身边充满了阿谀奉承。

第一次听罗伯托·阿兰尼亚（Roberto Alagna）的演唱是在大都会剧院。他饰演《假面舞会》（*Un Ballo in Maschera*）中的里卡尔多（或古斯塔沃）。第二幕开始的咏叹调，阿兰尼亚哽住了，哑然失声。乐队停下来，又试了几遍。就在这时，一名合唱演员挺身而出，顶替阿兰尼亚演唱这首咏叹调。第二幕结束，演员谢幕时，阿兰尼亚得到观众热烈的掌声。多么温情的场面啊！

几年之后，阿兰尼亚又遇到了麻烦，这次是在斯卡拉大剧院。他在《阿依达》（*Aida*）中扮演拉达梅斯，演唱时惹怒了顶层楼座上的观众。他们把他轰下了台。他的替角不得不赶紧上场救戏，身上还穿着便装呢。

一流报社的专业评论员不仅仅需要渊博的知识，而且还应具有审美力，不应像顶层楼座上的观众那样性急。人们习惯拿他们取乐。本杰明·迪斯雷利（Benjamin Disraeli）就曾幽默地说过：“你们知道谁是评论家吗？就是那些当不了文学家和艺术家的人。”我不同意这种说法，因为知名评论家一般会写出有真知灼见的观后感，往往丰富了我们对作品的鉴赏力。然而，让人感到不可思议的是，他们也会犯错——大错特错。被大众的热情冲昏头脑，开始吹捧二流曲作者，这点是可以原谅的。但不承认上乘之作，不把它看成是绝对的瑰宝，是不可饶恕的罪过。一个突出的例子是意大利《新闻报》专业评论员卡洛·贝尔赛兹奥（Carlo Bersezio）的熟视无睹。1996年2月1日，普契尼的《波希米亚人》（*La Bohème*）在都灵首演后，他对该剧做出如下评介："《波希米亚人》不会对听众留下深刻的印象，亦不会在我国大剧场的历史上留下深刻的印记。"他继续写道："这样的乐曲能愉悦我们，但很难让我们感动。就连歌剧极具戏剧性的结尾在我看来都没有运用好音乐的色彩和铺垫。"他好心劝告普契尼把《波希米亚人》看成是"一个暂时性的失误，一次短时的脱轨，以便回到艺术真正的道路上来。"

上述评论与英国评论家弗兰克·格兰维尔·巴克尔（Frank Granville Barker）的观点大相径庭。多年之后，巴克尔在《波希米亚人》录像观后感中写道："没有体会到这场演出之魅力的男男女女，都不适合生活在文明的社会，因为该剧是世界的一大奇迹。"而且这番话是出自一位冷冰冰、不善表达情感的英国人。我完全赞同巴克尔的观点。

另外一次错误的评论不是那么的鲜明，却发生在近几年，对象是2012年末在大都会上演的一场《唐·乔瓦尼》（*Don Giovanni*）。众所周知，纽约的评论家拥有巨大的影响力，定期除掉一批戏剧，在演出一两次之后就迫使它们退出舞台。以下摘录扎克利·沃尔费（Zachary Woolfe）精心撰写的一篇文章：

> "大都会歌剧院推出的莫扎特歌剧《唐·乔瓦尼》乏味至极，在2011年首演时就已寿终正寝。"还有这段文字："最初由麦克·格兰达吉导演（如果还能称之为导演），在周三晚间被重新演绎（如果还能称之为演绎），依然未能激发起观众的热情或兴趣。剧组请来英国伦敦国家剧院颇具才华的音乐总监爱德华·加德纳担任总指挥，但整晚的演出依旧是漫长的，令人昏昏欲睡，恰如一个黑洞，让偌大的歌

剧院和有能力的年轻演员们窒息。”文章结尾也好不了多少：“格兰达吉先生的《唐·乔瓦尼》……一直都是大都会歌剧院应该感到害臊的一场戏。”

读到这篇剧评，我感到自己的心在下沉，因为当时我已经买了两张很贵的票，准备去看大都会歌剧院应该感到害臊的一场演出。我骂自己为什么不再谨慎一些。那天晚上，我们怀着忧虑的心情走近大都会，可我们惊喜地发现人们并没有找我们卖票，而是向我们讨票。演出既生动又独特。我们被深深地吸引了，在座其他3800名观众也同样看得入神。俄罗斯男低音歌唱家伊尔达·阿布德拉扎克夫（Ildar Abdrazakov）精彩地饰演了“唐”的角色，而乌拉圭男中低音歌唱家埃尔温·施罗特（Erwin Schrott）对雷波雷诺的演绎也十分出色——比起我们最后一次在科芬园听到他担任同一角色时的演唱好多了。的确，阿布德拉扎克夫饰演“唐”的方式与我们熟悉的鲁杰罗·莱蒙迪（Ruggero Raimondi）、塞缪尔·拉梅（Samuel Ramey）、汤玛斯·汉普森（Thomas Hampson）等优秀的歌唱演员有很大不同。在征服女人方面，他流露出暴虐的性情，一种自然的力量。这样的新变化让整个夜晚更加激动人心。走出大都会时，我们的内心充满了对观众的敬佩之情，他们更多地相信大众口碑，而不是著名评论家的裁定。那晚，我们真是一群幸福的人儿。

歌剧院

去演出现场观赏歌剧的一大乐趣来源于剧院之美。当然了，并不是所有的歌剧院都是碧瓦朱甍，实际上差得很远，但有很多剧院的确漂亮。就像用做工精致的名贵瓷杯喝咖啡，口感胜过用大马克杯或星巴克纸杯一样，歌剧院的美会极大地增强我观剧当晚的愉悦心情。世界上有不少精湛绝伦的歌剧院。在夜晚置身于这些气势非凡的建筑里，我怎能不爱上歌剧呢？不要通过旅游或是导游参观剧院建筑（打消这样的念头吧——我从来都没有选择过这样的游览方式，将来也不会），而是要根据剧院原本的观赏意义去欣赏它，感受它的活力以及对音乐的颂扬。

我不得不承认自己更喜欢“传统”歌剧院，可许多著名的歌剧院都是在二战之后建造的。纽约大都会歌剧院、悉尼歌剧院、洛杉矶多萝西·钱德勒大厅、巴黎巴士底歌剧院及其他许多歌剧院都有精美漂亮的建筑，但对我而言，它们比不过历史悠久的剧院建筑，如米兰斯卡拉大剧院、威尼斯凤凰剧院、布拉格艾斯特剧院、莫斯科波修瓦剧院、巴黎加尼叶歌剧院、维也纳国家剧院和匈牙利布达佩斯国家歌剧院。

世界上最伟大的歌剧院发生过很多传奇故事（往往是悲剧），很多都是《歌剧魅影》的现实版。在过去，剧院用火把照明，火灾构成最大的危险。许多剧院屡次遭到大火的严重破坏。被火彻底烧毁的剧院被重建。

皇家歌剧院（科芬园）足够漂亮，但不够出众。1732年建成时名为皇家剧院，正好赶上亨德尔歌剧的首演。剧院正面、门厅和观众席于1858年修建，其他部分在20世纪90年代修建。在1892年古斯塔夫·马勒（Gustav Mahler）推出《指环》（*Ring Cycle*）之前，所有的歌剧都在意大利上演，即使是德语和法语歌剧也不例外。

米兰斯卡拉大剧院是一座精湛绝伦的建筑。前身被火烧毁，后在1776年，罗马太后、匈牙利女王、奥地利女大公玛丽娅·特蕾莎（Maria Theresa）亲自批准新古典主义建筑师乔治白·皮尔马里尼（Giuseppe Piermarini）建造新剧院的计划（官方称作“米兰公爵新区剧院”）。建设工程在两年内完成，资金来自私人包厢买卖收入。1778年8月3日，斯卡拉大剧院对外开放，首部歌剧是安东尼奥·萨列里的《重建欧洲》（*Europa riconosciuta*）。萨列里并不是一流的作曲家，但他的这部歌剧设置了几个颇具挑战性的角色，当然值得一看。按照传统，每年的歌剧演出季开始得很晚，在12月7日纪念米兰圣徒安布罗斯那天拉开序幕。

新千年伊始，斯卡拉大剧院经历了重大翻修，在2004年12月7日重新开放，首场歌剧依然是《重建欧洲》。这是该剧自1778年以来第一次重现舞台。装修花费了惊人的6100万欧元。

艾斯特剧院是布拉格几家绝妙的歌剧院之一。这座美丽的剧院最初由诺斯提兹伯爵兴建，仅用两年时间就建成了，在前门刻有箴言“致祖国和缪斯”。剧院于1783年开放，首场演出剧目不是歌剧，而是一部话剧。1798年，捷克王国把它买了下来，更名为捷克王国皇家剧院。沃尔夫冈·阿玛多伊斯·莫扎特（Wolfgang Amadeus Mozart，1756—1791）的两部歌剧《唐·乔凡尼》和《狄多的仁慈》在该剧院首演，这大大增强了剧院的历史氛围。

2013年1月25日拍摄于科芬园：贝拉在中庭顶层（左图）；《牛头怪》的全体演员（右图）

在经过历时八年的大规模修缮后，剧院面貌焕然一新。哪怕只是去那里观看一场演出，都不枉布拉格之行，更不要说细细品味这座城市里其他令人欣喜的景物了。

我最喜欢的歌剧院或许要数凤凰剧院了，它规模不大，却是威尼斯的一颗明珠。和斯卡拉大剧院一样，也是在两年内建成，1792年开放。根据“听名知命”的传统，剧院曾因大火夷为平地。凤凰剧院有着最独特的历史。罗西尼、贝里尼、多尼采蒂和威尔第的几部作品都是在这举行的首演，包括两部最著名的歌剧《弄臣》和《茶花女》。这座小小的剧院就像是一个装满了精美饰品的首饰盒。在这里观看演出，是人生一大乐事。

1836年，凤凰剧院被大火烧毁，但一年之后便重新开放了。1996年，再次遭遇火灾，被夷为平地，怀疑有人纵火——两名电工未能按时完成工作，害怕缴纳高额的罚金，便纵火烧毁了建筑。最终，威尼斯斥资9000万欧元对其进行了重建，2003年重新对外开放。在设计方面大量参照了卢奇诺·维斯康蒂（Luchino Visconti）1954年在剧院拍的影片《战国妖姬》。尽管付出了这么多的努力，但对于是否成功恢复了剧院往日辉煌这一问题，人们众说纷纭。

前面已经谈了一点波修瓦剧院的情况。该剧院最初在1824年建成。在此之前，大火摧毁了歌剧演出地区的两座剧院。自建成之日起，波修瓦剧院一直是莫斯科的骄傲。我们今天看到的是1853年火灾重建后的样子。在这里举办过包括《鲍里斯·戈杜诺夫》（*Boris Godunov*）在内很多歌剧和芭蕾舞剧的首演。在20世纪后期，维修经费匮乏，就连剧院曾经质量很高的音响设施也难逃厄运。在歌剧方面，剧院的排名不断下滑，已不抵大都会和科芬园的水平。后来经过六年大规模（而且是大价钱！）的装修，剧院在2011年10月重新开放。为了重新营造富丽堂皇的气势，装修期间拆除了所有19世纪的陈设，使用大量的黄金，并将观众席上的座位换成了精美的扶手椅。神奇的是，音响效果也恢复如初。然而，由于严重的腐败，装修费用达到了天文数字——10.1亿欧元。真是难以置信。不过，我仍盼望着能去那里看演出。

以上简单介绍了我们特别喜欢的歌剧院。下面谈谈儿时印象中巴黎、维也纳和布达佩斯三地的“典型”。这三家歌剧院都是在19世纪后半叶以新文艺复兴的风格建造的。巴黎和维也纳的歌剧院同时建成，不久之后，布达佩斯的剧院落成。

“太阳王”路易斯十四世时代开始后的两百年里，巴黎一直都是全世界的歌剧中心。若要真正获得成功，要赚大钱，就必须把歌剧搬上巴黎的舞台——罗西尼（1792—1868）、多尼采蒂（1797—1848）、贝里尼（1801—1835）、威尔第（1813—1901），甚至瓦格纳（1813—1883）一起把目光投向巴黎并非机缘巧合。

今天的巴黎歌剧院是剧都巴黎的第十三家剧院，最初作为19世纪60年代巴伦·奥斯曼（Baron Haussmann，1809—1891）振兴巴黎大部宏伟计划的一部分，由拿破仑三世下令兴建。名不见经传的年轻建筑师查尔斯·加尼叶（Charles Garnier）在剧院设计比拼中赢得了胜利。他计划采用当时最先进的技术和华丽的巴洛克艺术品，创建了"拿破仑三世风格"。建设过程中遇到了严重的问题，引发传言说歌剧院建在了一条地下河上。后来，工程又受到普法战争、皇帝废除以及巴黎公社运动的重挫。因此，直到1875年1月，剧院才举行了落成典礼。建筑的点睛之作是加尼叶亲自设计的重达七吨的枝形吊灯。1896年，吊灯的一个平衡件从天花板上面掉落，这一事件为《歌剧魅影》增添了素材，产生了那个著名的场景。1994年至2007年间，剧院被完全修缮一新，并加入了现代化元素。

如今剧院被称作加尼叶歌剧院。在那里观看演出对我来说是一次振奋人心的经历。这不只是我个人的感受。剧院装修完成后不久，我们观看了一场《普拉蒂雅》（*Platée*）的演出。那是一部让-菲利普·拉莫（Jean-Philppe Rameau，1683—1764）于1745年创作的歌剧。对于该剧，我们并不抱什么信心，排长队买票的主要原因就是为了进入剧院。意想不到的是，我们竟然有幸买到了票——座位相隔很远，这种情况并不多见。演出十分精彩，但暂且不谈。盖比瑞拉的座位在一个包厢里的第二排，通常来说是很糟糕的位置，但这次她很幸运，因为坐在她前面的一位男士告诉她自己是一名意大利建筑设计师，来剧院只是为了欣赏和查看这栋传奇建筑里各处的楼梯、走廊和房间。果然，启幕后不久，他就离开了包厢，把座位让给了盖比瑞拉。他对巴黎歌剧院怀有怎样的崇敬之情啊!

维也纳的歌剧院根据两位建筑师冯·希卡斯保（von Sicardsburg）和凡·努尔（van der Nüll）的方案，以新文艺复兴风格建造，1861年开工，到1869年竣工。奥地利皇帝、匈牙利国王弗朗茨·约瑟夫一世对歌剧的喜爱程度远不如莫扎特时代的皇帝约瑟夫二世，但他的确关心剧院的建设。事实上，正当这栋建筑即将竣工时，他作出了严厉批评。事后凡·努尔自杀。又过了几周，冯·希卡斯保因突发心脏病离世。因此，这两位建筑师都未能参加剧院开放当晚上演的《唐·乔瓦尼》。弗朗茨·约瑟夫一世携皇后伊丽莎白（即著名的茜茜公主）亲临现场观看演出。

威尼斯人过了好久才慢慢接受这座恰似“沉没宝箱”的歌剧院，但最终还是渐渐喜爱上了它。二战即将结束时，美军的轰炸使该剧院以及维也纳剧院始祖——城堡剧院受损严重（后者首演过莫扎特三部著名的歌剧）。不幸的是，两座歌剧院后来都未能恢复昔日的辉煌，虽然不可否认其犹存的美。

我对布达佩斯歌剧院最有感情，因为它是我“家乡”的歌剧院，是伴随我成长的地方。如今，只要回到布达佩斯，就一定会去那里看演出。我和盖比瑞拉特意在离剧院最近的地方买了一间公寓——敞开窗户，便能听到演员练唱。布达佩斯歌剧院的演出并不是最好的，但从家里的书桌走到剧院的座位上只需五分钟。正是由于这个原因，我很难抵御一场有趣歌剧带来的诱惑。临近下午7点，不去剧院的意志开始减弱，于是我便动身了。

在某种意义上，布达佩斯的歌剧院是维也纳歌剧院的“弟弟”——同为弗朗茨·约瑟夫下令建造，但年代较短，规模较小。1884年，剧院举办了第一场演出，弗朗茨·约瑟夫前来观看（在第一幕结束后离场）。剧院由米克洛什·伊柏尔（Miklós Ybl）设计。包括我自己在内的很多人都认为他是匈牙利最优秀的建筑设计师。“M. Ybl”这个名字还有另外一层意义。当初，矜持（或许还傻乎乎的？）的我把卢贝尔（Lubell）、山本（Yamamoto）和麦世基（Meshalkin）三人独立证明的组合学基本结果简写为“LYM”，但其实本不应该是这个顺序。在卢贝尔做出研究成果之前，我已经证明了一个更有力的结果，因此我本应把它缩写成“MYBL”[①]。现今人们偶尔会用“LYMB”，因为“limb”和“lim”一样好记[②]。但作为米克洛什·伊柏尔的超级崇拜者，我应当用MYBL就好了。当然这名字除了匈牙利人之外，谁都不明白是怎么一回事。

布达佩斯歌剧院的很多设计都是我喜爱的。有设计精美、以颂扬音乐为主题的剧院正门以及楼顶上作曲大师的雕像；有采用大理石立柱和拱形天花板、极具匈牙利风情的前厅；有庄严肃穆、从二楼各个角度看都无遮拦的楼梯；有威风凛凛的御用楼梯（很可惜，几乎没有用过）；有匈牙利最伟大的艺术家制作的雕塑和壁画；有呈马蹄形的观众席以及顶部的枝形吊灯和壁画；有随处都能见到的艺术灯具；还有那装有大理石扶手令人着迷的廊道、穹窿和露台。

剧院最早的音乐指导之一是古斯塔夫·马勒（1860—1911），上任时27岁，尚未在维也纳成名。马勒在布达佩斯不顾保守党派的反对，推出了瓦格纳几部歌剧，以此拥护他心目中的这位音乐天才。三年之后，他被赶下了台。至此，他在布达佩斯坚持的时间比在纽约只多了大约六个月。布达佩斯另一位著名的指导是马勒的门徒——指挥家奥托·克伦佩勒（Otto Klemperer，1885—1973）。不幸的是，剧院其他大多数的音乐指导都远远不及这两人所达到的高度。尤其在最近20年里，很少有人在担任音乐指导之前对歌剧感兴趣。即使在今天，剧院聘用的多数人员对西欧的歌剧界存在错误的观念，因此态度非常差劲。我真切地希望这种情形能很快有所改善。

---

① 译者注：“B”是本文作者家姓“Bollobás”的首字母。

② 译者注：“LYM”和“LYMB”的发音分别与“lim”和“limb”相同，便于记忆。

《咏水仙》

谈了这么多，下面再说几点我重视和喜爱歌剧的原因。

首先，歌唱演员和影视演员不同，往往可以获得公正的评价。遗憾的是，对于影视演员的宣传能达到可笑的程度。在这种情况下，大多数公众被愚弄，而演员自身的价值被极大高估。好莱坞影视公司尤其逃不掉干系。它们把巨额资金投给演技平平的演员，她们因此拿到比实际高出许多的薪酬，而英国和其他任何国家都有一大批水平更高的演员。令我感觉很爽的一次是在奥斯卡颁奖之夜听到乌比·戈德堡（Whoopi Goldberg）说：“我们很高兴今晚请到朱迪·丹奇夫人，由此，有位真正的女演员来到了我们中间。”广告宣传对歌剧演员也有帮助，但效果局限得多。无论投入多少广告，都无法塑造出一位伟大的歌唱家。在大都会或斯卡拉大剧院演唱，真正重要的是歌唱水平。事实上，人们对歌剧演员如此客观地评价，有些不可思议。从这方面讲，歌剧演员很像运动员——要么跑得飞快，要么跑不快。

我喜欢歌剧没有国界。这点很像数学。如今，我们认为最好的歌剧院就应该在全球范围招募歌唱家、指挥家和导演，可不寻常的是，歌剧几百年来一直保持着这样的传统。我们已经看到德·庞特非凡的职业生涯。另一个著名的范例是古斯塔夫·马勒。他曾在布拉格、莱比锡、布达佩斯和纽约长期担任指挥或指导。一个不太知名的例子是西班牙作曲家比森特·马丁-索勒（Vicente Martín y Soler，1754—1806）。他和莫扎特是同时代的人，往往成为同莫扎特媲美的对象。他不仅在马德里、那不勒斯和维也纳工作过，而且在人生最后的二十年里还担任圣彼得堡的宫廷作曲家，中途又到伦敦住了一年。他与德·庞特在维也纳共同创作了三部歌剧，在伦敦又创作了一部歌剧。在圣彼得堡期间，他写芭蕾舞曲，同时创作了三部俄语歌剧，其中第一部是针对凯瑟琳大帝所编著的剧本。在《俄罗斯方舟》这部美丽影片中就有一个展现这部歌剧演出时的精彩镜头。当今艺术家的移动速度大大提高了。有几次在两周之内，我们在大西洋两岸欣赏到了同一位歌唱演员的演出。

有些数学家只重视自己领域里的人，瞧不起其他人，认为他们的工作都是小菜一碟。而我则不同。我十分佩服那些拥有别样能力的人，尤其被作曲和歌唱大师所折服。我清楚，就算自己努力一万年，也达不到他们的水平（甚至都比不上水平低一等的作曲家和歌唱家）。

埃兹拉·庞德（Ezra Pound）曾说："音乐的魔力在于对决断意志的影响。突然间，浑浑噩噩的头脑变得清楚起来，重新把握住了分寸。"如果把这句话里的"音乐"换成"歌剧"，同样有道理。

最后揭晓我和盖比瑞拉喜爱歌剧最重要的原因，那就是歌剧给我们留下了很多珍贵的回忆。我们观看的许多演出，不仅仅在当晚发挥着魅力，而且当我们在多年之后回想它们时，能让心情舒畅起来。这让我想到了狄拉克夫妇讲的一次亲身经历。确切地说，玛吉特·内尼（玛吉特姨妈）负责讲述，保罗·巴克西（保罗姨夫）负责点头。他们从维也纳坐火车到布达佩斯。一名德国商人和他们住一个包厢。当他发现狄拉克夫人原籍是匈牙利后，他开始激动地说："啊，匈牙利是一个多么有才的民族啊。世界各地有那么多聪明的匈牙利人。"狄拉克声音不大，但要求出人意料："说出两个匈牙利人的名字。"一阵窘迫的沉默之后，那位商人想到了一个人的名字："莎莎·嘉宝。"

唯恐狄拉克的在天之灵，否则我真想罗列出曾经邂逅的几十个人，何止区区两个人的名字。然而，一份名单不具有任何意义，所以只能说每当我和盖比瑞拉回忆起在剧院有幸度过许多精彩的夜晚时，我们所感受到的那份幸福也许最好通过威廉·华兹华斯（William Wordsworth）的一首诗来表达了。幸运的是，我们夫妻二人如今还能在一起回忆美妙的歌剧演出，这让我们的回忆更加甜蜜。

后来多少次我郁郁独卧，
感到百无聊赖心灵空漠；
这景象便在脑海中闪现，
多少次安慰过我的寂寞；
我的心又随水仙跳起舞来，
我的心又重新充满了欢乐。①

后记一

2013年6月，相隔45年之后，我再次来到莫斯科，参加伊斯雷尔·莫伊斯维奇·盖尔方德百年庆典大会。会议十分隆重，邀请来了一些世界顶尖的数学家，其中有不少人已多年未曾相见。重回莫斯科给我带来一种灵异的感觉。自从苏联解体之后，这座城市发生了翻天覆地的变化——干净漂亮的公园、穿着入时的行人、豪华奢侈的商品、车水马龙的街道、大量涌现的名车、完美修复的建筑，甚至还有一些新建（并且完善）的教堂。

波修瓦剧院各场演出的票早已卖完。不过，我们十分走运，结识多年的好友莎夏·莱波科为我们购买了两张《玫瑰骑士》的票。来到剧院，观看一部我们最喜欢的歌剧，令我们兴奋不已。波修瓦剧院重现昔日的华丽。金色的雕像，美丽的吊灯，优雅的扶手椅，给观众带来很大的享受。观众看上去被这种体验所折服。只可惜英国导演斯蒂芬·劳利斯（Stephen Lawless）和比利时舞台设计师贝努瓦·杜戈尔登（Benoit Dugardyn）把这个版本的歌剧弄得一团糟。我完全相信，假若俄罗斯人相信自己的才华，演出效果则会好得多。

我仍然希望有一天能再来波修瓦剧院观看《鲍里斯·戈杜诺夫》和《霍凡斯基党人之乱》的演出。

---

① 译者注：译文使用顾子欣的译本。

后记二

2015年3月15日实现了上述第一个愿望。那天，我们在波修瓦剧院观看了《鲍里斯·戈杜诺夫》的一个精彩绝伦的版本。弗拉迪米尔·马托林（Vladimir Matorin）饰演主角，表现十分出色。

贝拉·博洛巴斯（Béla Bollobás），匈牙利裔英国数学家，皇家学院院士，匈牙利和波兰科学院外籍院士，45年来一直担任剑桥大学三一学院研究员，此外从1995年至今担任孟菲斯大学数学讲座教授。博洛巴斯的研究工作涉及多个领域，包括组合数学、图论、泛函分析和概率论，撰写了400余篇论文（其中18篇与其导师保罗·厄多斯共同完成）以及12部专著。他教授过近50名博士生，包括获得菲尔兹奖的蒂姆·高尔斯（Tim Gowers）。博洛巴斯院士曾分别被伦敦数学会和波兹南大学授予高级怀德海奖和荣誉博士头衔。

NCOLIA I
16 3 2 13
5 10 11 8
9 6 7 12
4 15 14 1

恩里科·邦比利，萨拉·琼斯·尼尔森

美在数学和艺术中的脆弱性

美是否存在于数学中？该问题关系到数学对象及其联系——可验证的真正的对象。数学家通常认为，美确实存在于定理和证明的结构之中，其中很大一部分仅为数学家所见，此外也存在于数学之中，透过艺术和自然人人可见。不容置疑，在马赛克瓷砖、山水画、流动的河水以及松塔、贝壳等螺旋对称的形状中，各种元素和对象之间的相互关系普遍显现出美丽的图案。物理形态中的数学规律给你带来的一种美感，不随其普遍性、对称性、简单性、优雅与力量等元素改变而变化。

人们对艺术美的批判是脆弱的，因为批判依赖的是不同文化中的判断标准，具有相对性的特点，并随时间的流逝不断变化。对莱布尼兹（Leibniz）而言，这种判断的相对性和时间变化解释了在事实真理和反映批判意图的推理真理之间为何会存在差异的问题。美丽的物体构成的自然美和物体通过美的再现构成的艺术美，在感知上不同。直至启蒙运动后期，人们才通过康德（Kant）的形式区分领悟到这一点。根据当时的传统，康德采用希腊自然和艺术经典比例论验证自已对美的事实真理的思想。然而，休姆（Hume）对事实、价值观和品位的分析，加之斯宾诺莎（Spinoza）提出的有关道德和羡慕、爱等情感的理论，已经将内里生命派的强烈情感树立成为批判性评断的永恒标准。这彻底改变了文艺复兴时期首次出现在阿尔贝蒂（Alberti）新数学观中的思想，即认为艺术是自然的一面镜子，使人所感知的真理和实际的美相互统一。希腊真善美的经典结合——对布鲁内莱斯基（Brunelleschi）、乔托（Giotto）、达·芬奇、米开朗基罗等志同道合的现实主义者而言等同于一种帕拉图式的思想——极大地违背了抽象艺术和后现代艺术中任何对美的非道德判断或批判。

莱昂·巴蒂斯塔·阿尔伯蒂（Leon Battista Alberti）是一位哲学家，同时又是教皇法庭的速记员或书记员。在《论绘画》（*De pictura*）（1435）和用方言写成的《画论》（*Della pittura*）（1436）这两部著作中，他首先提出一点透视论。在佛罗伦萨，阿尔伯蒂与建筑师菲利波·布鲁内莱斯基（Filippo Brunelleschi）合作，在罗马同数学家卢卡·帕乔利（Luca Pacioli）合作（该人曾在米兰和达·芬奇一同创作了《神圣比值》（*De divina proportione*））。布鲁内莱斯基曾获得数学证书，师从佛罗伦萨数学家、天文学家、宇宙志学家及哥伦布的参谋保罗·达尔·波佐·托斯卡内利（Paolo dal Pozzo Toscanelli）。帕乔利可能师从画家、数学家及专论《绘画透视法》（*De prospectiva pingendi*）（1474）的作者皮耶罗·德拉·弗朗西斯卡（Piero della Francesca）。他的这篇论述在理论上印证了他用对称法精心设计的画作《圣母子与圣徒》（1472—1474），和他创作的祭坛画《圣安东尼》（1470）极为相似。因此，达·芬奇认为，图像透视这种以二维形式展现三维空间的手法之所以成为一项优选的理念和艺术法则，是由于它建立在物理和数学基础之上的缘故——同时也是因为委托艺术创作的赞助人喜好错视画。

柏拉图实在论在艺术和数学领域中显著的延续性使许多人相信，数字、几何等有关数学的一切体现在对象或纯形态的绝对境界中，矛盾地脱离了感官和物质现实。根据柏拉图式的观点，数学家发现黄金比例等预先存在的对象，而形式主义者则发明并构造证明，就如同建筑师或数学对象建造者，而对象材料来自某一特定的文化。绝大多数的数学家平时以形式主义的方式工作，在周末休息时才变身为柏拉图主义者。在充盈着柏拉图主义的世界中，有很多人凭借主观意识随意利用众多客观上清晰有效——对柏拉图而言一度具有普遍性的数学体系。

黄金分割比例ϕ是一个简单对象，表现了文艺复兴时期艺术的一个隐匿基础结构。在欧氏几何中，ϕ代表正五角形边长与正五边形边长的比率。在当代数学中，

$$\phi=\frac{1+\sqrt{5}}{2}$$

黄金分割的属性与数字5联系密切。柏拉图明确表示，数字源自纯形态领域中显现并被人发现的预先存在的对象。从那之后，黄金分割就成为令人着迷的话题。在《数字之谜》（*Das Mysterium der Zahl*）（1983）一书中，历史学家安尼玛瑞·史美尔（Annemarie Schimmel）记录了数字5的历史与卡巴拉教派神秘五芒星之间的关系。《圣经》创世纪第1章27节各种未经证实的版本描写了伊甸园开创世界的情景，其中数字5源于数字2和3的结合，代表男女起初的形态，而数字1则代表上帝以及物质现实的统一。

五重结构在自然界和艺术界随处可见。例如，某些五边对称的植物和花朵清晰地显现出黄金比例的特点。达·芬奇的画作《维特鲁威人》（*Vitruvian Man*）（1490）表明，人体本身构成一个五角星形，将黄金比例体现为一种天工造物的象征，一个在设计上实现对称和比例的模型。皮耶罗·弗朗西斯卡的画作以其独创的轮廓和比例评判标准（*commensurazione*）为指引，表现线性几何中的五重结构。祭坛画《圣安东尼》以中心为基点划分出五个垂直空间，又垂直分割五个小区。在《圣母子与圣徒》这幅画作的左右两边分别安排了三

位圣徒和两个天使，构成完整的对称。右下方身穿盔甲的乌尔比诺公爵费德里戈·达·蒙泰费尔特罗给画面带来很强的紧张元素，打破了对称。在这种情况下，弗朗西斯卡让公爵双膝跪地，双手合十，将观众的目光引向斜上方的圣母及其幼子，借此恢复画面的和谐均衡。在弗朗西斯卡的另一幅著名画作《耶稣诞生》（*Nativity*）（1470）中，娇小的圣婴位于中间，左侧围着五个唱歌、弹鲁特琴的天使，右侧有两位牧羊人、圣约瑟夫、一头驴和一头公牛，形成不对称的背景。再加上慈爱的圣母及上方象征圣灵的神秘白鸽，构成了一幅温存动人的画面。弗朗西斯卡的《分娩时的圣母》（*Madonna del Parto*）（1460）在数学方面更加雅致，展现了以身怀六甲的圣母为中心、以五边形帐篷为轮廓的矛盾体[①]。弗朗西斯卡希望在自己的作品中采用形式主义与数学分析相结合的符号语言，再现圣经故事元素。作为一位务实的技巧派大师，他从不会只相信感觉，也不留一丝侥幸。

黄金比例ϕ不仅仅是一个简单而古老的数学对象，而且还在现代数学发展方面发挥着深远的作用。作为1和2之间距有理数最远的无理数，黄金比例具有1和2之间特殊数的特点，以分母q最大值为前提，用有理数p除以q而获得前者的近似值。下面引用黄金比例两个极为优美的式子。在第一个式子中，ϕ等于无限根号1之和。第二个式子用以下连分无限连分式表达：

$$\phi=1+\cfrac{1}{1+\cfrac{1}{1+\cfrac{1}{1+\cdots}}}$$

作为黄金比例无理数极值证明的起始点，第二个式子更加有趣。

斐波那契数列以比萨人雷纳尔多·斐波那契命名，最初由他写入《计算之书》（*Liber Abaci*）（1201）。该数列美妙精确地表现了黄金比。斐波那契曾经在阿尔及尔城附近协助父亲经商，在地中海贸易沿线跟随穆斯林数学研究

① 译者注：在基督教中，圣母是神圣的象征，而五边形则代表魔鬼。

者学习，后来成长为中世纪欧洲最著名的数学家。该数列属于无穷数列，包括1，1，2，3，5，8，13，21，34，55，89，144，233，377……。除前两个数之外，每个数都是它前面两个数之和。该数列给出了黄金比最佳的有理近似值。分数F_{n+1}/F_n逐渐趋于ϕ。此外，斐波那契数列也能用黄金比表达：

$$F_n=\frac{\phi^n-(-1/\phi)^n}{\sqrt{5}}$$

欧氏几何和黄金分割定律构成数学史上美的最早基础。想象在欧几里得创作《几何原本》两千多年后的1899年，数学家法兰克·莫雷（Frank Morley）发现了欧氏几何中最后一条真正的新定理。莫雷定理认为，任意三角形三等分线相交的三点构成等边三角形的顶点。太美妙了！你可能要问，经典的欧氏几何学中为什么从未出现像莫雷定理这样的结果？也许是因为古希腊人无法通过欧几建构获得三等分角。如今，数学家了解到，平面欧氏几何无法实现角的三等分。他们把这个“负面”的结果看成是伽罗华代数方程可解论（1832）所产生的一个美丽论证，通过置换群产生的深刻结果获得。由此可见，曾经也许是欧氏几何的一个不足，即无法证明莫雷定理，如今却成为一项美丽的发现，加强了我们对几何、逻辑以及相关对称形态的认识。

你也许从历史中推断黄金比是数学的一根基础支柱。但拉普拉斯方程$u_{xx}+u_{yy}+u_{zz}=0$比黄金比例重要得多，一次又一次地出现在各种学科中，包括数理分析、概率论、数学物理学、天文物理学、化学，甚至还包括金融工程学——适用于要求保持系统均衡状态的各种情况。该方程美妙地表现了数学对深刻问题的强大相关性，如涉及因果关系的哲学问题。拉普拉斯的著作《天体力学》（*Mécanique céleste*）（1829）充分发挥牛顿力学和微积分，使物质现实看似无法逃脱宿命论的束缚。也就是说了解宇宙中的各种力量，了解某一特定时刻每个粒子的方位和速度，就能确定以后任何时间的宇宙状态；因此，拉氏理论认为机会、自主行为和干预都是自然界真实法则的因果假象。但拉氏方程只是一个简单的数学模型。从中汲取范围如此之广的哲学思想，或者指出自然法则从未因人们发现新事物而改变，是不是一件正确或简洁的做法呢？

如今，随着量子场论的出现，我们认识到拉氏理论体系并不能描述宇宙中可观察到的所有构造。在量子力学中，宇宙态由满足薛定谔方程（近似于拉氏方程）的波函数确定。对于薛定谔而言，宇宙的演变也具有宿命论的特点——在某一时刻得知波函数，就会确定以后任何时间的波函数。然而，波函数只是描述观察结果的概率。量子场论建立近百年之后，人们仍未对有效域达成共识，这也许是因为它有悖于经典力学，也有悖于这样一种建立在科学和社会基础之上的观点：曾经出现的简单因果机制决定着自然进程和人类行为。但像美丽的新证明或文艺复兴时期生机勃勃的现实主义这般极其复杂且不确定的事物，是如何在按固定法则预先建立的宇宙中产生的呢？

有人认为数学是自然法则、人类情感和艺术的内在组成部分。阿尔布雷特·丢勒（Albrecht Dürer）最著名的铜版画《忧郁》（*Melencolia I*）（1514）便神奇地反映了这一观点。画作的核心是一位长着翅膀的女人，忧郁地低头凝视——恰似一位女祭司在思索着宇宙中影影绰绰的形状，在早期现代史上象征着古典希腊医学与四种体液或四种体质论。她是艺术才华和数学深刻现实的化身。一个球形衬托在一片有限而完美的宇宙图景之上。下方的一个多面体，即切削菱面体，代表阿基米德实体图形几何。星盘和象限仪代表时空的测量技术。翅膀上方的4×4整数魔方阵表现了斐波那契数，而文艺复兴时期的哲学家马尔西利奥·费奇诺（Marsilio Ficino）认为，它还代表了隐藏在自然界中将恶变为善、消除忧虑的数学规律。魔方阵最后一排的中间两格显示了这部杰作完成的年份——1514年。透视与比例专论作者、德国艺术家和数学家丢勒与意大利同时代的理论派人士分享了艺术哲学和内里生命派神学，给变革中的欧洲带来一场革命。

丢勒描绘的内里生命景象预示着数学真理中存在矛盾的乐趣。这些乐趣甚至充盈在音乐中。想象一下自己的切身经历，巴赫协奏曲或莫扎特奏鸣曲怎样加深你对现实的感知？正如毕达哥拉斯最初所示，音乐结构具有数学的特点。各种长期存在的数学对象，从音乐到艺术，再到文化和自然选择，最后到描述创世之初物质对称构造的宇宙哲学，亦是如此。

物质的对称构造表现数学中的美，而群的概念表现了数学中的对称性。什么是群？想象一个具体或抽象的对象。该对象的对称——数学上属于一种自同构——是对象映射到自身而保持其全部结构的现象。两个对称相接的产物也是一种对称关系，而每一种对称都具有自我反逆性。将一个正方形旋转90°或把它放在垂直中心线上，即可获得对称。数学家认为，对很大一部分数理而言，李群是一个美丽而具有连续性的基础，对物理学亦是如此。除了连续李群之外，还有非连续性有限群和离散群。有些在简化到有限或离散的状态后可从李群获取。

在不同的旋转角度和反射轴上，用平行四边形、六边形、三角形、长方形、正方形和菱形等晶格图案设计的墙纸具有惊人的对称性。对任何勇敢面对纷繁复杂的内部设计的人来说，这一点并不陌生。与周期性晶格砖面不同，另一种以数学家和物理学家罗杰·彭罗斯（Roger Penrose）命名的彭罗斯瓷砖面具有非周期性、自相似性及准晶相的特点。明显不同的晶格图案类型，其数量是有限的——有17种，而不同的彭罗斯瓷砖面图案则具有延续性。由于自相似性，任一特定彭罗斯瓷砖面的每一部分在其他各砖面上无穷地重现很多次！彭罗斯瓷砖面的出现对数学家是一个巨大的意外，因为其谱性质是点状的，与自然晶体的点状X光衍射图谱相似。

更加不可思议的是达尼埃尔·谢赫特曼（Daniel Schechtman）获得诺贝尔奖的发现：准晶体和某些金属非周期性合金的五重对称形态一样存在于自然界中。彭罗斯瓷砖面与早期伊斯兰马赛克——又名“绮理”（Girih）瓷砖惊人地相似，而物理学家、准晶体发现者之一——保罗·斯泰恩哈特（Paul Steinhardt）已经美妙地展示了准晶体与这种相似性的关系。想象一下，在出现彭罗斯瓷砖面六个世纪前，伊斯兰艺术家和建筑师开发出了五边形与十边形的主题纹饰。这样的瓷砖面通过不完全的五重对称表现永恒艺术脆弱的美。数学中这些精妙的抽象概念不仅仅是描述自然的工具，同时也用来描述绮理和彭罗斯瓷砖面等艺术品，仅仅采用宽窄不一的两块基础菱形砖就能拼砌成与黄金比例、五边形及五角星相关的精准图案。数学描述工具帮助我们发现隐藏在自然界中的通用结构、黄金比例、五角星，在从纯数学到抽象艺术的社会抽象领域中，各个都能产生形式上的精准度标准。

对称结构的有限群，如正方形或立方体的对称，在很长时间里无法被归类，直到数学家成功地对各个有限单群进行分类后，才攻破了这一难题。如今，该分类定理已经发展成为长达3000余页的证明，凝聚了100多名数学家历时40年的集体研究成果。这项定理规范了有限群论。单群是重要的，因为它们是建立各有限群的基石。例如，十五面多边形的旋转群可通过120° 旋转和72° 旋转获得，后者产生单群。从二十面体群开始的交错群及李型有限群以有限的方式构成很多单群族，但利用的却是各族中无限多的成员。作为典型的李群，它们与基础几何的对称性紧密相关。除此之外，还存在26个例外群，和李型群的差别较大，被称作散在群。相关的有两种散在群。一是康维对称群，以约翰·康维命名（John Conway），属于24维的一种非常显著的晶格——利奇格的对称结构（多至反射）。二是费舍尔-格里斯群F_1，R.L. 格里斯（R.L. Griess）在高等研究院（Institute for Advanced Study）讲学时证明了该群的存在。数学家也称之为“魔鬼群”，是最大的巨型散在群，包含这么多个元素：

808017424794512875886459904961710757005754368000000000

其内部包含26个散在单群中的21个，康维群竟然也在其中！在196883+1=196884这个奇特的式子中，196883是一组描述魔鬼群所需的至关重要的数字，而196884是另一个数。由于该式——以及长达150年的椭圆函数和自守函数研究——经历了一次完全没想到的发展，如今魔鬼群已被“降服”，与数学及数学物理众多不同领域建立起了清晰的联系。数学家通过坚持不懈的合作降服了魔鬼群F_1，这是一件多么美妙的事情啊！

数学之美还体现在其他层面，从内容坚实但过程脆弱的同行审查到人们对能够证明是真实和美丽的事物所达成的共识。甚至连最简单的数学知识，即各项运算都离不开的1、2、3等数字，蕴涵着一个深深的奥秘，那就是以2、3、5、7等顺序排列、构成乘法基础的素数。数学家已经揭示了素数的不同属性之间的美妙关系，其中有些关系已牢固确立。但最重要的关系仍然依靠推导，由此引发与数理分析、几何学，甚至是物理学相关的问题。如果一直沿这样的思路谈下去，会超出本文的范围，故选取数学与逻辑、哲学相结合的一个著名结构，作为本文最后一个美丽的例证。

数学家一直在寻找美丽的证明，从不满足于知道事物的真实性。他们还希望了解其原因。以连续统为例，它曾是芝诺等希腊哲学家争论的古老话题，而芝诺的矛盾源自无限可分性。乔治·康托尔（George Cantor）建立了精确的连续统数学定义，反映了我们对连续统是全体实数这种天真的观点。该定义采用十进制记数法，整数后带无限多的小数，从某一点开始后面的数字并不都与9相等。（康托尔的定义神奇地接近欧多克索斯对数的概念。）

康托尔提出了一项著名的对角线论证法，称作康托尔连续统不可数性定理。这个有力而简单的证明表示，连续统，即0和1之间所有的实数，不能以序数的形式列出。因此，连续统是不可数的。作为反例，假设在无限列中连续统是可数的：

0.6435466754325346456001 12⋯

0.10005345364754554604386 0⋯

0.000000000001000045342 37⋯

0.99999999996194567473201 7⋯

0.2229556003330545645011 79⋯

0,14159265358979323846264 3⋯

0.77777777777777777777777 7⋯

0.42104754250707550555001⋯

0.77777777177777777777777⋯

0.77777777717777777777777⋯

0.01001000100001000001000⋯

0.09999999999999900000000⋯

对角线标记是0.600952741109⋯，即第n个数的第n位。如果你改变了其中每一位数，所得的结果就不可能列在任何一行中，因此不在可列集中。这是何等美丽的证明！为什么这样说呢？因为它普遍证明了无穷集有多种类型，即1、2、3等正整数的无穷集以及01连续统的无穷集。该证明直观地显示，存在的离散无穷集不同于直线等连续统的无穷集。康托尔的对角线论证法没有局限在这个定理上，而在复杂性的本质上成为数学逻辑、无限理论及计算机科学领域里的一种强大工具。想一想康托尔定理给欧氏几何带来数学上的巨变。由此产生的哲学思想撼动了数理分析的基础，也动摇了否认休姆不相信任何形而上学真实性的先验性综合判断。

康托尔证明了正整数的可数无穷集要小于连续统的无穷集。著名的连续统假设认为，不存在比可数无穷集大、比连续统无穷集小的无穷集。技术上的情形是这样的：哥德尔（Gödel）证明连续统假设不可用集合论公理证否。保罗·科恩（Paul Cohen）证明该假设不可能被证明为真。因此，连续统假设独立于集论公理，既不可证明，也无法推翻。由此产生的哲学后果：连续统假设的正确与否是不确定的，或者充其量说是未明确的。康德认为，欧氏几何公理是真实的。但如今我们知道非欧几何也一并存在。另外，约翰·康维提出，有些不可确定的简单数学论断并不是根据集论公理推导而得。那么，数学中的真实性是什么呢？对欧氏几何公理是否真实和对连续统假设是否真实的认定之间是否存在本质上的不同？在这两种情况下，我们都能看到真实性的本质是脆弱的，在缺乏反证时不可确定。

基于公理的推论和建构具有各自不同的脆弱性。建构主义者和直观主义者极强地限制了理论发展，而公理推论仅能证明对象是存在的，却没有建构它的办法。也就是说，或许可以通过公理推论发现认为对象不存在的假设导致反证的产生。康托尔的对角线论证法证明连续统是不可列的。然而，该论证法却没有提到连续统的结构。另外，建构主义相信建构推理是正确的。但广大的数学家群体在实践中采用非建构公理推论法，然后再来研究建构的各种可能性是否只是个人品位的问题。

休姆是一位怀疑品味的先见者。他传播了这样一个思想：美的感知主体——即自我——在审美快乐方面扮演了最重要的角色。早在弗洛伊德将快乐原则定为人类意图的固定标准之前，休姆就已经发现美的标准是审美快乐，以人类感官为证。但康德的对象美学先于美（以及真理）的感知，改变了物质和非物质现实之间的关系。康德这位柏拉图派的哲学家让美本身变成数学真理和纯形而上形态或对象的流溢显露。如果真理的显露来源于柏拉图的纯形态学，那么该如何对作为美的真理进行验证呢？感官能够产生哪些验证真理的证据？人类的感官真的这么可靠吗？美的感知是否只是一种渴望获得快乐而扭转或压制痛苦的心理投射？真正的数学对象是否具有物质性？什么才是真正的对象？数学对真理的验证参与物质现实，是因为发现，还是因为从人类成果及文化选择脆弱的发展历程中发明而得？对于从美丽对象的神秘王国中被发现的纯形态，一项证明真的能使它们显现吗？

艺术、诗歌、音乐和历史等领域中存在的相似问题产生美的问题，是因为后者在人类成果和价值观形成方面扮演了非常个人化的角色。数学家工作时就像诗人或画家，不同之处在于多位数学家分析一个问题时，得到的答案在圈子内部是相同的，因为数学界重视并要求达成共识。个人建构数学对象的过程是脆弱的。然而，这些对象本身由于同行审查和共识产生的持久社会准则而变得坚实。和诗人、画家和作曲家一样，数学家也有自己的风格和技术。但数学真理并不仅仅是定理的集合，就像画作不只是颜料的组合一样。塔斯基（Tarski）证明，对于数学家而言，定理是已确立的真理，通过证明的脆弱建构获得，而后对验证达成共识。从脆弱建构到坚实验证的过程不仅仅描述了数学界的社会准则，而且还表明人们渐渐能够识别证明中所包含的数学对象关系。

数学家有时不由自主地趋于接受维特根斯坦的面相概念——即对象内部关系的时间感知——作为数学的一个基本组成部分。这是因为对象或证明的关系中任何特定的面相、元素或属性在不断变化的感知世界中摇摆不定，很像是看一幅画时，对象的关系面出现变化。一首诗、一首交响曲、一幅画或一个故事被时间封存，永不改变，但你读文字、听音乐或欣赏艺术作品的方式会随情感、品味、光线和空间的时间变化而改变，让共识具有非物质化的特点。历史事件以学术的方式得以再现，而承载真理的历史却与它们的美和善无关——虽然对于历史学家而言，在脆弱的历史事实上达成坚挺的一致意见是事实分析的对象和关系。如今，诗歌创作极少是为了美，甚至不是以求真为目的，而是要符合除面相的形式分析之外表现诗歌改变事物那种强大的前语言观。借用济慈的话就是：

“美即是真，真即是美”——这就是你们在世上所知道、该知道的一切。

恩里科·邦比利（Enrico Bombieri），1940年生于意大利，曾分别在米兰和英国剑桥跟随导师乔瓦尼·里奇（Giovanni Ricci）和哈罗德·达芬波特（Harold Davenport）研究数论，在比萨师从奥尔多·安德雷奥蒂（Aldo Andreotti）研究代数几何，目前在美国新泽西州普林斯顿高等研究院数学系担任名誉教授。

邦比利教授的研究范围包括数论、复变函数、偏微分方程、代数几何、算数几何和代数。1974年，他凭借数学研究成果荣获了菲尔兹奖，具体是针对林尼克大筛理论及伯恩斯坦高维极小曲面解的研究。

他在不同的数学领域撰写了170余篇论文，并与沃尔特·居布莱（Walter Gubler）合作撰写了一部以丢番图几何高度论为主题的专论（2006）。该专著荣获美国数学学会在2008年颁发的杜布奖（Doob Prize）。

他现任美国科学院院士，曾荣获国际数学联盟菲尔兹奖（1974）、巴尔扎恩奖（1980）、费萨尔国王国际奖（数学方向，与陶哲轩（Terry Tao）一同获奖）（2010）、以及意大利共和国大十字勋章。

在数学专业之外，邦比利是一位业余艺术家，擅长肖像画和写实景物画的创作。

萨拉·琼斯·尼尔森（Sarah Jones Nelson）曾在普林斯顿大学跟随导师安东尼·格拉夫顿（Anthony Grafton）研究诠释学的近代早期历史，在牛津大学万灵学院以赛亚·伯林（Isaiah Berlin）指导下，从事跨学科的哲学研究，随后加入万灵物理学哲学研讨组。

她曾担任普林斯顿大学哲学系的教职，后被选为牛津大学基督教会学院的荣誉成员。在牛津大学摩德林学院，她发现了艾萨克·牛顿的手稿，其中包含已发表的有关感知和文本解释问题的研究。作为普林斯顿大学物理系地心引力研究小组成员，她在梵蒂冈与他人共同组织了跨学科会议，主要探讨物理学、哲学和数学的基础，并在圣马力诺大学组织过以无限性为主题的会议。

作为梵蒂冈的顾问之一，她建立并领导了在普林斯顿大学宗教研究中心和高等研究院开展、由数学学院和社会科学院主办的“脆弱性项目”，针对尚未解决的问题进行跨学科院级对话。她的出版成果和研究涉及因果关系论、不确定性理论、翻译、现象学、认识论、道德与政治哲学、复杂性理论、美学、历史与科学哲学、圣经批判学及宗教社会学等课题。

63e FESTIVAL DE CANNES

爱德华·弗伦克尔

数学、爱和文身[①]

灯光暗了下来……经过漫长而安静的几秒钟等待，影厅陷入黑暗之中。随后，巨大的银幕亮起，白色的背景上出现以下几行黑色的字：

Red Fave Productions

in association with Sycomore Films

with support of

Foundation Sciences Mathématiques de Paris

present

Rites of Love and Math

（红色最爱影视公司

西克莫电影公司

① 本文部分内容摘自我写的《爱与数学》（*Love and Math*）一书。

联合出品

巴黎数学基金会资助

爱与数学的仪式）[①]

在容纳四百余人的影厅里，观众聚精会神地观看着影片。我已经看过无数次了，在剪辑工作室，在自己的电脑上，在电视上……但在全景银幕上看还是第一次。这个特殊的时刻让我回想起了过去一年的经历。

当时我正在巴黎接受巴黎数学基金会颁发的首个“杰出讲座”称号，受邀在巴黎从事研究和讲学一年。

巴黎是全球数学中心之一，也是一个电影的王国。我在那里受到鼓舞，想制作一部以数学为题材的电影。在现今流行的影视作品中，数学家往往被刻画成怪杰和濒临精神病边缘、与社会格格不入的人，强化了人们对数学的偏见，认为数学是一个索然无趣、与社会脱钩的学科，离现实很遥远。年轻人看过这些电影之后，还会愿意从事和数学或科学相关的职业吗？我认为自己必须做点什么来抵抗上述偏见。

我的数学家朋友皮埃尔·夏皮拉（Pierre Schapira）介绍我认识了一位卓有才华的年轻电影导演，名叫莱因·格拉夫（Reine Graves）。模特出身的她曾经指导过几部大胆的原创电影短片（其中一部在巴黎禁播电影节上荣获了帕索里尼奖）。皮埃尔安排我们吃了一顿午饭。结果我和她一拍即合。我提议合作拍一部有关数学的电影。她喜欢这个想法。几个月之后，当被问及这部电影时，她说自己觉得数学是留存至今的一个存在纯真热情的领域。

我们开始就影片内容展开“头脑风暴”。我给莱因看了自己拍的两张照片。上面是我用数学方程式画的人体文身图。我们决定尝试制作一部表现用数学方程式做文身的电影。

① 想了解影片的更多信息，请登录http://ritesofloveandmath.com；有关《爱与数学》的信息，请登录http://edwardfrenkel.com/lovemath.

文身作为一种现代艺术类型，最早起源于日本。我曾经去日本很多次，被日本文化深深吸引。我们从日本影视界寻找灵感，具体来说是参考著名日本作家三岛由纪夫根据其短篇小说《忧国》自编自导的影片《爱与死的仪式》。

这部电影给我留下了极其深刻的印象，感觉就好像自己的内心被一种强大的力量所占据。

《爱与死的仪式》是一部黑白电影，以日本能剧（Noh Theater）简单纯朴、具有风格化的舞台为演出场地。整部影片没有人物对话。背景音乐选择的是瓦格纳的歌剧《崔斯坦与伊索德》（*Tristan and Isolde*）。电影里有两个人物。一个是帝国防卫军的一名年轻军官武山佑介中尉。另一个是他的妻子丽子。军官的朋友起身谋反，但没有成功（这是1936年2月发生的真实事件，三岛由纪夫认为它给日本历史带来了戏剧性的影响）。武山佑介中尉接到命令，要求他处决反叛人员，而他却不忍心这么做——他们都是亲密的朋友。但他同时也不能违抗天皇的命令。唯一的出路是剖腹自杀。当他把这个消息告诉丽子后，她说自己也会跟随去极乐世界。一番云雨过后，武山佑介中尉剖腹自杀（电影细致地展现了这一场景）。然后丽子割喉自尽……在影片的末尾，我们看到二人瘫倒在禅花园铺得整齐漂亮的鹅卵石上，在最后的相互依偎中死去。

这部29分钟的影片深深地触动了我。我能够感受到三岛由纪夫思想的力度和清晰度。他呈现在观众眼前的是强劲、露骨、刚烈的画面。你可以不赞同他的想法（事实上，我不喜欢他把爱与死想象成此呼彼应的关系），但你不得不佩服作者沉雄悲壮、毫不妥协的表现手法。

三岛由纪夫的影片违反了通常电影制作手法。它是一部无声电影，在各个“小节”中间插入文字，介绍下面的剧情。同时它又有舞台化的效果。各个场景布置精细，动作不多。影片蕴涵的感情暗流令我入神。当时我还不知道三岛由纪夫的离世竟然诡异般的和影片中的故事相似——这也许是最好的结局了。

这部影片于我产生了如此强烈的共鸣，部分原因也许是因为莱因和我也在试着创作一部非传统的电影，以一种独特新颖的方式展现数学。我觉得三岛由纪夫创作的美学结构和语言正是我们所寻找的东西。

接下来涉及我即将完成的《爱与数学》这本书。我给莱因打电话说我们应该学三岛由纪夫那样拍一部电影。“但是我们的这部电影讲什么故事呢？”她问道。突然间，话语从我口中涌出。一切变得清晰起来。

“有位数学家建立了一项爱情的方程式，”我说。“可他后来发现方程式即可用于善，也可用于恶。他意识到自己必须把方程式藏起来，以免落入恶人之手。他决定把它刺在爱人的身上。”

我们决定把这部电影叫作《爱与数学的仪式》，用寓言的方式说明数学可以像一首诗、一幅画或一首乐曲那样美。我们想抓住观众的直觉，触发他们内在的情感，而不是让他们先用大脑分析思考。我们认为这种方法会让数学更具人性化，激发观众对数学的好奇心。

除此之外，我们还想表现数学家研究的热情。人们往往认为数学家缺乏想象力，缺少七情六欲。但事实上，我们的工作充满了热情和感情。你发现的那些方程式的的确确令人心动，难以忘怀——这正是影片希望通过文身传达的意义。

在影片中，数学家发现了“爱的方程式”。这当然是一个隐喻。我们总是努力获得完整的认识、最终的阐释，想要知道一切。在现实世界中，我们必须坦然面对不完整的知识和认识。可假若有人找到了终极真理，并能用数学方程表达出来呢？这便是“爱的方程式”。

如此强大的方程式，必然有不利的一面，那就是方程式同样可用于邪恶势力。这反映了现代科学存在的危险。想想一群探究原子结构的理论物理学家。他们眼中纯粹的科学研究在不经意间让他们发现了原子能。这一发现给我们带来很多好事，但也同时导致人身财产的毁灭。同理，我们在探索知识的过程中发现的数学方程式也可能会引发灾难性的后果。

因此，我们的主人公——数学家先生——通过文身把他发现的方程式藏在爱人的身上。这是他给予她的爱的礼物，是他凭借一腔热情、发挥想象创造出来的成果。可她是谁呢？在我们构想的神话世界中，她是数学的化身——“真理”（她的名字真理子在日语里就是“真理”的意思，同时墙上挂着一幅带有“ISTINA”艺术字样的画作，在俄语中也意为“真理”）。数学家对她的爱代表了他对数学和真理的热爱。为了数学和真理，他献出了自己的生命，但她却活了下来，印记着他的方程式，如同怀揣他们的孩子一样。“真理”是永恒的。

该项目让我和莱因越来越兴奋，同时也感染到身边的人，不久便组织起了约30人的电影制作团队。其中一位名叫拉斐尔·费尔南德斯（Raphaël Fernandez）的音乐人很有造诣，专门为影片创作了背景音乐。我们订购了一套和服和一幅画。另有一位艺术人员负责布景设计。影片有了属于自己的生命。

2009年7月，影片拍摄历时三天。这是我人生中经历的最激动、也是最累人的三天。我身兼多职：导演（与莱因合作指导）、出品人、演员……所有的这些对我来说都是全新的体验，边学边干。这是一次奇妙的旅程，与莱因和其他帮助我们实现梦想的电影制作人及艺术家展开了绝妙的合作。

影片的核心场景是文身，安排在最后一天拍摄。我从来没有文身的经历，所以需要一步步学习。现代文身机在能剧的舞台上会显得不伦不类。过去文身是用竹签完成的——是一个用时更久、更加痛苦的过程。有人告诉我，现今在日本仍可找到采用这项古老技法的文身店。这就是我们在影片中呈现的画面。

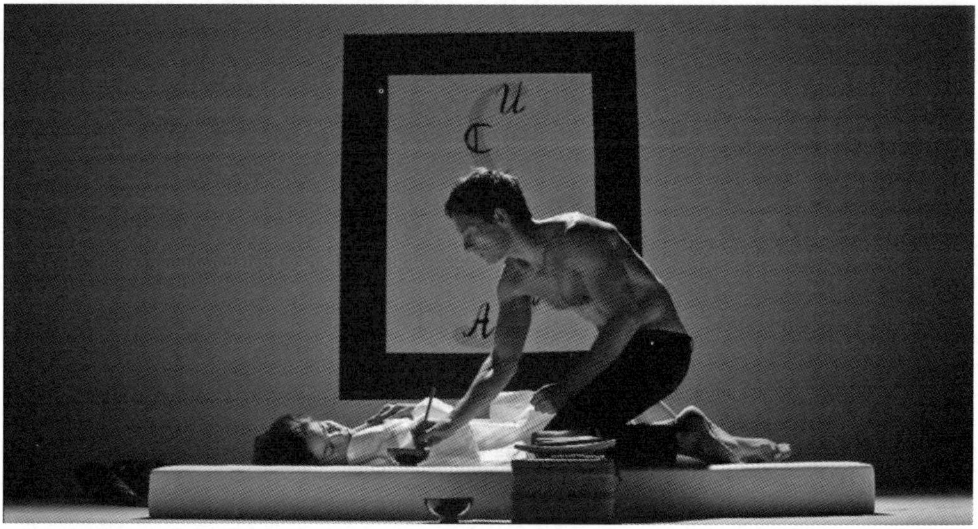

在开始拍摄的几天前，特效设计师奥里安娜·吉罗德（Oriane Giraud）问我要刺在身上的数学方程式，以便制作蓝本。“爱的方程式”该用什么来表现呢？这是一个大问题啊！该方程式要足够复杂（毕竟是爱的方程式嘛），并具有美感。我们想要传达这样一个信息：数学方程式可以在内容和形式上具有双重美感。另外，我想用一个属于自己的方程式。

在为“爱的方程式”进行“海选”的过程中，我看到这样一个方程式：

$$\int_{\mathbb{P}^1}\omega F(qz,\overline{qz}) = \sum_{m,\overline{m}=0}^{\infty} \not\int_{|z|<\epsilon^{-1}} \omega_{z\bar{z}}\ z^m \bar{z}^{\overline{m}} dz d\bar{z} \cdot \frac{q^m \bar{q}^{\overline{m}}}{m!\overline{m}!}\partial_z^m \partial_{\bar{z}}^{\overline{m}} F\Big|_{z=0} + q\bar{q} \sum_{m,\overline{m}=0}^{\infty} \frac{q^m\bar{q}^{\overline{m}}}{m!\overline{m}!}\partial_w^m\partial_{\bar{w}}^{\overline{m}}\omega_{w\bar{w}}\Big|_{w=0}\cdot \not\int_{|w|<q^{-1}\epsilon^{-1}} F\ w^m \bar{w}^{\overline{m}} dw d\bar{w}.$$

2006年我与两位好友——安德雷·罗塞夫（Andrey Losev）和妮基塔·涅克拉索夫（Nikita Nekrasov）合作完成了一篇长达100页的论文 [1] ——《超越拓扑论的瞬子》（Instantons Beyond Topological Theory I），其中方程5.7便是上述方程式①。

① 发表在《朱西厄数学所杂志》（L’Institut de Mathématiques de Jussieu）上的版本加注说明了该公式在电影《爱与数学的仪式》中扮演“爱的方程式”的角色。

每当我们播放这部影片时，大家总是问方程式的意义，而这恰恰正是我们所希望看到的结果。假如在电影里我们把方程式写在黑板上，然后努力解释其意义，还会有多少人感兴趣？但看到方程式以文身的形式呈现时，观众的反应则截然不同。真的是留下了难以泯灭的印象。

不过，这个方程式有什么意义呢？它是一项研究成果，属于我们撰写的关于量子场论中瞬子的新的探讨系列论文中的第一部分——瞬子是量子场论中使“作用量”取极小值的解。量子场论是描述基本粒子行为和相互作用的数学方法。虽然它能够准精确预言大量现象，但很多基本问题仍有待理解。例如，所有的原子都是由质子、中子和电子组成的。质子和中子由叫做“夸克”的更小的粒子构成。夸克被禁闭在那里——无法分离。这一现象至今仍缺乏合适的理论解释。

量子场论传统（所谓“微扰”）方法的出发点是所谓的“自由场论”，用来描述理想化、无相互作用的粒子。接下来，我们“打开”粒子之间的相互作用。问题是在这种模式下，各个瞬子的贡献表面上看可以忽略不计，但它们“联合”在一起却能产生强大的影响。很多物理学家认为，传统方法难以考虑瞬子的影响，也许导致了我们至今无法对夸克禁闭及其他效应作出满意的解释。

在那篇论文中，我们提出了一个新方法。其出发点不是自由场论，而是理想化的相互作用理论，瞬子从一开始便被考虑进来。该理论的优势在于主要的量，即所谓的“关联函数”是通过有限维积分表达的（在传统方法中，积分是无穷维的，因此无法很好地定义）。因此，我们的理论在原则上是完全可解的。

我们的理论中的两种计算关联函数的方法的等价性，上面的公式已给出。我们发现该方程式的时间是在三年前——2006年4月，同样是在巴黎。

我们身处的世界是四维的（如果把空间和时间都包括在内），但四维理论非常复杂。出于简化的目的，我们先分析可比的二维模型，然后再关注一维模型，也就是说仅仅考虑时间维度。此类模型通常被称作“量子力学”，用于描述在一个特质空间移动的单一粒子（可以是任何维度的特质空间）。尽管做了这些简化工作，我们分析的一维模型具有更切合实际的四维模型的特征，因此有必要对其进行研究。

在我们分析的理论中，一个粒子在球面上移动，数学界也把这种现象称为“复射影直线”，用P^1表示（作为复流形，P代表“射影”，1代表一维）。你可以在方程式左边积分符号的下方看到这个标记。

我们想要在该理论中计算最简单的交互作用函数，涉及两个“可观察量”，分别用F和ω表示。一方面，球面上方的积分给出解，位于方程式的左边。另一方面，在新理论中，我们得到一个不同的解，即居间态（intermediate states）上方的和，位于方程式的右边。这个解让人感到意外，两个表达式之间的相等性也是如此。如果我们新创立的模式是正确的，那么方程式的两边就会相等。事实果然如此。

换句话说，上述方程式表明计算交互作用函数的两种办法——老办法和新办法给出的是相同的解。发现该方程式时怎么也不会想到，没过多久它就被用来扮演“爱的方程式”了。

奥里安娜喜欢这个方程式，但她说用来做文身过于复杂。我能不能把它简化？经过略微的改动，式子就变成了电影中的模样：

文身的镜头拍了好几小时才完成。对我和饰演真理子的演员凯肖恩·因思晟·梅（Kayshonne Insixieng May）来说，整个过程对精神和体力的消耗很大。拍摄完已接近午夜。对我们每一位剧组成员来说，那是一个激动人心的时刻，因为我们经历过了所有的这一切。

接下来是长达两个月的后期制作，在一家名为西克莫的影视公司进行，由多才多艺的编辑托马斯·博尔泰（Thomas Bertay）和特效大师皮埃尔·波尔

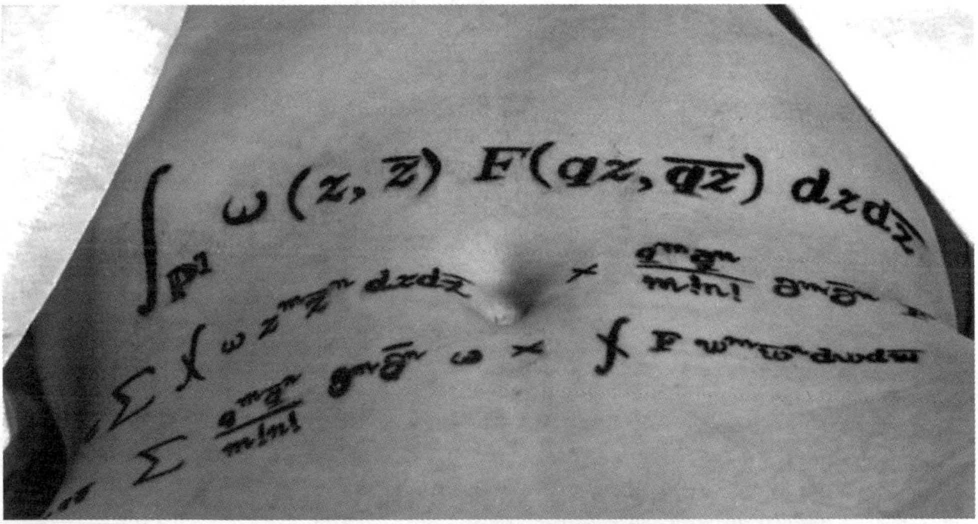

德（Pierre Borde）负责。终于，影片制作完成，到组织首映活动的时候了。大力支持影片拍摄的巴黎数学基金会同意赞助首映式。我们选择了一处特棒的首映场地——麦克斯·林戴全景影院（Max Linder Panorama）。它是一家老影院，拥有一个巨幅银幕和现代化影音系统，是巴黎最好的影院之一。

2010年4月14日前来剧院观看影片的观众来自各行各业，有数学家、艺术家、电影制作人等。大多数剧组成员也来了，包括莱因、凯肖恩以及技术非凡的摄影师丹尼尔·巴饶（Daniel Barrau）。在大银幕上看，图像锐利，色彩逼真（多亏我们决定采用最贵的索尼摄像机拍摄）。

随后开始出现第一批影评。法国《世界报》把《爱与数学的仪式》称作“一部十分出色的电影短片”，认为它“给观众带来数学家眼中不同寻常的浪漫感受。”《新科学家报》写道：

“它看起来很美……如果弗伦克尔的目的是让更多的人走进数学，那么他可以庆祝自己取得了成功。‘爱的方程式’最初公布在他于2006年撰写的《超越拓扑论的瞬子》一文中，经过简化，即使不能被理解，受众人数也会比原来大幅增加。”

Edward Frenkel
Kayshonne Insixieng May
Is there a mathematical formula of love without death?
Rites of Love and Math
A film by Reine Graves and Edward Frenkel
Homage to the film «Yukoku» by Yukio Mishima. Produced, written and directed by Edward Frenke
and Reine Graves. Director of Photography: Daniel Barrau. Associate Producer: Sycomore Films.
Supported by Fondation Sciences Mathématiques de Paris.

从那之后，影片先后在法国、西班牙及加州伯克利举办的国际电影节上放映。除此之外，还在巴黎、东京、马德里、圣芭芭拉、毕尔巴鄂、威尼斯等地上映。这些放映活动及随之而来的知名度让我有机会与很多人见面，倾听各种不同的观点，而起初带给我的却是文化冲击。我的一些数学研究成果仅能被少数人完全理解，刚开始总共不超过十个人。这是一部面向广大观众的影片，成百上千人前去观看。当然了，各位观众对影片有着各自不同的理解。

数学仅仅包含一个真理，而且只有一条通向真理的道路。每个人对我的数学研究成果进行解读，方法基本上都是一致的，但在电影界和广泛的艺术界则不同。首先，没有单一的真理。其次，存在很多条表达真理的道路。此外，观众永远都是艺术项目的一部分——他们的眼光决定了一切。我丝毫无法影响他们的看法。甘心接受这一点对我来说是一个挑战，但我渐渐地接受了现实。他人分享的观点和见识丰富着我们的内心。对艺术作品而言，最为重要的就是用某种方式触动心弦，不要让观众敬而远之。

放映电影时，总有人问："你知道爱的方程式吗？"我答道："我们发现的每一个方程都是爱的方程式。"数学研究等同于绘画、音乐和诗歌，也是一种富有创造性的追求，同样需要激情。为了发现世间新颖且永恒的事物，你必须爱上自己所做的事。

影片信息

《爱与数学的仪式》，拍摄于2010年，片长26分钟，彩色制式

由爱德华·弗伦克尔和莱因·格拉夫编剧、指导和出品

西克莫电影公司联合出品

摄影：丹尼尔·巴饶

作曲：理查·瓦格纳、拉斐尔·费尔南德斯

爱德华·弗伦克尔与凯肖恩·因思晟·梅主演

更多信息，请登录http://ritesofloveandmath.com

《爱与死的仪式》，拍摄于1965年，片长29分钟，黑白制式

由三岛由纪夫编剧、指导和出品

藤井原冲联合出品

副导演：堂本正树

摄影：渡边公夫

作曲：理查·瓦格纳

三岛由纪夫与鹤岗淑子主演

致谢

受米歇尔·艾莫尔（Michele Emmer）的邀请，2012年3月，我们在威尼斯举办的年度“数学与文化”研讨会上播放了我们的电影。她还鼓励我写下本文，作为研讨会记录的一部分（本文已收录在《想象数学2：在文化和数学之间》，米歇尔·艾莫尔编辑，施普林格出版社，2013），对此我表示感谢。我也感谢托马斯·法尔博（Thomas Farber）对本文提出的修改建议。

参考文献

[1] E. Frenkel, A. Losev, and N. Nekrasov, *Instantons beyond topological theory I*, J. of Inst. Math. Jussieu 10, (2011) 463—565 (hep-th/0610149).

爱德华·弗伦克尔（Edward Frenkel），美国人文与科学院院士，美国数学会会士，从1997年至今担任加州大学伯克利分校数学教授，之前在哈佛大学数学系工作。2002年荣获赫尔曼·韦尔奖（数学物理方向）。近期重点研究朗兰兹纲领和量子场论的对偶性质。他已出版三本著作，在各类学术期刊上发表学术文章80余篇。

弗伦克尔最近创作的《爱与数学》一书成为《纽约时报》畅销书，被亚马孙和电子书平台（iBooks）评为年度最佳图书之一，并荣获2015年美国数学协会颁发的欧拉数学著作奖。目前，该书正被翻译成14种语言。此外，弗伦克尔联合出品并指导了电影《爱与数学的仪式》，同时在剧中担任主角。法国《世界报》把这部电影称作“一部十分出色的电影短片……给观众带来数学家眼中不同寻常的浪漫感受。”他还跟人合作创作了电影长片《二体问题》（*The Two-Body Problem*）的剧本。

蒂莫西·高尔斯

音乐——未曾选择的人生之路

我是数学研究者，不是音乐家。这是明摆着的事实。可这也是一个我从未完全接受的事实。虽然我没有成为音乐家，但我属于这样一类人，他们认同音乐是生活之道，而不仅仅是一种娱乐形式。我希望通过本文解释背后的原因。我并不计划写数学和音乐之间的联系，也不计划从数学的角度剖析音乐理论。我只是想以一名数学工作者的身份记录自己的音乐生涯中一些重要时刻，希望在数学方面有足够的侧重，以符合本书的要求。

我的父母

我在出生前就与音乐结缘。父亲在剑桥主攻音乐，并获得博士学位（博士论文研究埃里克·萨蒂的作品）。本来也许能当音乐教授，可在（1963年下半年）我出生后不久，他便离开剑桥，决定试试运气，当了一名作曲人。这个决定让他经受了许多艰难岁月。直到70年代后期，他才被充分认可，开始像他所希望的那样接活，主要为影视节目作曲。他还会弹奏钢琴和风琴，尽管不是专业水平。他曾为施温格Ⅱ（Swingle Ⅱ）合唱队担任过两年的钢琴手。

母亲就读皇家音乐学院，主要乐器是风琴。离开学院之后，她成为一名钢琴老师，也在当地教堂担任了几年的风琴手。后来（我想也是在70年代后期吧），她决定把传统钢琴教学转变为铃木教学法。详情下文会提到。

童年回忆

对音乐最早的记忆，自己没有印象，只知道是父亲喜欢讲的一件趣事。在我很小的时候——还不会说话，他就发现我喜欢哼唱听到的音乐，而且总是用降E调唱。于是，他便故意设置我能用降E调解决的问题，在朋友面前炫耀。例如，他用钢琴弹奏D大调和弦，然后让我唱小九度。

再讲一个我幼年时期的故事。父母的一些朋友认识法国作曲家纳迪亚·布朗热（Nadia Boulanger）。他们认为三岁的我唱歌唱得已经相当好了，或许能引起布朗热的兴趣。她到底会不会对我感兴趣，有待讨论，但答案不得而知，原因是虽然我被带去见她，但我一点都不愿意给她唱歌。

在我很小的时候——我都不记得有这事，父亲就教我学会了首调唱名法。父母还给我讲过一个故事。有一回在教堂做礼拜唱圣歌时，父亲注意到我没有跟着歌词唱，而是（准确地）唱出了哆、来、咪、发、索、拉、西等各个音符。对于这件事，我有朦胧的记忆，但我不知道是不是真事。有一个经历记得较为确切。当时在怀特岛的一家影院观看《音乐之声》。电影对我的吸引力不如后排给我糖吃的几位女士。不过，《哆来咪》却成为我终生难忘的歌曲之一。另外，我至今都没有忘记首调唱名法的技术呢——给我一个变调不太多的旋律，我能毫不费力地用哆来咪唱出来。

我从记事起就能看懂乐谱了——乐谱也是小时候跟父亲学会的。我从5岁起开始学习小提琴和钢琴，相关课程安排在母亲工作的皇家音乐学院进行。每周六早晨都要去那里上课，练习钢琴、小提琴以及某种管弦乐的演奏。整整一早上都得不到活动。课间休息的时候，我会到处闲逛，有时走出教学楼，去科技馆玩——这样的自由程度如今已变得难以置信了（在皇家音乐学院的课程一直上到了9岁，所以当时我可能有7、8岁的样子）。

在刚上小学的阶段，也就是在6岁左右，我得到了熟知一首曲子的机会。每天集合的时间，走进学校，都会听到从喇叭里传出的音乐。现在想来，永远就只有两首曲子。很久之后，我才发现其中一首是巴赫的《耶稣，是我们仰望的喜悦》（*Jesu Joy of Man's Desiring*）。又过了很长时间，在将近30岁时，我决定学习这首F小调前奏曲。当时感觉就像是实现了自己的宿命。

考虑到父亲教我的乐理知识，再加上他自己是作曲家，所以我开始谱曲也就不是什么大惊小怪的事了。另一处作曲的灵感来自于我看的一部讲述莫扎特的电影。很显然，看完电影后不久，我问母亲："莫扎特几岁创作的那首曲子？"接着我便问："能不能给我几张乐谱纸？"

在那个年纪，我认为"谁是最棒的作曲家"等问题的答案都带有主观性。父亲丝毫不反对我的这种错误认识。我从他那儿得知最棒的作曲家是巴赫。我也有两本小甲虫儿童读本，叫作《伟大作曲家的生活》。它们更让我感到个人喜好决定作曲家的排名。第一本书讲巴赫、莫扎特和贝多芬；第二本讲亨德尔、海顿和舒伯特。直到现在，那种巴赫第一、莫扎特第二、贝多芬第三的印象仍留在我的脑海里——虽然在我最喜欢的作曲家中，莫扎特其实不是排在第二位。到了8岁左右，我突然开始想在世最伟大的作曲家是谁。于是我问父亲，得到的回答是斯特拉文斯基。一两年之后，斯特拉文斯基辞世。我再次问父亲在世最伟大的作曲家是谁。让我感到既意外又失望的是，他不知道。这迫使我的内心成熟了一点。

我7岁时，叔叔结婚，问我是否愿意为他的婚礼写一首风琴曲。这项委任让我激动极了，我欣然接受，但之后便发现我是打肿脸充胖子。当时我已经写好一首长曲，但只有主旋律。和声部分在脑海中回响，我却不知道该怎样把它写出来。（想象中的和声准确度有多高，不好说。）最后，父亲把我的创作接过去，加上了和声。在婚礼上，这首曲子是以我的名义演奏的，引来一片赞扬。可我却高兴不起来，因为那不是凭借自己的真本事得来的关注（尤其是因为当花童的妹妹吸引了更多的目光）。

走进国王学院

我刚到7岁，父亲就带我去剑桥见大卫·威尔科克斯（David Willcocks）。他时任国王学院音乐总监，负责学院著名的唱诗团。关于那次会面，记忆中有两种感受。一是在现场观看唱诗团演唱时的感受（我不知道该怎样用文字形容——我有一张相片，上面全是蜡烛和黑色法衣，还有年龄比我大的合唱队员）。二是与大卫·威尔科克斯一起坐在风琴台上的感受。父亲说，威尔科克斯测试了我的听音水平，而父亲则觉得有必要打断他，因为听音测试太简单了。当时，假如父亲用钢琴弹奏含有几个音符的和弦（或不协和和弦），我也能全部分辨出来。

父亲带我见威尔科克斯的目的是要问我有没有可能进入唱诗团，由此判断是否有必要准备将在一年之后进行的选拔考试。我们得到的回答是肯定的。因此，我于1972年1月重返剑桥，准备参加选拔考试。那时，我特别渴望进入唱诗团。自己对唱诗团的了解很少，而且还要住校，至于为什么想加入，我不清楚。但了解得越多，就会越想加入。一个最根本的原因是国王学院学校在教学质量方面比我当时就读的公立小学高得多。

五十个男孩参加唱诗团五个名额的选拔。早上第一轮选拔砍掉了一半的选手。我只记得自己通过了，别的想不起来了。家里所有人（从伦敦）都来剑桥陪我参加选拔。有位姨妈当时住在剑桥，我们暂住她家。国王学院学校是一所附属的合唱学校。通过选拔，我就去那上学。原计划选拔结束前先在学校待着。但当我顺利通过第一轮选拔后，我和母亲太激动了，直接回到姨妈家宣布好消息。当然了，我们的出现一开始让大家误认为我落选了呢。

第二轮选拔给我留下了较深的印象。我们五个人一组，被叫到一个房间里。大卫·威尔科克斯坐在一架钢琴前，面前摆放着一本赞美诗集。他问我们每一个人愿不愿意试唱一节他选定的赞美诗句。在那个年纪（现在想一想，以后每个年纪差不多都一样），我十分怯场，所以内心的一部分本能地向后退缩，不想试唱。但另一部分却十分理智。此时此刻关系到我的整个生活，而且我也认为试唱能给自己的脸上增光。于是，我便自告奋勇，看乐谱唱了一节赞美诗，没有出现任何差错。在我之后的四位考生接连出错。当我们走出房间时，我对自己的表现比较肯定。

下午按选手姓氏的字母排列顺序公布选拔结果。一个入选的考生叫蒂莫西·艾莫斯。听到这个名字让我兴奋不已，紧随而来的是一种同样强烈的失落感。但第二次报“蒂莫西”这个名字时，我知道肯定是自己。结果确实如此。

就读国王学院

我的姓名在学院礼堂被公布的那一刻，确实成为改变我命运的时刻。一年之后，我刚到9岁，便离开了原来的学校，以寄宿生的身份转入国王学院学校就读。选择寄宿，不仅仅是因为家在伦敦的缘故，而且也和加入唱诗团有关。这是因为唱诗团的日程安排非常紧张。唱诗团员不仅要和普通学生一起上文化课，而且每周还安排大概20个小时的演唱，外加器乐课和练习的时间。学校的日常安排一般是这样的：吃完早餐马上赶到唱诗团练唱（就在那个我自告奋勇试唱的房间里），接下来是一天正常的文化课。然后去国王学院小教堂同大学生唱诗团团员一起练习（分中音、高音和低音，全部是国王学院的本科生）。最后唱晚祷，吃晚饭，做功课（也就是家庭作业，只不过我们不回家罢了），上床睡觉。上述日程也会有变动——例如，周一和周三不唱晚祷，周日做两场主日唱诗活动，但足以说明演唱占用了多少时间。我们的主要损失是体育运动——不如其他男同学玩得多——和闲暇时间。

在国王学院上学的第一年，我是那种被称作“预备团员”的学生。这就是说我还没有完全进入唱诗团，尤其不能参加晚祷的演唱，但要接受必要的培养，如乐理、视唱（我的视唱水平已经很好了）、一边唱一边跟上节拍的能力以及演唱赞美诗等专业技巧（这要求学生掌握被称作“词示符”的指示符，用来协调赞美诗词和吟诵节奏之间的关系）。那年记忆中一件最快乐的事是随唱诗团前往伊利大教堂演唱亨德尔的《扎多克祭司》（*Zadok The Priest*）。我虽是一位预备团员，但资格较老。大卫·威尔科克斯说过一些话，让我考虑自己应不应该去。实际上我没有资格去。但他又说：“唔，为什么不应该去呢？”于是，我便加入了进来。我特别喜欢这首乐曲，而且同我敬仰的师兄们一起游览那座宏伟的大教堂，整个经历美妙极了。

还记得自己在那年主动找大卫·威尔科克斯提了一个问题。在一次合唱训练结束时，我问他为什么一直不按乐谱，而是把曲子唱高半音（也或许是低半音——记不清了）。现在想来，那是一个证明我具有绝对音感的时刻。两年之后，热衷于作曲和亲手制作电子装置的父亲做了一个调音器，上面有一排开关，主要用于音符频率的双向调节。因此，调音器的第一个开关调音的幅度很大——记不得具体是多少了，也许是八度音阶，所以第一个开关的调音幅度是半个八度。然后接下来每个开关的调音幅度都是前一个开关的一半。一个周日，家人来剑桥看我。我们一起到郊外野炊。期间，父亲递给我那个调音器，问我能不能把它准确地设到A调上。我就着调音器最大的精确度竟然成功地办到了。直到今天，我都不知道自己是怎么调出来的，因为我当时并不经常听到440赫兹的准确频率（比如说，国王学院教堂里风琴的声音有一点点尖）。到最后两个开关时，我不能完全确定音调得是否正确。或许是因为我的绝对音感把我引到了附近的频率，然后就全凭运气了——虽然我模模糊糊地记得自己还有过一次成功调音的经历。

在国王学院演唱对我的音乐品位所产生的影响，其实并不太让人感到意外——我持久地爱上了教堂音乐。不过，还有一点需要说明。最初，我倾向于19世纪末和20世纪初的作品，认为以伯德、塔利斯和帕莱斯特里纳为代表的作曲家在16世纪创作的音乐有点沉闷。记得当时心存这样一种博尔赫斯式的幻想：对于伯德的一部音乐作品，只要肯动脑筋，熟悉一般的套路，根据前面几行就能重新营造出其余的部分。

曾经每隔两个礼拜，父母都会来剑桥参加晚祷活动。就团里选的曲目，他们明显持相反的意见。记得有一次，我被门德尔松的《听我祈祷》（*Hear My Prayer*）迷住了（包括“乘着歌声的翅膀”这一段著名的独唱），却惊讶地发现父亲并不买账。他认为，门德尔松年轻时颇有才华，但随着年龄的增长渐渐走下坡路——这种简单的评价吸引了我幼稚的头脑。记得母亲看出我十分喜欢《听我祈祷》，便告诉父亲不要对它严加批评。

如今很难知道父母的观点给我音乐品位的发展带来多大的影响。假如我没有感到他们是“正确”的，假如我后来了解其原因，那么我会不会认识到16世纪合唱乐的伟大，会不会发现（至少是某些）最初喜欢的后期乐曲所存在的局限？不论答案怎样，在唱诗团学习期间，我有过一两次觉醒，意识到有些16世纪的乐曲也很棒。记得自己突然喜欢的一首曲子是伯德（Byrd）的圣歌《创世纪》（*Haec Dies*）。另一首是罗伯特·帕森（Robert Parsons）的《圣母颂》（*Ave Maria*），它成了我最喜爱的乐曲之一。我记得自己不是完全喜欢它的时候，但不记得自己何时转变了态度——很可能在离开国王学院之后。直到30多岁买了一张包含这首曲子的CD后，我才发现高音部最开始的六次切入构成了一个十分简单的模式：每次切入都要比前一次高一个音（在降A大调的音阶上），然后总体维持在那个音上。当乐曲以这种模式进行下去时，就会在自由和束缚之间形成完美的平衡结构。听众因此产生一种非同寻常的印象，感觉高音似流水一般漫延而过，独立成章的同时将其他音部结合成一个整体。

刚在国王学院学习几个月，就发生了一件令我失望的事。大卫·威尔科克斯宣布要离开学院了。他属于那种富有魅力的祖父辈人物（想到我现在也差不多到他当年那个岁数了，心里有点不舒服）。假如他不走，我觉得自己会成为他最喜欢的学生之一。他的接班人菲利普·莱杰（Philip Ledger）非常年轻，不如他有魅力，而且对我不是特别感兴趣。

威尔科克斯临走前做的最后一件事是让我参加著名的“九道日课和圣诞颂歌”活动。那是1973年，我还没有“转正”，而且从严格意义上说，我参加与否对活动也不重要。这样的主日活动，我参加过三次，带来的经历美妙极了，难以言表。不仅仅教堂爆满（很多人为了占好座位，排了一夜的队），而且全球数百万人通过媒体转播也在关注活动。在那个年代，此般受众的意义比现在更大。活动以高音独唱颂歌《在大卫城中》（*Once in Royal David's City*）的第一节开始。我热切地盼望有一天自己能单独演唱这首颂歌的高音部分。

结果，这个愿望不仅没有实现——而且连边都沾不上。实话说，菲利普·莱杰几乎从来没有选过我做独唱——甚至在工作日非常普通的教堂活动中独唱一段很短的乐章都不允许。我当时想不通，可假如现在听自己那时的演唱，就能明白他的用意了。我的音准很好，但或许是因为我的嗓音听起来有些假。（我经常听自己说话时的录音，发现都不像是自己的声音。）

在国王学院当一名唱诗团员，让我获得了两种经历。一是在很小的时候就感受到专业的音乐表演。我说的不只是教堂仪式，还有我们参加的巡演活动、唱片录制和音乐会。唱片录制和音乐会往往聘请专业的管弦乐队和独唱人员。当时认识的几位唱诗团团员和大学生合唱团员都已步入成功的音乐生涯。

另一种经历也许不那么积极向上——出众感。很多因素加强了这种感受：因为前来参加教堂仪式的无数观众争相与身穿特殊装束的我们合影（紧身短上衣、马甲、细条纹西裤、长袍和高顶礼帽）；因为常常听人说，即使我们不是全世界最好的合唱团，也是其中之一（即使在当时，这种说法也会引来很多人的围攻，但没有人提醒我们注意）；因为我们是校园里的另类；因为我们的努力使悠久的传统变得更加丰富等等。

我钟爱的音乐作品中有很多曲目，至今还记得当初爱上它们的情形。其中一首是巴赫《圣马太受难曲》（*St Matthew Passion*）中的中音咏叹调《主啊，请怜悯我》（*Erbarme dich, mein Gott*），以小提琴独奏的形式精彩呈现。有一年，我们进行了两场《圣马太受难曲》的演出，把我深深地吸引了。除此之外，该乐章里的下一首低音咏叹调《把我的耶稣还给我》（*Gebt mir meinen Jesum wieder*）同样带小提琴独奏，也几乎同样令我倾心。我现在极少听这两首曲子，因为我知道自己太熟悉它们的旋律了，无法再捕捉到曾经那种心潮澎湃的感觉。在某种程度上重温儿时的体验，最好的办法是偶尔欣赏它们——比如说，在过去的十来年里《圣马太受难曲》的音乐会我只去过两次。

放弃作曲生涯

即将离开国王学院时，我再次意外地遇到了时任皇家音乐学院院长的大卫·威尔科克斯。当时我准备创作一首圣诞颂歌，用于参加由他担任指挥的巴赫合唱团组织的比赛。最后有五名选手胜出，我就是其中一名。奖金很少，可能也就有五英镑，但随之而来的荣誉却不小。颂歌由巴赫合唱团在皇家阿尔伯特音乐厅演唱，电视台全程录制，观众人数巨大（在一场知名圣诞音乐会上演奏）；大卫·威尔科克斯在办公室接受电视台的采访。摄制组甚至还拍了有关我和我在国王学院生活学习的短片（约90秒）。那首曲子是我11岁时写的，音乐会举办时我刚到12岁，几天之后电视上就播出了。父母的一位朋友同意把节目录下来（在当时每周一期的《赞美之歌》节目中播出），但后来不幸被他给抹掉了。多年之后，父母询问BBC广播公司，却被告知节目没有存档，因此几乎可以确定，它永远都找不回来了。

那首颂歌被选中，其中一个原因是我想到了一个让它脱颖而出的小技巧。颂歌的第一节较为传统（其实很像我演唱过几次的《这个快乐的复活期》（*This Joyful Eastertide*）），但接下来的几个小节用中音部、高音部和低音部交替编排。最后一节返回到高音部。一经决定采用这个方案，其余的工作就像是一步步论证数学定理——以大化小。

此番经历之后，我认为自己应该当一名作曲家。但即便在那时，也有种种迹象表明我成不了作曲家。我创作那首颂歌，不是因为我经常作曲，而是为了参加比赛。比赛过后，我就再也没有谱过曲。记得父亲说过："你现在是佼佼者，可如果你不继续努力，别人就会追上来。"果真是这样。从那时到现在，我写过一些曲子。听到它们被演奏出来是一种别样的快乐。与之最为相近的事，莫过于发布数学问题解决办法的预印本了。（两者之间有很多不同，但伴随而来的感受有些相似，包括兴奋感消退的速度）。到目前为止，我还没有完全放弃认认真真作曲的想法，但同时我也明白，谱好曲子要做大量的工作，而且还必须不断练习和积累，才能创作出优秀的作品。在目前的阶段，我也许要等到退休了，可同时又觉得可以先练练手。

我遇到的一大障碍是难于寻找真正属于自己的声音。我认为自己通过练习能够写出很好的混成曲，但音乐的发展和碎片化已经让人无所适从，不知道怎样才能写出原汁原味的作品。父亲就遇到了这个难题。他写混成曲的技巧娴熟，曾为格拉纳达电视台播出（杰瑞米·布雷特（Jeremy Brett）主演）的著名《福尔摩斯》连续剧作曲，力求使每一集的配乐风格符合相关主题的要求。令我特别难忘的是他模仿巴赫的风格写的一首小提琴独奏曲，配合福尔摩斯和莫里亚蒂跳进莱辛巴哈瀑布的场景。在一般情况下，他坚决不追随当代音乐的风潮。在创作混合曲之余，他想要寻找也许被认为是"风格缺口"的机会——前人未曾尝试过的现有风格的结合。依我来看，他实现了目标，以巴赫、德彪西、拉威尔及一些爵士乐的编曲等风格为基础建立起独具特色的风格。

伊顿学音乐

在国王学院的学习即将结束时，我申请了伊顿公学的音乐奖学金。该奖学金每年有三个名额。我名列第四。也就是说校方授予我鼓励奖，象征性地抵扣一点学费。这笔钱我不能领，因为学费远远超出了父母所能承受的范围。（当时父亲仍几乎没有收入。）然而，几个月之后，我又申请了该校的学术奖学金。这次擦着边通过了。那时的奖学金和现在一样，要经过收入调查，所以尽管我的奖学金仅是学费的一半，父母却无须缴纳另一半的学费。这意味着我可以去伊顿上学了。

我在伊顿公学的音乐生涯由三大部分组成。从一开始，我就加入了学院礼拜堂唱诗班。顾名思义，这里是伊顿学院的小教堂，很像是国王学院教堂的微缩版（两栋建筑都是由亨利国王六世兴建）。曲目设置也和国王学院的相似。因此，从很多方面来讲，我身处的合唱环境同以前没有多少变化。当然了，标准不抵国王学院唱诗团，不过也相当高——很多团员来自国王学院。其中一位和我同辈，名叫乔纳森·邦德（Jonathon Bond）。上述奖学金就有他的一份。他一直是团里的独唱先锋，但后来变了声。我的嗓音没有突然改变，但进入伊顿公学后开始渐渐变低沉，所以我唱中音部，一直唱到毕业。我发现自己唱歌越来越困难。离开学校后，我休息了几个月。我惊讶地发现自己不会用从父亲那里继承来的假声唱歌了。这对我来说既惊讶，又失望。我曾几次做梦，梦到自己又能用假声唱歌了（总体比现实中唱得好多了）。梦醒之后，我意识到自己仍深深地怀念儿时的演唱经历。现在我的嗓音被大家委婉地称为“男中音”，也就是说比标准男低音高，比标准男高音低。更为重要的是，这种嗓音也制造不了标准的噪音。

我的音乐生涯第二大组成部分是在伊顿的主交响乐团演奏小提琴。我从最后一排副琴手开始慢慢向前排争取，到毕业那年终于坐在了第一排主琴手的位置上（小提琴老师指挥演奏）。各学期末，我们都要举办音乐会。没有什么比整个学期排练一首交响曲更能加深记忆了。从那时起，我经常有这样一种感受：在广播里听到一首乐曲，想不起来名字，但凭借熟悉的程度就知道一定是自己曾经参与过演奏的曲子。

当然还有一些我们演奏过的曲子给我留下了足够深的印象，让我不忘它们的名字。每个学期都有人演奏协奏曲。那些曲子特别难忘。我通过这种方式了解到的著名协奏曲包括葛里格、柴可夫斯基和勃拉姆斯（处女作）的钢琴协奏曲，还有盖希文的《蓝色狂想曲》（*Rhapsody in Blue*）。团里的几位协奏曲独奏演员成为专业乐手。

熟悉程度位于中间水平的要数贝多芬的交响曲了。其中大多数我都演奏过，结果就是听到一首曲子（比如在广播里），便立刻知道这是贝多芬的作品，但说不出来是哪一首——除非听到十分经典的旋律（如哒哒哒当）。

我在伊顿公学最好的朋友是一位德国人，名叫托马斯·盖德（Thomas Gaede）。他也是把奖学金从我手里抢走的三名学生之一。他的中提琴演奏得很棒，曾多次在德国获奖，并和兄弟二人——小提琴手和大提琴手——组成三人乐队，至今仍在德国及其他国家演出。他后来当了一名医生，但原本肯定也能成为专业乐手的，就像他的兄弟一样。小提琴手丹尼尔曾领导过一段时间的维也纳爱乐交响乐团。他最后一次参加学校音乐会演奏的是沃尔顿的中提琴协奏曲。那是在1981年，从那之后，我就再也没有听过这首曲子。写到这里，我感到好奇，想知道自己还记不记得它。几分钟后，我在YouTube上找到了答案——至少是开头部分的答案。具体的旋律已变得陌生，但主要脉络肯定是熟悉的。我不会立刻想到是沃尔顿的中提琴协奏曲，但可能会猜出来（部分原因是中提琴协奏曲本来就不多，这首也许是唯一令我感到耳熟的曲子了）。几分钟之后，我对第二乐章也有相似的感受。

我还加入了学校的室内交响乐团，学了很多弦乐曲目，像布里顿的简易交响曲以及埃尔加和柴可夫斯基的小夜曲。入学第一年，我们演奏了巴赫的第一号勃兰登堡协奏曲。它深深地印刻在了我的脑海里（意思是说如果你给我演奏十秒钟，我一下就能听出来是哪首乐曲）。除第三号勃兰登堡协奏曲（我听父母弹奏了几次，也非常喜欢）之外，这是我学到的第一首勃兰登堡协奏曲，至今仍是我最喜欢的乐曲之一，所以我非常小心，不敢常听。在校的最后一年，我们演奏了巴赫的双人小提琴协奏曲。在演出开始前，其中一位小提琴手突然生病了，我幸运地被安排替补。（我对这首曲子比较熟悉，所以不用从头开始练。）这次的音乐会不太重要，所以上场演奏也不是什么了不起的事。

我的音乐生涯第三大组成部分当然要数小提琴和钢琴课了（我还学过风琴，不过时间很短，大概只坚持了一个学期，因为当时要做的事情太多，担心学不好）。学习小提琴印象深刻的是在伊顿就读两年时。一天放假，我给父母弹了首曲子。他们对我的表现感到惊喜，认为超出了他们的想象。根据这一点，父亲决定放弃他一贯对我采取的放任政策，即放假不催我练琴（结果自然是我在放假期间几乎从不练琴）。当时我们住在祖父母家。他给我上了几课，立刻把我带回到基础问题上，重点辅导我的弓法和曲调。我的技术已相当高了，只想在关键地方把难音拉准——没有真正考虑过曲调的问题。接受完父亲的指导后，我带着大修过的技术返回学校。几节课下来（加上父亲要求我做的一些练习），我进步的速度飞快，也许超过了前两年的总体进度。小提琴老师惊讶极了，对我的态度立刻认真起来，提高了我在各乐队的席位，并把我看成是他的一位好学生——虽然我的水平远远比不过托马斯·盖德等人。

这次的经历让我明白了教育更为普遍的意义，即任何学生都能取得突飞猛进的成绩。实现这一目标可能需要一定的基础，但要知道如何在两周的时间里教育一个天资聪颖、数学老师没教好的十五岁学生，也是一件有意思的事。在我看来，有很多人缩手缩脚，是因为他们错误地认为大幅度的自我提升不可能实现。纠正这种错误的观念，唯一要做的就是以亲身经历为证。（遇到数学难题，经过长时间的思考后求得解，就是一个例证。）让学生获得这样的人生经历，是老师能做到的一项最伟大的工作。

在伊顿拉小提琴最大的亮点也许要数在年度弦乐比赛中演奏巴赫E大调帕蒂塔第一乐章这件事了。我丝毫没有机会赢得比赛，但受到了高度赞扬。（次年，我演奏了贝多芬小提琴协奏曲第一乐章的部分片段，可是目标定得太高了——我能把音拉出来，但没有把握好大局，因此没有得到好的评价。）在钢琴方面，亮点还是比赛——弹奏勃拉姆斯的第一狂想曲。钢琴老师对我的表现非常满意（虽然比赛评委的满意度明显偏低）。这导致了一个不幸的结果：第二年他让我用A降调练习肖邦的第三叙事曲。这首曲子太难弹了。赛前最后一次练习时，我依然没有完全掌握，尤其把最后的华彩乐段弹乱了。音乐老师很不满，说了一句他也许不该说的话："不管怎样，不要把结尾弹乱了。"可想而知，在比赛过程中，由于前面有些部分弹得不那么准确，心里就已经开始紧张起来，把结尾部分弹得乱七八糟或多或少也是情理之中的事了。在经历如此糟糕的表现之后，向礼貌的掌声鞠躬致意，心情并不轻松。下一年的比赛，我选择了一首比较简单的乐曲（德彪西的《向摩拉致敬》（*Hommage à Rameau*）），就再次顺利完成了弹奏。

在音乐能力方面，我非常善于视唱和小提琴识谱，可奇怪的是，我的钢琴识谱能力非常弱。只要遇到多行同时弹奏的情况，练习效果就大为不同了。至今仍然觉得优秀的钢琴师一边读谱一边弹琴，十分了不起。有位比我低一个年级的男同学名叫保罗·理查德森（Paul Richardson）。他刚入学就能弹奏任何摆在他面前的乐谱，其中包括我要花几周的时间才能学会的乐谱。钢琴识谱能力不高也有一个好处，那就是当我学会了一首乐曲后，我已经把它熟记在心了。我想这也许意味着如果自己的识谱能力不那么差，对乐曲的内部结构也就不会如此熟悉了。

钢琴识谱能力的不足伴随即兴创作的倾向，或许并不是巧合。在我十五六岁时，父亲给我听了奥斯卡·彼得森（Oscar Peterson）的《爵士乐之魂》（*The Jazz Soul*）中一首名为“母校”的歌曲，目的是为了告诉我什么是摇摆舞曲。歌曲在缓慢的旋律中开始，尽管伴有12/8节拍的鼓点。后来切入一个更快的节奏型，建立起一种半摇摆的节奏，但有一点规律了。当奥斯卡·彼得森的独奏开始后，真正的摇摆旋律出现了，是那种明显但又难以形容的节律感，推动着乐曲向前发展。由于乐曲采用12/8拍，也许不能用来很好地说明摇摆舞曲的特点。如果采用4/4节拍，那么就应该将每对八分音符做“三连化”的处理，也就是说，第一个八分音符占三连音的三分之二，第二个八分音符占三分之一，这样才能构成第一种近似摇摆舞曲的节奏。不过除非节拍大幅减慢，否则无法产生真正的摇摆舞曲。这是很多尝试演奏爵士乐风格的古典乐师无法理解的。对于第二种近似摇摆舞曲的节奏，更可能出现以下情形：演奏者在慢拍上按上述方法弹奏三连音，在快拍上甚至可以弹奏八分音符，在中间渐渐形成过渡。父亲利用手头的合成器来实验这种想法，调整各个双八分音符中两个音符的比值，寻找几个不同节拍上的理想比值。

欣赏“母校”及其他一些经历让我对爵士乐产生了兴趣。我经常收听汉弗莱·利特尔顿（Humphrey Lyttleton）主持的爵士乐广播节目（汉弗莱·利特尔顿是英国国宝式人物，身为爵士乐小号手和电台主持人，并主持一档非常著名的娱乐性智力竞赛节目“抱歉，我不知道”。碰巧他也就读于伊顿公学。）有时我会把广播里的爵士乐录下来反复欣赏。其中一首叫作“一大步”（*The Big Step*），转录自贝西伯爵乐队较为现代的一张唱片。（这是我印象中的名称，但是在网上找不到相关信息。）我放给父亲听，没想到他竟然有这张唱片。乐曲的很大一部分由小号旋律组成，仅仅采用贝斯和鼓作伴奏。这样的编排意味着当整个乐队开始演奏伟大的贝西式和弦，在某一刻突然插入贝西独自演奏的静逸钢琴曲时，乐曲变得十分震撼。父亲在很多方面深深地影响了我的音乐品位，其中一个方面就是我对分散爵士乐编排的喜爱——说他把这种喜爱植入我的内心也不为过。如果一个人充分了解爵士和声与和弦序进，那么他就能听出蕴涵在贝斯乐和旋律（不论是否属于即兴创作）中的和弦。在这种情况下，强调和弦不仅没有必要，而且有侵扰性。父亲向我介绍了杰瑞·穆勒根（Gerry Mulligan）四重奏，里面甚至都没安排钢琴，一旦听惯了，感觉就像喝惯了不加糖的咖啡，反而不喜欢加糖的咖啡一样。在后期的爵士乐风格中，钢琴的作用不再只是强调本来可以弱化的和声，因此又开始流行起来。

父亲将自己对爵士乐的喜爱之情传给我，最大的成绩是向我讲解爵士乐和声的基础，尤其是钢琴的作用。他把讲解内容打印在一张纸上，起了一个“爵士乐和声一页A4纸全解”之类的标题。那张纸是他的骄傲。后来我发现它并不全——比如小调和大七和弦都没有介绍，但的确包含了演奏12小节蓝调所需的各项要领，因此可以把它说成是爵士乐演奏的启蒙指南。除此之外，他还以贝斯和鼓合成乐的形式录制了一盘完美练习磁带，让我边听边练。贝斯弹奏一个12小节蓝调序进，但每弹完两遍后，都会抬高一个半音。此外，速度开始非常慢，然后逐渐加快，八度和音重复两次后，速度加快两倍。我练得越多，坚持的时间越长。

上文提到自己在伊顿学习音乐的三大方向。我并没有把爵士乐列入其中。这是因为虽然我对爵士乐非常感兴趣，并下决心提高爵士乐的演奏水平，但那时我只是把它当成一种业余活动。我建立了一个五人组合，但不是很理想。贝斯手不会即兴演奏，所以我不得不提前为他谱曲。（这话是相对的——组合里还有几个人也不太会即兴演奏，可他们还是这么做了。）我十分渴望学会弹奏爵士钢琴，原因之一是父亲会弹，而且弹得非常好。每当作曲的时候，他都要去房子顶层的工作室。那里经常传来他弹钢琴的声音，弹琴的目的是为了探索灵感或实验想法。但有时他需要放松一下，便不经意地弹奏起爵士乐来。当时我要把它录下来就好了，因为如今我对爵士乐的知识比过去丰富得多，自然也就对父亲的演奏水平感到十分好奇。

还有一次在校音乐实践的经历值得一提。当时，学校组织音乐巡演活动。我们小组被安排前往瑞士。我负责编写一曲羔羊颂，需要把合唱、风琴及其他几种乐器结合在一起，以便让小组里的每一个人都参与进来。在那前不久，父亲给我讲了减音阶的知识（又称八音音阶），所以我在这首曲子里运用了大量的减音阶。我们回到伊顿后，进行了最后一场演出，有人把这首曲子录了下来。不知什么原因，父亲未能前来参加音乐会，也许是因为他要赶曲子的缘故吧（他的交稿时间总是变得很紧）。他听了录音带，说虽然自己很喜欢，但他认为减音和声的使用显得有点紧张。他想尽量把话说得积极一些，于是便指出了一个他喜欢的部分。在那里，我从减音和声转到了以四度音程为主的和声。从那之后，我一直怀疑这样一类音乐，它们好像在说："哇，如果我把减音阶进行到底，那么一切都变得顺理成章了，可同时听上去不和谐，"如果一切顺理成章，就不会产生和声紧张度了。事实上，我有时还替父亲的一些乐作担心，因为他无疑喜欢运用减音阶。不过，多听几遍之后，我常常发现他运用减音阶是为了实现乐曲的升华，而不是为了减音而减音。后者是我听到就会反对的风格。

升入剑桥

1981年11月完成"牛剑"考试后，我结束了在伊顿的学习。那时距升入剑桥大学还有9个月，而我在南美洲度过其中的大部分时间，因为父亲认为学西班牙语对我有好处，而且他有位大学同学住在智利首都圣地亚哥，能帮我在那里安顿下来。从音乐的角度讲，那六个月唯一值得说的音乐经历就是带上一把便宜的小提琴，在圣地亚哥的街头随心所欲地表演，独自一人演奏巴赫的作品（亮点是我在伊顿学过的E大调变奏曲）。由于智利的古典音乐传统不如英国深厚，所以相比较而言，我的琴技在那里达到很高的层次，吸引了很多关注，包括当地报社的采访。我甚至参加了一个名叫“你的才艺值多少钱？”的才艺比赛。选手有一分钟左右的时间赢得评委的好感。评委根据印象给予选手一定的经济奖励。我赢得了约100英镑的奖金。这个数目通常足够让选手进入下一轮的比赛了（然后赢取更多的奖金），可这一轮我输给了别人——如果没记错的话，是一位歌手。但这笔奖金就已经让我心满意足了。节目在当地非常有名，播出之后有很多行人走到我面前，说他们看到了我的表演。

进入剑桥后，我的音乐生涯发生了三大主要变化。一是我不再参加合唱团。二是我的管弦乐演奏技巧大幅提升。三是我开始更加认真地演奏爵士乐了。除钢琴和小提琴之外，我又学习了中提琴和低音提琴这两种乐器，但原因只有一个。父亲建议我以贝斯手的身份加入更好的爵士乐队，因为优秀的贝斯手一直是稀缺资源，而钢琴则总有高人涌现。伊顿公学有一个房间，里面放着几把低音提琴。我有时会去那里拿一把琴，试着弹一会。在我看来，低音提琴和小提琴的弹奏区别只不过就是几何形状改变了而已。具体而言，和我习惯使用的小提琴相比，左手的动作变成了画圆圈，面积也加大了。后来我才知道这其实是一种非常规的指法。在剑桥学习期间，我在一个大乐团里演奏了一段时间的贝斯，也在一个小组合里待过几天。小组合让我不顺心，因为我觉得钢琴手的水平不如我的水平高。我发现自己真正想要演奏的乐器实际上是爵士钢琴。弹奏贝斯时感觉就像服务一个人，而他恰恰从事着我所渴望的行当。在大乐团里，我把乐器换成了钢琴，但最终还是放弃了，因为没有足够的即兴演奏机会。在大四那年（学习剑桥第三阶课程），一对孪生兄弟——菲尔与汤姆·班克罗夫特——来到了剑桥。一人是高音萨克斯手，另一人是鼓手，两人的水平超棒。他们给我的爵士乐生涯带来转机。当时，我是一个三人组合的成员，另外两人分别担任贝斯手和吉他手。吉他手离开后，菲尔和汤姆加入了进来。接下来的两年，我们这个组合甚至接到了校外的表演任务。或许我们取得的最大成绩是在伦敦的606夜总会演出过两次。我们还被一个名叫“东方艺术”的组织选中参加巡演，在英国东部的各个村镇举办了六场演出。

不幸的是，没有哪个学生乐队能长久地坚持下去。三年之后，菲尔和汤姆离开了剑桥，而我却再也找不到水平相当的同伴了，我也开始遇到父亲曾说过的问题——年纪比我小但水平比我高的钢琴手。如今，他们都已发展成为专业爵士乐手，就像菲尔和汤姆一样。这让我感到如果自己当时一心一意搞爵士乐演奏，也能成为一位专业爵士乐手——虽然当一位优秀但不出众的爵士乐手，生活水平会比现在差很多。

菲尔和汤姆没有离开乐队前，我们对演奏风格有不同的看法，大多时候我都争不过他们。这让我感到自己在音乐方面并没有达到自己所期望的高度。多年之后，我在普林斯顿大学待了两年。那里的爵士乐水准比英国大学里的高多了。我想办法加入了普林斯顿大学第二爵士乐团。（第一爵士乐团的钢琴手也是一位数学家，名叫艾德里安·班纳（Adrian Banner）。当时他是一名研究生。同时也是另一个“高人涌现”的例子——他是高人中的高人）。指挥托尼·布兰克尔（Tony Branker）对节奏精准水平的要求对我来说是全新的。我也意识到以前自己的节奏契合度有多差劲。用两个字概括他的方略：细分。

回到剑桥后，圣约翰学院院长彼得·戈达德（Peter Goddard）给我了一个在院长府演奏的机会。这次和我共同演出的有一位水平很高的贝斯手，名叫克里斯·希尔（Chris Hill）。后来他也成为专业爵士乐手。还有一位是他认识的鼓手。在普林斯顿期间，我实现了多年来的抱负，练熟了《母校》这首父亲在我十几岁时放给我听的歌曲。它是奥斯卡·彼得森专辑里的作品，真正的作者是迪齐·吉莱斯皮（Dizzy Gillespie）。这首乐曲中包含一两个和弦序进的过渡，很难通过即兴的方式把它演奏到令人折服的程度。“令人折服”的意思是希望弹奏出旋律来，而不只是敲打出无法与深层和弦产生共鸣的音符。通常这个目标可以通过提早切入下一个和弦来实现，但由于某些过渡的原因，提早切入会产生难以满足的限制条件。我仔细听这首曲子，分析奥斯卡·彼得森是怎么处理的，最终发现了自己实现这一效果的办法。我把录好的一盘《母校》演奏带交给托尼·布兰克尔，用于普林斯顿大学爵士乐团的审核。不过，我是一个人用钢琴演奏的——这种事我一向不太喜欢做。

在圣约翰学院的演出终于让我有机会完全掌握了主动权。我还决定挑战一下自己，练习约翰·柯川（John Coltrane）的《倒计时》。这首曲子的速度很快，和弦序进也难得离谱。我有一盘练习带，里面包含了长短两个版本（这次不是父亲录制的）。很多次练习之后，我能把和弦顺利地弹下来了——虽然还是达不到超然脱俗的境界。其中一个迹象是我的“即兴演奏”听上去都差不多。它们开始呈现出“微型乐谱”的特点。

那次的演出被鼓手录了下来。我终于留下了一份自己竭力实现梦想的记录。然而，演出有很多地方都不尽如人意——虽有托尼·布兰克尔的指挥，但我的跟拍水平仍差得很远（节拍的准确性十分重要，因为小小误差就能完全破坏摇摆的节奏）。此后，我又得到一两次录制自己演出的机会。其中重要的一次是2006年在剑桥音乐节上的演讲兼演奏。那年音乐节的主题是音乐和数学。当时，对于如何在一面A4纸上介绍爵士和声，我已经有了自己的见解，当然不免受到父亲很大的影响，但我把这些想法进行了归纳，把它们转变成适合大众演讲的主题。爵士和声有一项广泛的法则：假定一直用贝斯弹奏低音符，不论左手弹什么，右手都要避免弹出高半音的音符。这种说法应该被理解成以八度音阶为模数的原则。有了这项原则，就可以把大量的传统爵士乐理论浓缩到所剩无几的程度。当然也有特例，所以我提出委婉一点的说法：这些例外的不和谐音非常特殊，比较容易和“咔嚓咔嚓”的不和谐音区分开来。后者一旦听惯了，就会觉得很棒。发现这种现象也有助于解释20世纪经典和声的很多效果。

接下来又进行了几次类似这样的演讲和演出，包括在2011年切尔滕纳姆音乐节上的活动（也是以音乐和数学为主题）。这让我不再感到自己作为爵士钢琴手的失败。现在我明白了一点：想取得大的进步，就需要将自己的演奏提升到一个新的高度，也就需要付出更多的努力，而我可能永远都做不到。

回到读本科的那些日子。我定期在大学管弦乐队演奏，又学会了几首只有通过练习才能熟练掌握的乐曲。亮点包括勃拉姆斯的第四交响曲、斯特拉文斯基的《春之祭》、蒂佩特的《双弦乐队协奏曲》和德彪西的《牧神午后前奏曲》。最后这一首也是父亲介绍的。记得他给我放过两次。一次是介绍它在和声创新方面的历史重要性。一次是试验他读到的理论。试验内容是随着乐曲向前的进展，要我谈谈自己对主音的理解（或者按照我和他的习惯说法，谈谈“do”是什么——这个音读“哆”，不读“嘟”）。我尽力谈了自己的想法。然后父亲告诉我，他读的那篇文章认为几乎从未出现过清晰的“do”，而我的回答大体上与父亲的观点一致，通过证明“do”经常出现来反驳文章的观点。这首乐曲进入到了我最喜欢的乐曲名单中，而演奏它感觉非常光荣。我在乐队演奏短短几年，很容易错过这首佳作。

蒂佩特《双弦乐队协奏曲》的背后有相似的故事，但这次是伊顿的小提琴老师介绍给我的。大约每年的一个周日，他都会邀请我和托马斯·盖德去他家里吃午餐。这让我们十分高兴，因为他的厨艺非常棒，人又很逗。吃完午饭，我们会再待一两个小时。有两次记得特别清楚。一次，电视上正在播《格伦·米勒传》，我们看了起来。我被影片深深地迷住了，尤其是里面的音乐，更是让我倾心——开始接触更加严肃的爵士乐后，就不喜欢了。现在我会把这种品位的变化看成是成熟的标志。另一次，小提琴老师决定让我们听《双弦乐队协奏曲》。我不知道他为什么这么做，但我深知，这种不经意的文化推介对我所产生的影响，比推介者所期望的影响要大得多。当时，这首曲子的风格对我来说很新颖，但有一个地方引起了我的兴趣：第二乐章中有一段旋律，和声处理得无疑很美，其中包括一个冲突，就有意违背我的那条“规避高半音”的法则，却收到了特别棒的效果。多年来反复听这首曲子，其他部分也开始吸引我了。最后，我喜欢上了整首乐曲——其他几首曲子也经历了同样的过程。

《春之祭》是我读本科时自己挖掘的作品，除非你要算上我与钢琴老师那次即兴演奏钢琴二重奏版本的失败尝试。依我看，只要对音乐的浓厚兴趣不停留在19世纪，都会在人生的某个时刻邂逅这首乐曲。和蒂佩特的作品一样，最初是乐曲中和声比较简单的部分吸引了我——这些部分十分接近德彪西或拉威尔的风格。然后我对乐曲的开头部分入了迷，想要更加确切地了解我的这种感受是怎样产生的。直到现在，我依然想好好分析一番。不过，在准备切尔滕纳姆讲演稿时，我对第二部分开头的旋律有所领悟。这个乐段分吸和呼两个部分，而且我发现呼出部分的二重调和声比较极端地违反了上述高半音的法则（弦乐保持D小调，而管乐两个交替和弦中的一个是高出半个音的降E小调），而比较短的吸入部分的和声虽然也不和谐，但它是低半个音的那种不和谐，听起来是爵士乐的感觉，至少对现在的听众来说是这样。（有人也许会问哪些部分是吸，哪些部分是呼——我选择慢慢地呼，比较快地吸。）

前面提到我在剑桥学习中提琴的经历。学会了中提琴，我就能进入水准明显较高的管弦乐团演奏，包括剑桥大学室内管弦乐团（CUCO）。当然了，我必须为此付出代价：小提琴手演奏有趣的旋律，而我却负责弹奏比较无聊的中声部。可也不总是这样。印象深刻的一次例外同样和有幸参加演奏一首自己最喜欢的乐曲有关。我勉强以第三中提琴手的身份参加了勃兰登堡三号协奏曲的演奏会。小小的乐团请来客座指挥兼独奏艾奥娜·布朗（Iona Brown）作指挥。她是著名的圣马丁室内乐团团长。这是我作为一名弦乐演奏者所能达到的最高等级了，可我却听到团里有个没有参与演出的人说那是他听过的最糟糕的演奏会。这给我的回忆掺杂了一丝酸楚。音乐人有时就是这样。

我在剑桥的音乐生涯另一个闪光点是为一个剧本谱曲。那部剧晦涩难懂，名为《傀儡师》。作者的姓名记不得了。我想剧本的语言是法语，创作于20世纪初。我的曲子受斯特拉文斯基的影响较深，尤其受《彼得鲁什卡》这部芭蕾舞剧的影响。为了做好谱曲的准备，我同导演专门去看了一场《彼得鲁什卡》

的演出。最初的想法是现场演奏，但后来发现这简直是不可能的——剑桥的乐手们太忙了。因此，我还要安排录制工作。在此期间，我遇到了父亲再熟悉不过的时间危机，其中一项是通宵赶稿（那时还没有计算机帮我完成所有的工作）。录制档期排得非常紧，我不得不作出痛苦的妥协，如乐手落掉一处较为重要的片段时也得要接受。录制工作还在进行时，负责吹奏两个乐段主旋律的长笛手就要走。这时我认为自己输定了。一位单簧管演奏员说他来顶替，但比我写的音低八度。我别无选择，只有接受。所幸奇迹出现了。用单簧管演奏的效果听上去比我想象用竖笛的效果好。这不能算是我最后一次谱曲，却是我最后一次如此雄心勃勃地进行乐曲创作。

在我读本科期间，古典钢琴的演奏退居“后位”，直到几年后结婚成家，独立门户，才又把它重新拾了起来。那时，拥有一架属于自己的钢琴变成了可能。虽然大多时候还是用它来弹爵士乐，但我也同样喜欢照着乐谱弹奏古典音乐，甚至偶尔还学上一首古典乐曲呢。我识谱的技术依然不好，但有所提高，办法显而易见——多多练习。我买来巴赫的48首前奏曲和赋格曲的乐谱，从头到尾练习几遍。刚开始，这是一个痛苦的过程，但在练过三四遍之后，我对它们熟悉了一点（之前只是知道几首，但现在达到了熟悉的程度。这种熟知已在文中提到过几次了），并且渐渐习惯了那一种风格的乐谱。第二点很重要，因为我发现虽然自己阅读巴赫乐章的能力得到了显著提高，但比如说给我一段莫扎特小提琴曲的钢琴伴奏，我同样弹不好。这就让我想到了以下理论（不是我的原创）：钢琴识谱的能力不仅仅是将乐谱上的符号迅速转换成肢体动作的能力，而且还涉及某种更加主动的因素，相当于一半的即兴演奏，跟着感觉走，并且在弹奏的过程中利用旋律做出微调。

除了在学校参加那些可怕的音乐比赛之外，我唯一一次用古典钢琴演奏是在剑桥庆祝保罗·厄多斯（Paul Erdős）80岁寿辰的会议上。在之前的一两年里，我一直在练习肖邦的《幻想即兴曲》。第一次听这首乐曲，感觉美妙得令人惊讶。演奏者名叫菲利浦·卢利（Philip Lurié），就是把音乐奖学金从我手上抢走的第三名学生。他来自以色列，如今是那里的一名钢琴演奏者和教师。我的钢琴老师——也是他的钢琴老师——跟我说他两个礼拜就学会了这首曲子。不久之后，老师也建议让我学。在学习的过程中，我取得了一些进步，但难度还是太大了，最终放弃了学习（这可不是唯一遭此命运的乐曲）。多年之后，我决定试着重新再来，完成任务。到会议临近的时候，我已经基本把握住了这首曲子，敢在公开的场合演奏了。结果也是这样。虽然那次的演奏不是最棒的——因为我还是过于担心自己会弹错——但我成功避免了十多年前演奏第三叙事曲时所遭受的尴尬。

论音乐的反复聆听

“论音乐的反复聆听”是一篇佳文的题目，作者名叫雷纳德·迈尔（Leonard Meyer），可通过JStor网站下载。读这篇文章的时候，我还在上本科。那时，我已经确信音乐给自己带来的乐趣主要是靠乐曲的编排方式，有时也来自于意料之外的创作。一首乐曲没有意外之处，是不会让我感到快乐的。但如果有太多的意外，我就不会感到意外了，因为我不再期待。最棒的音乐在两种极端的情况之间小心翼翼地穿行。

上述总体观点存在几个问题。比方说，这种观点似乎没有说清楚音乐趣味都由哪些音乐元素构成，因为其他的艺术形式也能设置预期，引发有趣的惊喜。针对这一反对意见有多种答案。其一，没人认为音乐的趣味仅是管理预期的事，只是说它是乐趣的一个十分重要的组成部分。上述反对意见的主要论据是这样的：假若你有一个结构，与一首乐曲简单同构，那么设置预期的方式也相同，但你从中获取的乐趣或许会完全不同，也或许根本就不存在。然而，这种论证并不具有明显的正确性。比如想一想，把一首乐曲的高低音相互颠倒会产生什么样的效果。结果当然会是与原作形成简单的同构关系。但是下面的这一点十分关键：音乐作品并不是孤立存在的。当然了，颠倒过来的曲子听上去会很棒，带来的乐趣也和原作不同，但那是因为它和其他音乐作品的关系完全不同了。即使一个孩子从小倒着听每一首乐曲（如果不考虑操作上和伦理上的明显阻力，这也许能成为一项有趣的实验呢），颠倒的作品与孩子听到的其他声音（以人声为代表）之间的关系会有实质性的不同。

然而，对于信息流构成音乐趣味的这种观点，还有一个更加严厉的反对意见。从表面上看，信息流的观点导致了以下结果：一首乐曲听几遍之后，就没感觉了，因为不会再出现任何惊喜。迈尔在文中用很大的篇幅分析了这个反对意见。他提出的一个观点认为，有时一首乐曲必须反复听几遍，熟悉其风格，才能对它有所期待。所以至少在开始阶段，支持信息流的观点认为反复听一首乐曲，是可以增加愉悦感的，而事实往往也是如此。但令我惊讶的是，作者继续指出，如果一首乐曲听得过于频繁，听音乐的人就真的无法再次捕捉到先前感受到的那种愉悦心情，或者至少说必须费一番功夫，通过遗忘部分感受或欣赏有趣的新演绎来重获愉悦感。这是整篇文章令我印象最深刻的部分。

上述分析极符合我的个人体会。前面我已经提到过两次自己喜爱的乐曲。对于它们，我几乎从不多听一遍，担心熟悉过头了。有时在车载广播上听到一首熟悉的乐曲，心里高兴极了，可我绝对不会想着去放一盘相同的CD或到Youtube上再听一遍。

总体上讲，如果我不明白一首乐曲在某些方面为何会对我产生影响，那么根据上述观点就可以说它“更靠谱”。我以一位（非专业）作曲者的身份欣赏这些乐曲，希望研究如何借鉴他人已取得的成绩。（这和爵士乐类似。听爵士钢琴手演奏时，我的一只耳朵会收集对自己演奏有用的想法。）在弄明白之前，我可以一直对乐曲保持兴趣，即使听了很多次，也没有关系。

我幻想从事的第三个和音乐有关的职业是当一名乐理学家（另外两个职业是作曲和爵士钢琴演奏）。写到这已经很清楚了，我的想法深受父亲的影响。

以前他总说自己想写一本书，主要从作曲人的角度谈谈自己对作曲的认识。这种认识和他在大学里学到的乐理知识大不相同。他把自己的很多观点都告诉了我，但不幸的是，他未能实现写书的愿望。2001年的那次中风不仅断送了他的作曲生涯，而且还扼杀了任何写书的想法。到目前为止，我还没有完全放弃写书的念头。这不会是父亲想写的那本书，可我会尽量朝他的方向靠近。

在父亲的作曲生涯即将结束时，他试着加大了作曲力度和系统性。他最好的作品之一是一首风琴三重奏鸣曲，采用自上而下的方式精心创作而成，一层层注入细节。乐曲的中间部分采用赋格式，最初以减音阶为主，因此有一点我前面提到的偷懒的感觉。如果采用减音阶，线上的音符就不会有冲突的危险，因此也就减少了听众从赋格曲中获得愉悦感的一个渠道——就像用对位法神奇地建立和声感那样。不过，这仅仅针对那一节最开始的部分而言。整部作品具有巴赫式独具匠心的非凡特点。例如，有段旋律采用一种不同的和声形式，规避了简单模仿爵士乐的嫌疑，但听起来还是有点像爵士乐的贝斯即兴演奏。这段乐曲虽有重复，但每次间隔的时间被拉长了约两倍，产生出一种完美融合的音律，是我从来没有听到过的。父亲罹患中风是一场可怕的灾难。这么说，不仅仅是替他自己、母亲和家里的其他人痛惜，更是因为他本来会用自己独创的作曲方法创作出更多的音乐作品，而中风之后大家再也听不到了。

父亲喜欢分析并尝试系统化归纳音乐创作的过程。他的这一特点被我继承了下来，只不过我把它用在了数学上。近期，我研究了自动化定理的证明。为了做好这项工作，我必须十分仔细地分析想法产生的过程（即使是比较简单的想法）。假如我成为一名乐理学家，我想自己到头来会试着编写模仿各位作曲家风格的计算机程序。我听说有人已经在这个方向进行了尝试。虽然我对一些人做出的成绩很佩服，但假如对象是一首由人创作的混成曲，我是不会佩服的。我感觉只要给我足够的时间，我会做得比他们好。当然，说起来简单，但我仍然相信自己能做到。

回到音乐重复聆听的话题上来。我有过几次这样一种经历，但无法完全用信息流理论解释，那就是一首乐曲听完一遍后没感觉，隔了很久才听第二遍，结果彻底喜欢上了它。听第二遍时，刚开始没有意识到自己以前听过这首曲子，然后才意识过来。在这种情况下，感觉尤为强烈。

最为清晰的例子是舒伯特的C大调弦乐五重奏。一个周日的下午，天空下着雨，母亲决定要把这首曲子放给我听（也许还有我的两个妹妹——记不清了）。当时我可能有十一二岁，感觉曲子很好听，但没有爱上它。两三年之后，我又被安排听这首曲子。这次是在伊顿公学的一堂音乐课上。当第一乐章中那个著名的第二主题响起时，我首先突然意识到自己知道这首曲子，然后便疯狂地爱上了它。这首五重奏也很好地代表了我之前提到的一个过程，也就是说先有一个抓住内心的旋律——即本例中那个第二主题，开始让我有所期待，然后其他几个部分加入进来，直到最终这种愉悦感更均匀地遍及整首乐曲。每次听到这首曲子，我总觉得它有一个非凡的特点，即里面的四个乐章都十分动听。

奇怪的是，另一个例子也是舒伯特的作品：降G调即兴曲。我不知道第一次听到它是什么时候。这是一首很有名的音乐作品，或许我在童年和青少年阶段听过几次，只是不知道名字罢了。到了30岁左右，一次看电视节目，背景音乐恰好用的是乐曲开头的旋律，我对它产生了神奇的感觉。当时我仍然不知道是哪首乐曲。几个月之后，我住在我的一个姨妈家。姨夫会弹钢琴，而且有一本舒伯特即兴曲的乐谱。我仍惦记着上次在电视节目里听到的那段旋律。有种直觉告诉我，答案就在这本乐谱里。果真如此。接下来，我总是想把这首曲子练好。这个目标至今仍在我的计划里——我相信自己能做到。不过，我一直没有付出必要的努力。这首曲子比较特殊，要么不弹，要弹就应该完全把握好，以便在快速分解和弦的伴奏中突出主旋律。

第三个例子名为《威利伽利略》（*Viri Galilaei*），是父亲为1987年在圣保罗大教堂举行的牛津主教理查德·哈里斯（Richard Harries）就职典礼创作的一首升天节赞歌。我第一次听到这首曲子，只是觉得好听，并没有立刻心动。部分是因为当时我把它和父亲多年前写的一首赞歌《神圣，神圣，神圣》作比较。后者曾经打动了我。两者之间的某些共性让我认为《威利伽利略》只是那部“真正”作品的苍白效仿。如今，我不想为那时的想法辩解。《威利伽利略》已经稳稳地占据了英国教堂音乐的一席之地，每个升天日在三四座教堂唱诵。而《神圣，神圣，神圣》却几乎从未被正式演奏过（我认为这是不对的）。总之，几年之后，我再次去圣保罗大教堂听唱诗团演唱《威利伽利略》。我想那可能是在2003年，父亲中风两年了。这也许加强了我在多年之后再次听到这首歌时内心的感受。事实上，我平生第一次感动地几乎要落泪了。从那以后偶尔听过几次。每次我都感到脊背发凉，而我预先并不知道自己的感受会有多么强烈。

对我的音乐品味影响较大的还有蒂佩特的3号钢琴奏鸣曲。第一次听到它时，我几乎感到厌恶，因为我知道蒂佩特可以写出很棒的作品，而这首曲子对我来说难听到没有理由。但在比较靠前的部分中，杂乱刺耳的乐曲声（当时我就是这么想的）背后微微流露出调性。正是这种流露吸引了我。多听了几次之后，便出现我在上文提到的过程。我的耳朵习惯了这首曲子表现和声的方式，于是我开始喜欢乐曲的其他部分，并且渐渐意识到乐曲所具有的系统性比自己最初感受到的强得多。我希望将来有一天自己能找来闲暇时间仔细分析几首乐曲，这便是其中的一首。在此之前，我想听多少遍都可以，不会感到厌倦。

以下选取雷纳德·迈尔的文章最后一段作为本小节的结束语：

> 珍贵的音乐佳作经过反复聆听之后可变得枯竭，失去其韵味。这一事实乍看上去让人心感不安和沮丧。但以下两点的分析能避免我们陷入绝望。第一，我们可以忘却。通过忘却，在入迷地欣赏一次卓越的演奏之后，我们能再次体验到一首熟悉的作品曾经带给我们的那种活力。如此这般重新发现贝多芬交响曲等曾经深受喜爱、而后名气过

高的音乐作品，并非是一种不同寻常的经历。第二点更为重要：新作品受人青睐，新风格得到发展，部分是因为人们熟悉的作品和惯常的风格变得枯竭。这些新动向通过改变我们——改变我们的耳朵、思想及对习惯的反应，能够让原本用来更替的作品和风格重获生命和活力。

铃木音乐教学法

虽然我个人没有按铃木法学习音乐，但要完整地讲述我的音乐生涯，不得不谈到它。我没有学习铃木法的主要原因是在我小的时候，它还没有被引入英国。可没过多久，母亲的朋友海伦·布伦纳尔（Helen Brunner）把它引介了过来，正好适合我最小的妹妹凯西学习（现在她是一位专业小提琴手）。又过了几年，在海伦·布伦纳尔的鼓励下，母亲改用它来进行钢琴教学工作。

铃木法又称“母语教学法”。根据铃木的想法，语言是一项复杂的技能，小孩子学起来毫不费力，而音乐同样是一项复杂的技能，所以也应尽量模仿儿童学语言的方式进行教学。由此可见，该教学法形成了以下几个明显的特点。一是起步早。二是先锻炼听力，后练习识谱。三是注重家长的引导。四是要求孩子多听练习曲。此套理论未经科学检验，而且有一点歪理邪说的感觉，但铃木却用它收到了非凡的效果。包括母亲和海伦·布伦纳尔在内的其他教师采用这种教学方法也取得了瞩目的成绩。因此，有比较好的证据证明该教学法是有效的。不科学的方面在于缺少体现各个特点的对照组。例如，学生反复听练习曲，是以发现错误还是以记住演奏的每个细节为重？甚或是力求达到更高的境界？（正式答案是听得再多也不算多。）听一段音乐比父母鼓励说话被动得多，这一事实是否重要？学生应不应该也试着和钢琴“对话”呢？这样的问题一点都没被讨论。然而，不论人们对铃木法的理论支撑有何看法，铃木法的某些特点——起步早、父母监督练习以及对技术和音乐细节的关注——看起来极有可能会产生好的结果。

我之所以提到这些，是因为尽管我没有成为铃木法的教学对象，可它给我的生活带来不小的影响——从我和妹妹一起长大开始。妹妹的小提琴进步比我快得多。在一段时间之内，这没什么压力。按相同年龄比较，她的小提琴拉得比我好得多，可当时我6岁，比她大一岁半，所以按绝对年龄计算，我的琴拉得比她好。不过，当我到十八九岁时，必然的事发生了——她赶上了我。以前我有时在想，如果父母把同样的精力用在我身上，我的演奏水平会是什么样呢？父亲在那个假期大幅提高我的弹奏水平绝对是个例外。但我并没有对这种不同的待遇感到怨恨，因为很明显，我有其他的兴趣爱好。再说了，我的小提琴演奏水平足以让我在中学和大学感到满足。（开始读博士之后，我退出了乐团，并且在没有真心做出决定的情况下彻底放弃了小提琴的演奏。）妹妹进入耶胡迪·梅纽因学校学习，后来升入市政厅音乐及戏剧学院。梅纽因学校给我留下了另一个有关音乐的珍贵记忆，那就是观看他们的乐团排练蒂佩特的科雷利主题复协奏幻想曲，由蒂佩特亲自指挥。

后来我自己的孩子到了学钢琴的年龄，铃木法的影响就更大了。母亲认识剑桥的一位从事铃木法教学的钢琴老师，名叫史蒂芬·鲍威尔（Stephen Power）。我决定请他来教大儿子约翰。我的另外两个孩子——理查德和玛德琳到了一定的年龄，也让他教。史蒂芬·鲍威尔对技术的要求十分严格，甚至按照铃木法的标准都可以这么说。结果我对技术的自我意识得到了大幅增强。作为家长，铃木法教会我更加仔细地聆听钢琴发出的音调，同时意识到弹奏出的音符是怎样影响音调的。这一点也许更为重要。刚开始我对此有几分怀疑，因为这看上去就像是仅仅关乎一个指标，即琴锤敲击琴弦的速度。我不确定这是否正确。即便是正确的，也不会改变技术上的调整可对音调产生重要影响这一事实，因为这大大增加了演奏者的把握范围。现在我发现有很多钢琴演奏者（甚至包括水平非常好的钢琴师）过分追求冲击力度。我希望看到的是一位好好弹琴，而不是用力敲打琴键的钢琴演奏者——以及由此形成的旋律线。

在运用铃木法的家庭中，往往是老二表现优秀，因为有老大做榜样。我的第二个孩子理查德从小就对音乐产生了浓厚的兴趣（事实上，他在新生儿阶段就像是迷上了音乐）。在开始练习钢琴后不久，他自己学会了乐谱里的好几首乐曲。因为他听约翰弹过，还无数次听我们买的CD。当时我们要在普林斯顿待两年。回到剑桥后，他和约翰去我曾经学习过的国王学院学校就读。一天，理查德放学回家告诉我们他想参加唱诗团的选拔。

上述事情的背景是这样的。一年前，约翰就参加过一次选拔，结果没被选上。第二年，我们去了普林斯顿，他不能再参加了。所以我们计划不给理查德报名。但他征询我们时的神态显露无遗，他知道自己想要什么，并且明白随之而来的后果。主要是他必须住校。开始我们还想当然地认为他不会参加选拔，但一个多星期之后就得知了他被选入的消息。几个月之后，他进入唱诗团。两年之后，他成为一名正式团员，而我则再次与国王学院结下不解之缘——这次是以家长的身份。我甚至有机会通过儿子圆了自己40多年来的梦想。那是在2007年，理查德获选担任《在大卫城中》的独唱。

我承认，理查德明白他决定加入唱诗团所要承担的后果，可当时没人能知道这个决定会怎样改变他的一生。在伊顿继续学习风琴期间，他当上了风琴手，水平提高得非常快。他还被伊顿授予了音乐奖学金。约翰比他早上两年的学，但只获得了教育奖学金和音乐鼓励奖，几乎完全走上了我的老路。今年夏天，理查德在北爱尔兰荣获了一个国际奖项。不久之前，他还获得了国王学院颁发的风琴奖学金。他将在那里学习音乐。由此可见，他注定会朝着音乐的方向发展。这让我感到即使自己没有成为音乐家，也至少可以说我成功地将火种传给了下一代。我在这方面抓住了一个有利因素，那就是理查德识谱能力超群，远远超越了我所能及的水平，感觉简直就是奇迹。也许是我不太正常吧，因为父母的识谱能力都比我的好。我曾希望把自己的识谱能力提高到足以胜任伴奏的水平，可始终没能实现。在这一点上，约翰倒是更像我。他目前正在剑桥主攻数学，同时享受丰富的音乐生活——他加入了冈维尔与凯斯学院大学生唱诗班。此外，他还弹钢琴，偶尔担任指挥。约翰和理查德都喜欢作曲。

十六岁的女儿玛德琳现在还上钢琴课，而老师不再是史蒂芬·鲍威尔了。她弹得不错，本来还可以提高，但她没有把心思放在钢琴上。铃木教学法对她不太适合。结果她和我一样，识谱能力远远落后于演奏能力。最近我开始让五岁的儿子奥克塔夫学习钢琴。由于无法再次面对铃木法的严格要求，所以我找来一位传统音乐老师教他钢琴，尤其是从一开始就练习识谱。现在看来，他的听力不如理查德的好，可到目前为止，他喜欢上钢琴课，甚至喜欢跟我练琴（时间不长，但比较固定）。我认为他从数学的角度喜欢钢琴——喜欢学音符、了解音乐标记、留意音阶的指法规律等。小女儿艾丝特快三岁了。她在很小的时候就显露出像理查德那种对音乐的兴趣。这种情况和“老二现象”会产生什么样的结果，拭目以待。

教过数学的人都知道，教学内容影响着学生对数学的认识，至于怎样影响，则并不总是能轻易解释清楚的。虽然我不是钢琴老师，但我作为家长监督员的角色和老师有几分相似（尤其在我监督奥克塔夫练琴时，受铃木法的影响，没有完全按老师的要求做），同时也以相似且难以形容的方式影响了我对音乐的看法。截止本文撰写时，当半个音乐老师是我主要的音乐活动。

结语

在《一个数学家的辩白》一书中，哈代写了以下令人泄气的话：（考虑到成书的年代，我们也许可以原谅他没有想到女性也能成为真正的数学家。）

> 如果一个男人在任何方面都是一位真正的数学家，那么他在数学上取得的成功，极有可能远远超过他所能做的其他任何事。如果他放弃发挥这项专长的任何良机，转而进入其他领域从事碌碌无为的工作，他也极有可能办了件傻事。

最终，我听取了哈代的建议，但这当然不是说我赞同他的观点。我倾向于一个几乎完全相反的观点：如果某人是一位真正的数学家，那么他（她）很有可能会把其他很多事情做好，并且应该认真对待这些事情。我反对哈代的观点，部分原因是它威胁到了我的幻想。我想象着自己原本能够过上音乐家的不同人生，就算现在开始也不晚。（现在当一名演奏家太晚了，可我从来也没有过这样的念头。不过，我依旧希望自己能创作出一首成功的音乐作品，或者对音乐理论做出实质性的贡献。）

我把这篇文章的题目定为“音乐——未曾选择的人生之路”。这好像是说在人生的某个时刻，我来到一个岔路口。我选择了数学，而不是音乐。然而，事实根本不是这样。在深入攻读博士之前，数学和音乐我都大量接触过，可我的“选择”早就已经确定了。要成为一位音乐家，不论在器乐还是在作曲方面，都必须多加练习才行，而我却在扫清各种障碍，确保自己留在数学领域。从那以后（包括现在）我过上了一种理想的生活，一个热爱音乐的数学家的生活。就此而言，我做出了一个正确的选择。

威廉·蒂莫西·高尔斯爵士（Sir William Timothy Gowers），英国数学家，皇家学会院士，生于1963年11月20日，现任剑桥大学纯粹数学与数学统计系皇家学会研究教授、剑桥大学鲍尔讲座教授和三一学院院士。

1996年荣获欧洲数学学会奖；1998年凭借泛函分析和组合数学的研究荣获菲尔兹奖；1999年入选皇家学会院士；2012年因对数学的杰出贡献被皇室授予爵士头衔。

安德鲁与詹妮弗·格兰维尔，迈克·斯宾塞

数学剧诞生记

2009年，我们（格兰维尔姐弟）以整数和排列的结构为类比对象，完成了剧本《数学现场调查：整数和排列的解剖》（*Mathematical Science Investigation: The anatomy of integers and permutations*）的创作。在此之后，该剧首先在普林斯顿高等研究院以"舞台朗读"的形式由专业演员表演，后于2011年在伯克利数学科学研究所（MSRI）上演，2012年亮相加拿大数学会在蒙特利尔举办的年度大会。

该剧本尝试以戏剧故事为背景描述某些数学研究成果，并说明数学研究的过程。剧本中包含的细节，通常对说明文体而言过于专业，而改用隐喻手法加以解释。我们的目标是扩大数学表述的普通受众范围。

我们请来知名实验舞台设计师迈克·斯宾塞帮助我们实现剧本的舞台化朗读效果，以便在视觉上增强这些象征性的表现手法。与此同时，我们与音乐人罗伯特·施耐德（Robert Schneider）合作，针对一个场景创作了一段以数学为主题的乐曲。目前，该剧本正由艺术家罗伯特·路易斯（Robert Lewis）改编成一部漫画小说。

在开发上述项目的过程中，我们建立了不同寻常的合作关系，希望通过本文简要介绍从中遇到的挑战和问题。

表述的通俗化（安德鲁·格兰维尔）

数学运用丰富的语言建立精确的定义，使大多数不谙其微妙关系的人望而却步。数学的“大众化”有多种形式，但根本上全都陷入同一种困境：学术程度过高会损害读者的兴趣，学术程度过低又无法很好地表现材料。由此看来，我们还能不能扩大高等数学的受众群体呢?

面向广大读者的书籍和文章通常走的大众化路线，也许可以被称为“数学游览”。虽然这些文字传达了数学知识，论述了著名成果和猜想，也许还会三言两语地提及不同的课题主旨，但数学本身从未被深入探索。读者仅仅来到数学的大门前，接受肤浅的宣传。

数学家传记或旨在讨论重要话题（如近期的科学突破）的著作通常以短小的篇幅、适中的严谨性力图说明几个关键概念，然后可能还会运用一些现实中巧妙的类比来形容数学问题真正的关键点，但读者完全体会不到证明的那种韵味（数学家成果的核心即在于此），也无法感受数学家的成功历程。在电影和电视剧中，数学家有时被编入电影剧本，主要是由于他们（在世人眼中）古怪的性格，要么被设为次要角色（如《侏罗纪公园》中的杰夫·高布伦（Jeff Goldblum）所饰科学家），要么充当电影里的焦点人物（如《心灵捕手》和《证明我爱你》中的主要角色）。可这些影片中却极少包含真正的数学，只是加入了一些晦涩难懂的词句，让人物对话听起来煞有介事而已。近年有些电视剧，如《犯罪现场调查》和《数字追凶》，增加了一点数学知识（还有其他科学知识），但一般也只是选取那些最符合相关剧情需要的基本数理概念。也许真的能为现实世界所用的深层数学思想，编剧则不愿意加以利用。（不深入大量细节，又该如何向目标观众解释清楚那些思想呢？）

我写过不少深受欢迎的“科普”文章，但没有触及那些不是早就致力于数学研究的读者。因此，我一直希望扩大读者群。近来计划写一篇评论，想用一种非传统的方式展现出来，使受众群体更加多样化。我希望评论的数学思想涉及整数和排列这两个数学核心对象的重要构成，并介绍它们在很多方面都显现出相似结构这一令人惊讶的事实——它们的结构十分相似，几乎一模一样。这让我想起《犯罪现场调查》中的一集剧情：两个长相不同的人被证实是双胞胎。尸体解剖揭开了这一关键证据……为何不通过“解剖”整数和排列揭示类似结果呢？我的想法如下：通过隐喻的手法展现相关数学理论。试着写一个犯罪故事，设计人物角色，但从数学的角度讨论破案线索，同时保持故事大众化的特色。

这种展现数学的方式，其他人也一定想到过，可极少有人尝试。我能找到的大多数实验作品不但没有成为好看的故事，而且在数学方面也索然无味。不难看出此类创作面临的难题。例如，如果整个故事采用隐喻手法编写，那么各个相关喻体必须具有足够的力度，才能真正激发有趣的数学思想，同时催生故事主线的某些重要方面。

认真严肃的数学家并不喜欢使用新词汇，尤其是那些不精确的多义词，但如果要把难以理解的数学理论介绍给专业知识背景有限的观众，那么就很难不这么做了。因此，在创作《数学现场调查：整数和排列的解剖》之初，我们决定梳理不同数学对象的“解剖”结果——用“解剖”这个词还不错，然后在描述整数的质因数分解和排列的循环分解时使用“组成部分”一词，就像“生物的DNA”一样。当我们研究“典型”整数的质因数分布和“典型”排列中循环节的分布时，那个有关数学的故事便诞生了。结果让人感到颇为意外：不同的分布函数中有很多是相同的。由此可见，整数和排列“有相同的DNA”，因而是“双胞胎”。至此，真的是比喻到极致了。但是怎样才能把分布函数向大众读者说清楚呢？有些分布函数对数学家而言都十分复杂。不过，我们至少可以说明相关分布有何特点，以及发现的分布是在意料之中还是在意料之外。

然而，如何才能描述一位纯粹数学研究者的工作呢？他的工作就是阅读高深的论文，修改已有的论文，从而建立一个合适的视角——也许还是一个新的视角呢。如何对这种工作进行充分的戏剧化处理？在《数学现场调查》这部剧中，我们的答案是以电视剧里的犯罪实验室为背景，让数学家变身为调查员，开展一系列的“标准试验”，通过数据分析辨认出分布函数。这当然不是数学家实际的工作状态。一个更加贴切的类比是比较整数和排列的数据——“典型”整数约有$\log\log n$个质因数，而N个字母组合的“典型”排列则约有$\log N$个不相交循环。因此，要对比分布函数，我们确实需要通过把N替换成$\log n$进行“校准”。这在更深层次的数学背景中很容易解释。

我写过百余篇研究论文和20多篇评论，但现在要创作一篇结合数学和虚构情节的文章，我却连一点头绪都没有。我读过的少数此类文章，看上去都写得非常牵强。我的头几次尝试也是如此。我可以构思出一个故事，甚至还能编出情节来，但人物对话部分比我之前想的难写多了。（我们经常评判在电视上看到的情节和对话，可轮到自己写出更好的作品时，为什么就不容易呢？）另一方面，我的姐姐从事了多年的演艺工作，近十年来又把越来越多的精力投向她的第一大爱好——写作。既然她现在从事剧本（和诗歌）创作，那我们为什么不能一起把故事情节编成一部剧，而写成短篇小说呢？些许劝说之后，她便答应试一试。

我们开始着手创建一个想象的世界。和电视剧《犯罪现场调查》一步步揭露证据一样，我们的世界也慢慢展现整数和排列各种相关数学属性（并在它们之间进行对比）。合作之初，主要问题是能否在保持数学家严谨态度的同时创建一条能持续吸引观众注意力的故事主线（富有寓意）。据我所知，艾德温·阿伯特（Edwin Abbott）于1888年创作的剧本《平面国》试图用隐喻的手法解释维度的概念（也是对当时社会的一种巧妙的嘲讽）。除此之外，再也没有人进行尝试了。我们不久便认识到数学文体和文学创作极少相互融合的原因。毕竟，这两种叙事已经发展出适合自身特点的文风，方向完全相反，令作者无所适从。

我希望真正阐述上述数学概念，可如何避免让故事成为数学华而不实的信息载体？如何创作出一个能抓住观众兴趣的故事？我和姐姐很快达成一致，以数学史上的大人物为基础设计剧中的角色，参照他们的个人历史（经过适当的现代化处理）作为剧中人物的“前传”。幸运的是，数学史不乏有趣的人物及其古里古怪、扣人心弦的故事——想想卡尔·弗里德里希·高斯（Karl Friedrich Gauss）、索菲·热尔曼（Sophie Germain）、约翰·冯·纽曼（John von Neumann）、亚历山大·格罗滕迪克（Alexander Grothendieck）、塞尔日·兰（Serge Lang），甚至包括尼古拉·布尔巴基公爵（Count Nicolas Bourbaki）。他们的人生经历给我们提供了一个创建剧中虚构人物的绝佳起点。

作为戏剧化的前提，我们需要设计一个故事，需要有好人和坏人。我们决定套用经典的侦探模式——从福尔摩斯的对话中汲取灵感，广泛搜寻剧中的侦探原型，从雷蒙·钱德勒（Raymond Chandler）的作品一直找到克伦伯（Colombo）（应为Columbo，即《神探可伦坡》，译者注。），还参考了近代犯罪实验室剧和恶搞电影。“整数”和“排列”的代表是两位表面看似不同（可正如我们所知，解剖结果却十分相近）、被残忍杀害（以符合剧本类型要求）的对象。就如同阿诺德·施瓦辛格和丹尼·德维托（Danny DeVito）饰演的差异巨大的双胞胎一样，所以在我们的剧中，一位死者叫“阿尼·整数”，另一位叫“黛西·排列”。几位法医侦探将分析遇害者的解剖结果，寻找“罪犯”。在詹妮弗按犯罪电影的类型一步步设计剧情主题时，数学史上的真人真事很容易地改编到剧中，推动剧情的发展。重要的是，在创作的过程中，我们毫不迟疑，勇往直前，远远飞越现实的边界——这是一个隐喻的世界，因此任何有效的超现实素材都用得上。我们的目的是创作一个留住观众、较为准确地阐述相关数学概念的故事。细看故事，难免会发现矛盾之处（但很多知名电影的情节也经不起推敲），可故事的目标仅仅是成为相关数理知识的娱乐性载体。

数学研究的写作之风颇具自我欺骗性。在一篇研究论文中，作者应该给出清晰的定义，较为严谨地论述所采用的老研究成果，并配以完整的参考文献，然后以一种精准缜密且合乎逻辑的方式作出推论。据此断定，读者应该能够理解作者在文中解释的概念。凡是认认真真试着读过一本枯燥（但专业上正确无误）的教材的人都知道这是极为天真的幻想。对于刚入行的新人而言，大多数的专著要求他们耐得住乏味，尤其在锻炼出提取文本信息所需的各项技能之前，更是如此。诚然，这样的现状部分解释了专著为何“有人写，没人看”的原因。因此，比起读一篇认真撰写但枯燥乏味的评论，自己从思想的暗示中推敲出一些东西，倒更容易。这种文风在很大程度上被带入数学评论写作中。数学是建立在漫长的逻辑推论过程之上的建筑。我们不喜欢那些侵害其他多数学科漫无边际的论述和猜测（虽然那些漫无边际的论述和猜测也引发了相关学科最为惊人的发展）。这是上述文风必不可少的部分。写评论时，没有理由将它束之高阁，而这让评论的写作难上加难。除此之外，还有这样一种期待，希望评论的所有内容都能依照上下文被理解（至少在研读完参考文献后）；希望文章不留遗漏；希望每一个项目要么得到了解决，要么被确定为值得日后研究的课题。相比之下，剧本写作的文风又是怎样的呢？

首先，根据“真实事件”改编的电影或电视剧必须具有娱乐性。达到这一目标有多种途径。对我们而言，最为相关的途径是努力引发观众对影片主题的兴趣。然而，影视界广泛认为，太过真实的故事包含许多构成现实的细节，极少能吸引观众。因此，我们在剧中做不到精准无误，也无法对每一个陈述的事实加以证明，甚至都不能把故事讲完。我们不得不接受这样的现实。在我们看来，所有的这些问题都是在数学文体和戏剧文体之间做出权衡的问题。是的，我们的剧本比大多数电视剧更加注重事实——即使它无法涵盖每一个细节。另一方面，就算写一篇科学文章，也要对内容进行筛选。因此，我们果断选择哪些事实需要揭露，哪些无须提及。

至于如何展现深刻的数学思想而不会让观众感到乏味，这个问题要难得多。我发现早期的《犯罪现场调查》中有些小片段因涉及科学细节而难以理解。不过，这部电视剧仍创下了很高的收视率，因为里面的剧情引人入胜，并且观众期待看到这些科学知识是否有助于破案——不论他们是否完全理解了科学知识。剧中人物通过这些科学对话制定他们随着剧情的发展将要走的路线。观众因而知晓了各个人物的来龙去脉，这比了解对话的细节更为重要。所以说《犯罪现场调查》为我们指明了一条可能的道路——不必担心有些观众看不懂细节部分。他们看剧主要是为了娱乐自己，而不是获取知识，因此可以接受较为枯燥、不太好理解的片段——只要那些片段成功刻画了人物，并推动剧情的发展。

在接下来修改剧本的过程中，我们彻底改变了阐述冗长数学理论的方式。一个想法是让一名记者寻求相关阐述。记者在剧中本来就应该成为观众的代言人。作为一名数学工作者，我用这种方式传达非常基本的数学理论，感觉更舒服。我们缩短了一些数学阐述。更为重要的是，让剧中人物给出答案，对于故事来说是不可缺少的环节。大多数的理论被解释了两次，一次是当它们被发现时，第二次是临近结案，在警局的集合厅“快速回放”案情时。

在推进项目的过程中，我突然意识到我们的这部剧还能触及数学界的社会问题。数学家之间的合作极少被准确地再现，尤其是在互帮互助的氛围中相互欣赏与同事、学生合作取得的研究成果。另一个问题是信心，讨论信心是怎样加大成功的概率，又是怎样孕育更高的成就。从事数学研究的女性人数在慢慢上升，但仍有不足——为何不把剧中的主要人物设计成一位年轻的女性呢？她起步慢，跟在一位更加上进的男同学身后，但她以自己的方式进步着，一路上不断受到鼓舞，最后终于取得了案件的关键性突破。在剧本的初稿中，这位女同学长得“太美了，不适合在解剖尸体的班上学习”。但在漫画小说中，她变成了一位“普通女孩”，身穿朋克装，以此来弥补信心的缺乏。

作为一名数学工作者，我通过解决问题不断增强自己的理解力。然而，我在数学领域里的成长恰逢格罗森迪克式抽象影响的高峰。格氏理论认为增强理解力的办法是建造抽象结构，而不是开发亲手实践的范例。他的追随者瞧不起我做的这种工作，尤其是在我职业生涯的早期阶段。于是，我们就有了一个真正的反面角色——高高在上的数学建构研究者，以盛气凌人的态度对待解决问题的调查者。这给我们提供了一个强调该问题的载体。

《数学现场调查》的初稿经过了其他喜欢从事数学评论写作的数学家审阅，并依照他们的建议进行了修改。然后我们想请专业演员在数学家观众的面前朗读剧本，看看效果如何。当时我是普林斯顿高等研究院2009年秋季学期的访问学者，该院同意让我们在沃尔芬森大厅举办演出。

针对此次演出，我们需要运用一些视觉语言。坐着听完如此这般抽象材料的朗读，并不容易，尤其是数学家都习惯了以视觉方式呈现的数学讲座（通过黑板或投影仪）。考虑到富含寓意的表演，我们请来一位实验戏剧表演设计的专家帮忙——伦敦中央圣马丁艺术与设计学院表演设计与实践课程总监迈克·斯宾塞给剧本带来了全然不同的视野。他建议用纸做的尸体代表数学研究——通过这种办法，解剖就真的能揭露相关数学概念了。本文第三个部分设置了问答环节，请他就这种材料的使用谈谈自己的想法。

罗伯特·施耐德是“立体声苹果”乐队的领衔歌手和作曲人，我们初次见面时，他是一位业余数学爱好者，目前在埃默里大学攻读博士学位。他为《数学现场调查》写了一首原创主题曲，并与单簧管手兼数学家亚历克斯·康托洛维奇（Alex Kontorovich）和大提琴手海瑟·麦金托什（Heather McIntosh）一起在首演现场进行演奏。在主题曲中，这些乐器演奏四个不同的节拍——1/2、1/3、1/5和1/7拍——全都是素数。跳过的节拍有1/11、1/13……正是十和五十之间的素数，由此形成了《埃拉托斯特尼筛法》（*the Sieve of Eratosthenes*）令人惶恐不安的旋律。

六名来自纽约的演员朗读了剧本。他们只提前准备了一天。面对那么多的专业术语，那么多拗口的名称，他们朗读得十分出色，听上去就像他们知道在说什么似的。他们对自己所读到的知识表现得非常自信，其中几个人竟然在演出结束后问我怎么在如此短的时间里教会他们这么多的数学知识！剧本读得好，好像也就理解了各个层面的内容，这一点很有趣。

之后在2011年4月和2012年12月又分别在伯克利数学科学研究所和蒙特利尔举办了两次朗读活动。核心制作团队没有变动，只是聘用了当地的演员。每次演出都是新的挑战，尤其对设计师迈克·斯宾塞来说更是如此。

我们一直感到纠结的问题是不知道能否期望观众理解剧中所有内容。观看朗读表演的非数学专业人士没有表示不满，其中有几人还说这部剧让他们更多地领略了一个陌生的世界（包括几位数学家的爱人！）。然而，剧本采用非传统的形式阐述高等数学，数学专业人士却似乎更难接受。他们期望在“公开课”上了解相关数学知识——虽然他们已经习惯了在听课时阅读幻灯片上的方程以加强理解。另一方面，大多数观众看过不少的电视和电影，明白观众遇到不太明了的情节时只能接受，希望能在后面得到答案。两种不同文体的相互融合扰乱了人们的期望。在创作剧本期间，我们接受了这个可能会出现的后果，可没有料到它会妨碍观众欣赏该剧。因此，后来在介绍剧本朗读活动时，我先向观众承认《犯罪现场调查》中有一集连自己都无法理解——完全没看懂，但这并没有妨碍我欣赏该剧集。同时我建议观众也可以用这样的心态去对待《数学现场调查》的朗读。这似乎起到了一定的作用。

数学剧的创作：姐弟俩的合作（詹妮弗·格兰维尔）

我是5英尺4英寸的小个头；弟弟安德鲁比我小8岁，身高6英尺，有着一副宽宽的肩膀。小时候，我最想做的是穿上漂亮的衣服，为父母、祖父母和邻居演戏。弟弟最想做的是玩算数游戏、踢足球以及关注报纸上的体坛风云。永远都不会有人想到我们是同父同母的姐弟。

我成为一名演员、编剧和制片人，而安德鲁则成了一位著名的数学家。对于这件事，家里人一点都不感到惊奇——毕竟，我属于艺术，而他属于科学。

长大成人后，弟弟可以和我探讨我的想法，评论我的剧本，观看我的演出，在活跃而富有创造力的气氛中相互争论，但我却无法进入弟弟的数论世界。我从来都不能和他探讨他的问题，理解他的方法，也无法分享他的成功。四十多年来，科学和艺术之间的鸿沟一直在决定着我和弟弟的关系。我们相互敬佩对方的才能，却从来都明白："两者注定要分离"[①]。

直到有一天，安德鲁请我帮他把一篇数学论文改编成电影剧本。一个天真的请求——创作电影剧本就已经相当难了，即使当创作者对主题满怀激情时也不简单，况且对我来说，主题从来都和人相关，还要配上一个我迫不及待想要讲的故事。现在要编一部有关数学概念的电影，而且是我可能永远都无法了解和欣赏的电影。这怎么可能呢？为什么要自找麻烦呢？剧本是用来表演的，而不是用来做学术练习的。

安德鲁锲而不舍。他的想法有个核心元素，即根据他的素数研究、持久的激情以及这两个因素与"整数"和"排列"形成的关系改编的侦探故事……渐渐地，我意识到他和任何一位艺术界的伙伴一样，用的是相同的词——"想法""激情""研究""关系"。他研究的数学问题有开头，有发展，有结

---

① 译者注：摘自鲁德亚德·吉卜林的诗作《中西方民谣》（*The Ballad of East and West*）。

尾，实际上就是一个可以讲述的故事。

我们还有其他想讲的故事。科学探究的现实、费时费力的研究方法、探索发现的过程。这些和大多数影视戏剧作品展现科学家在洗澡时惊叹“有了！”的情形完全相反。浴盆里惊叹“有了！”的时刻所产生的戏剧化效果，远远超过长时间坐在电脑前、在纸上和黑板上写写画画或静静地思考等数学家真实的工作状态——可这些才是现实。因此，除了对数学本身增添戏剧化效果之外，我们还想寻找一个途径，戏剧化展现科学家求解之路的真实境况。

但我们很快就遇到了困难。以语言为例……虽然我和他在描述工作时共用同一种语言，方式也相似，可我们常常对字词有着各自不同的理解。数学家会谈论“解决问题”，但他们不一定是说获得“正确”的答案。他们的意思也许是认识已有的现象或发现某种原理，而不是确定某个具体的解决办法。这让我想起了米开朗基罗曾说他“在大理石中看见天使的存在，只有通过雕刻才能让它获得解放”，还有诗人珍妮特·格思里（Janet Guthrie）说诗歌“常常像是在我无法触及的远处飘荡，除非我努力把它们拽到手里；它们在我身边跳跃着，但又常常飘散开来……”。

我和弟弟之间的探讨让我的眼前浮现出这样的景象：身为数学家的安德鲁从事着类似于侦探的工作。这种想象成为我们把数理问题和答案转变成戏剧至关重要的突破口。侦探、调查、发现。所有这些元素构成我和安德鲁最喜欢的一个影视类型。他喜欢福尔摩斯，我喜欢派翠西亚·康薇尔（Patricia Cornwell）——我们俩都喜欢看《犯罪现场调查》和《全民目击》。法医调查、科学调查，异名同实。或许我们可以创建一个新的天地，其中数学家变成法医调查员，像康薇尔笔下的凯·斯卡佩塔那样解决问题——办法是参考经典侦探故事，相信直觉，勤奋工作，关注细节，还要靠经验和运气。

在任何故事中，作者面临的首要挑战是建立故事发生的大环境。我们身处何方？身在何时？观众相信剧情，首先必须相信发生剧情的这个大环境。不论情节有多离谱，只要大环境具有说服力，并遵循作者制定的规则，观众便会暂时收起心中的疑虑，跟着故事走。于是，在詹姆斯·邦德生活的世界，一群坏人在过去的50年里都在密谋占领地球的计划。哈利波特从国王十字车站的9 3/4站台出发。还有踏遍中土世界的佛罗多和甘道夫，令全球数百万读者和影迷欢欣雀跃。他们走进这些纯粹的幻想世界，喜欢并珍爱着其中发生的故事。

我们决定把大环境建立在我们十分喜爱的警察办案作品上。根据安德鲁的想法，他研究的数学两大领域——整数和排列——可以被拟人化。他编写的数学成果（或者叫证明）显示（就是很多页我完全看不懂的数学内容），虽然整数从表面上看和排列大为不同，但通过仔细分析，经过各种不同的计算和研究，就会发现它们在素数和循环结构方面——相当于DNA——十分相近。他提议我们把整数和排列想象成两个被害人，外表看似十分不同，但经过病理学法医检查之后便可发现他们实际上是双胞胎。我们将创建一个《犯罪现场调查》的翻本，只是把名字换成了《数学现场调查：整数和排列的解剖》。

故事初见雏形——情节有了，死尸也有了。现在需要的是活着的人物、男主角和女主角、一位或多位反面人物以及笑点。我们的创作只剩下最后一个亟待解决的部分了，即创建角色，以推动情节发展，使之活起来。多年来，数学家那些引人入胜的生平故事是我唯一能欣赏的数学层面，其中有安德鲁最喜欢和不太喜欢的数学家——卡尔·弗里德里希·高斯、约翰·冯·纽曼、索菲·热尔曼、塞尔日·兰、亚历山大·格罗滕迪克、尼古拉·布尔巴基。我决定改编他们的生活经历、姓名、性格特点及研究成果，注入我们的剧本。

对我和安德鲁来说，另一个重要元素是反映数学界缺乏女性代表这一问题——这是从古至今一直存在的问题。毫无疑问，我们的主角必须是一位女性。艾米·热尔曼妮就这样诞生了——介于艾米·诺特（Emmy Noether）和索菲·热尔曼之间的人物，是一位女汉子，渴望成为一名懂数学的病理学法医，在男人统领的数学世界里奋力拼搏，争得一席之地。

高斯是弟弟的楷模、偶像和灵感之源，因此我们男主角必定以他命名，并体现学识、才智、（无论在数学上还是在身体上）风雅及性感——这点对任何电影剧本而言都十分重要。我们决定把高斯刻画成《数学现场调查》世界中的福尔摩斯。厌世嫉俗的探员遇到最难的案件，会找他答疑解惑。按照文学创作的标准，角色开始独当一面时，便会提出要求。很明显，愤世嫉俗的探员要求成为主要角色之一。就这样，“冯纽曼探员”便诞生了。最终他通过传统精湛的刑侦工作揭开了谜团，而“高斯教授”则引导艾米去揭露“元凶”背后的秘密，去思考“为什么”，而不仅仅问“是谁干的”“怎么干的”。

当我们以纯亚里士多德的方式深入探究角色动机时，故事情节便推进人物动作，而人物动作反过来又塑造了故事情节。在我们抓住主题思想，开始一层层雕琢后，新的构思不断涌现——从发现受害者大脑中存留一模一样的音乐并运用现代法医技术将其提取，到纪录片摄制组谋划跟踪伟大的高斯教授，并安插一个普通人物，经常向该人解释问题，借此让观众了解相关计算和发现。

我们继续编写和完善剧本，得意地发挥着愈发古怪和新潮的想象。像“排列”这样的数学概念变成了学生玩的一种桌球游戏，而“随机”则变成了一场高速公路飙车的好戏。我们也在寻找利用“有限域”等词汇丰富的内涵，从而创建自然景观。

一路走来，我们克服了混合两种不同叙事所带来的多种挑战。剧本写作采用专业的软件程序，遵照严格的格式。这样既节约了时间，又体现出一种便于阅读和制片的专业风格。相关软件至少支持14种语言——可没有一种语言支持编写如下对话：

“排列家族中的一个典型成员有约log N个轮换，所以我们需要分析约log N个数：$log\ d_1 \leq \cdots \leq log\ d_1$，其中每一个都在0和log N之间。注意两个连续的log d_j之间的平均间隔约为1。那么log d_j数是怎么分布的呢？我们的调查小组已经进行了各项测试，发现它们看起来像是一个泊松点过程。换句话说，随机选取长为λ的区间，其包含恰好k个log d_j值的可能性大约是$e^{-\lambda}\lambda^k/k$！”

为了便于合作，我们不得不发明出一整套来来回回传送剧本的新方法，把大量的功夫用在了烦人的剪切、粘贴和扫描上。

最后，那个美妙的日子到来了。那天，我们完成了终稿，感觉剧本已经接近我们想要实现的计划了。我们构建起了剧情，创造出推动情节发展的角色，充实开端、中间过程和结尾，讲述了一个有关科学发现的故事。整数和排列的调查也已完成，并且有自身的合理性。我认为这将是一次试验的结束。这次试验拉近了我和弟弟之间的距离，而且还给我们提供了一个独特的机会去洞察各自富有创造力的领域。那种看起来不再遥不可及的创造力。

关于剧本以后的命运，我想不过是以附件的形式偶然出现在某个数学期刊选登的《整数和排列解剖》这篇名副其实的学术论文中。不久之后，我们竟然受邀在高等研究院举办剧本的试演朗读活动。剧本将不再是一个纯学术性的演练，一番空想，一次消遣——它果真要获得真正的戏剧生命了。我们将要知道观众对人物有何反映，剧情是否扣人心弦，案情是否扑朔迷离，批评的声音能否让人拍手叫好。

出场演员安排就位，工作人员准备就绪——其中迈克·斯宾塞担任艺术指导，罗伯特·施耐德担任作曲兼乐手。聆听剧本总能带来新的感受，这个剧本也不例外。剧本创作就是为了让人诵读，当然不是作为文学作品诵读，但这个剧本的情况不太一样。我从来都没有指望有人会拿它来表演。它从学术演练中诞生，而如今摇身一变，被带入了表演的世界。许多人物对话都要修改，以便能讲出来——而与此同时我们还必须保持数学的严谨性。演员不是数学家，难以适应学术语言，而大多数相关概念和思想不可能在一天的排练时间里用三言两语解释清楚。幸好他们都是专业的演员，同样具备融会贯通的创新能力，以充沛的精力和欣赏的态度迎接挑战。

出场表演时，演员看上去如此专业，让我们大为吃惊——包括菲尔兹奖和诺贝尔奖获得者在内的观众没有质疑演员的表演，也丝毫不怀疑他们是否真正理解了对话内容。我舒了一口气，感叹顺利地完成了我们给自己制定的任务，又一次认为我们已经把这部与众不同、混合多种元素的癫狂之作发挥到了极致。又一次，我错了。演出结束后第二天，我们与普林斯顿大学的一位高级编辑共进午餐。他提出一个诱人的建议——问我们是否想把剧本改编成一部漫画小说出版？我们毫不犹豫地同意了，认为这将是开发我们这个故事的一种好办法。

就这样，我们再次踏上发现之旅，和他人一道探索另一种艺术形式。到目前为止，我在这段旅程中学到了很多东西——什么是整数和排列，什么是素数和循环、高斯的重要价值以及冯·纽曼所取得的成就。同时我也认识到，与戏剧表演、剧本创作、大理石雕刻或诗歌创作相比，基础数学的发现及其内在之美所蕴含的创造力毫不逊色。

数学剧的“舞台设计”：数学视觉象征的创建（迈克·斯宾塞访谈）

你是如何接手这个设计任务的？有关剧本的舞台设计，最初有怎样的想法？

我上学时只擅长两门课：艺术和数学。有个笑话说未来我是“画电脑”的。这就很能说明当时文理分化的情况。当今在一些圈子里依然是这样。

回到正题。一个假期，我在法国南部一户人家的游泳池里游泳，身边有个好友，是我曾经合作过的作家兼学者（不是她家的游泳池）。她游过来对我说：“我和弟弟写了一部有关数论的剧本。你能看看，说说你的想法吗？”“当然，”我嘴上答道，其实不太明白什么是数论。不过，当她（詹妮弗·格兰维尔）提醒我说她的弟弟（安德鲁·格兰维尔）是北美顶尖的数学家时，我搬出了自己“画电脑”的本事，心想自己干大事的机会也许到了。

看过剧本之后，我对自己产生了几分怀疑。我觉得剧本很有趣，可我不是一个真正的电影设计师，不喜欢自然主义、到处找合适的地点等等这些东西——我喜欢现场体验。另外，剧本里的数学知识我根本看不懂，是本科级别呢？还是研究生级别？或者是博士级别？我不知道。我数学只学到了18岁，连剧本标题里的术语——“整数和排列解剖”——都看不懂。然后珍妮[①]告诉我说普林斯顿大学想在他们的报告厅举办一场剧本的预演朗读活动。我们也许能组织这次演出活动？我又读了一遍剧本，这次是一个现场的环境，所以脑中闪现出了一些想法。

剧本朗读对我来说是比较枯燥的事，通常是演员坐在空荡荡的舞台上读剧本。我感兴趣的是观众或听众的视觉体验。以下是戏剧的矛盾之一：“audience”和“spectator”这两个词可以互换，都是指同一对象，但前者字面意思是（在礼堂）“听”，后者意指看的动作，地点是在“戏剧院”，而“戏剧院”这个词本身源自希腊语“Theatron”，意为“观看的场所”。我想不出在这个意义上朗读活动为何不可以是一场戏。因此，这就成了我最主要的目标。

除此之外，我还想如果能找到视觉化表现复杂数学理论的手段，也许就可以办成两件事。一是为现场观众增强朗读活动的娱乐性——“现场”之美就是那种“当时当地”的感受。我想利用观众对相关数学概念的理解，寻找视觉上的对等物，让他们看得见，并作为某种游戏去欣赏——同时聆听朗读。另外，我还希望这些“视觉对等物”能解释并简化至少在我看来是比较复杂的数学概念。我可不是在说自己已经实现了这些目标。这得让观众来评判——成功是

① 译者注：“珍妮”是“詹妮弗”的昵称。

不可定义的，这是戏剧另一个恼人但自由的层面。恼人的是即便你感觉演出获得了成功，你实现了所有的个人目标，你也不知道那些看过演出的人是怎么想的。然后就是个人理解的问题。如果某人喜爱剧本的原因完全不同于你的创作初衷，这算成功还是失败呢？最终，这意味着自由。不管怎么样，设计师、编剧、导演、演员等人可以自由地跟着感觉走。或许这个方面有艺术家和科学家共享的东西。

您最初有哪些设计构想？

《数学现场调查》是一个奇异独特的剧本，混合了多种元素：一部分模仿电视剧，一部分设置犯罪谜案，一部分讲解数学知识，一部分戏说历史。它不属于任何类别。对我来说，现场朗读活动也应该是这样。我把活动定为一次讲故事观演暨讲座。最初，某些视觉设计方略似乎是显而易见的——我前面提到过，剧本部分效仿了电视剧《犯罪现场调查》中的情节，剧名由此而来。这就是说剧本设有定型角色：不屈不挠的警察、性格古怪的教授、无所畏惧的学生等，因此就形成了一种可以利用的视觉语言。不过，直接采用这种视觉语言有两大难题。一是上面讨论的剧本特殊形式——它不仅仅是戏仿。二是我的预算不足，无法采用这种注重细节的自然派手法。比如你几乎在每一部犯罪电影或电视剧中都能看到的那种法医实验室——墙壁、灯带、铬合金和玻璃配件等，我们就负担不起。我不是以设计师的身份在抱怨。戏剧的目的是激发观众的想象，这一点和电影不同。电影的视觉风格虽能产生期待，但不可避免地属于自然主义，期望观众被动地接受。而且话又说回来，这次是要设计剧本的朗读活动。另外一个我还没提到的重要因素当然是场地问题。

到目前为止，我们已经在三个地方举办了三场演出，没有一次是在传统的剧院。普林斯顿和伯克利的演出被安排在报告厅。舞台很小，缺少灯光效果、高空器材等专业设备——那里是专为举办讲座设计的空间，以视听为主。蒙特利尔的那场演出是在一家酒店的多功能会议厅举办的。这些都不是创造幻象的空间。在那里，台上人员的一举一动，观众看得清清楚楚。当代戏剧或表演界近期的一个动向是“场地特定化”的演出——意思是在一个特定地点进行的演出，如果换了地点，演出也会跟着出现变动。这是我设计《数学现场调查》三处舞台时所采取的策略。下面会再谈到。

你的设计过程是什么——你是如何丰富设计理念的?

刚开始设计时，我就想到了一个关键性的主意，成为三处演出的核心元素。根据初步的想法，在演员朗读剧本时，某人在一旁以图画的形式展现相关数学概念。这些图画就是我前面说的“视觉对等物”。最后在实际的操作过程中，需要两个人来完成——我称之为“操作员”，以便把他们和演员区分开来。他们会表演动作，但不具有角色的身份。我担任了其中一位操作员，部分因为我设计了这种“表演中的表演”，比其他人做起来更容易。也是因为我个人喜欢表演以及团队工作带来的那种激动人心的感觉。设计往往是一种比较孤单的工作，因此我怎能放弃上台参与表演的良机呢?

早先的第二个想法是用一块带轮子的黑板以合适的形态展示数字和图形。我注意到一流的数学家经常在办公室放块黑板，用来表达想法。这种学术界的经典代表及其内容变化的灵活性——粉笔字迹可以被抹掉——对我产生了极大的吸引力。最初，我想非常快速地描绘出剧本里的重要内容。我画几百张图，大多数都没用，可它们会触发一些宝贵的想法，全部体现在终稿里，最后被呈现在舞台上。

然而，采用黑板的想法不符合资金和操作的现实情况，我们不得不就此放弃。可笑的是，普林斯顿大学报告厅的墙上装有多块活动黑板，按一下电钮就能展示给观众看。我们来到报告厅才知道，可那时已经找到了替代办法。数学家不仅仅用黑板表达思想，而且还用简单的笔和纸。白纸成为舞台上“合适”

材料。说它合适，是因为它本身代表了思想和演算，同时也是因为在各种情况下使用它，能让我们建立与剧本平行的视像，而且更能为故事服务。在形式和功能方面，任何表演的设计过程都会产生大量而往往是相互矛盾的事项——在有形对象、形状、颜色和质地中寻找形式和功能、满足讲故事的需要、考虑每部剧独特的操作和经济因素、实现美学和谐和风格等。这是我为什么画这么多图的部分原因。这些都是转瞬即逝的想法。另有“假设”的问题。如果这张图不行，那张也许能行。设计师唯一能做的是坚守计划的核心，心里明白实现它的方法有千万种。如何实现，在设计过程中并不清楚。因此，这些图在本质上等同于研究工作。

在画完图后的三个月里，我们跨越太平洋交换了许多封电子邮件和扫描文件。我提议主要设计材料采用A4大小的纸——很多很多的纸，其中一些纸上写有数字。一摞摞的纸当作尸体、台球桌、城市里的高楼大厦等构成剧中世界的元素。后来时运不佳。普林斯顿大学出台了一项新政策，倡导减少纸张的使用，而我的设计方案无疑要浪费很多纸。可持续性是组织表演的另一项比较合理的要求。事情往往就是这样。尽管A计划简单易行，但最终登上舞台的却是C计划，甚至是D计划。和往常一样，我在想也许D计划实际上和A计划一样好……比方说，可移动的台桌上摆着那两具用纸做的尸体，不仅仅清楚地体现了比喻的本体，而且还有助于解释剧本内容，因为数字可以直接从“尸体”中抽取。假如最初用黑板的想法在经济上获得支持，我也就不会想到这个主意了。

演出场地的变换带来哪些工作?

设计上的变动主要是由于场地的不同造成的，因为每次表演都要“因地制宜”。普林斯顿大学报告厅是一个比较标准的木板房，设有一个低矮的扇形舞台和两个小侧台。侧台装有张力钢丝，横穿整个舞台，可用来固定展现数字、数列、方程等内容的白纸（数量减到了几百张）。利用这些钢丝，我们也发现如何在视觉上表现随机排列的一组数字被比喻成高速公路飙车的场景。

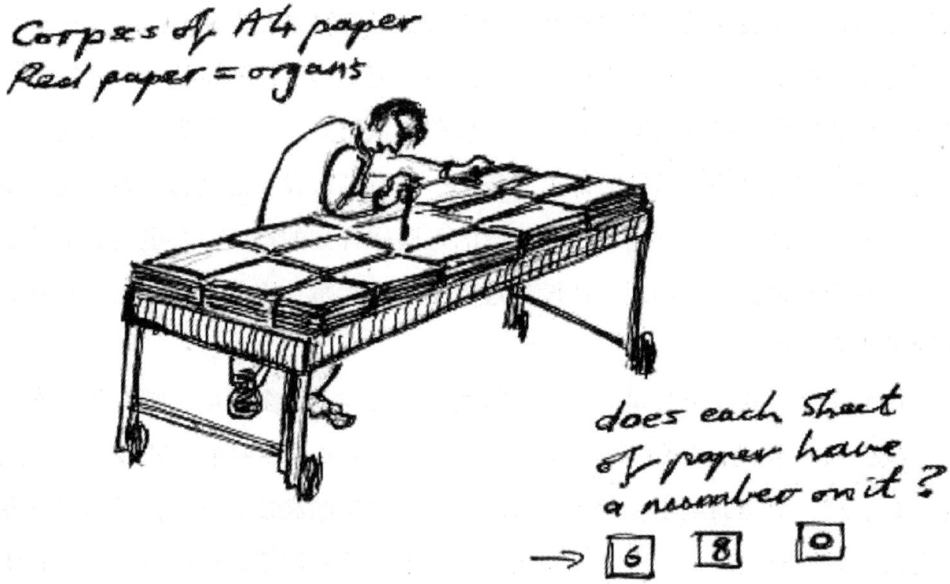

Ellie works pegging up numbers on a line
Langers lecture

Balls are Rolled up A4 paper
Gauss plays snooker

伯克利研究所的表演场地没有侧台，因此也没有钢丝。但这次我们注意采用活动黑板作为表演背景。我们不能再用钢丝绳悬挂稿纸的办法了，而是把一部分的稿纸贴在黑板上，另一部分的内容提前写在黑板上，在展示前先用白纸遮住。这种方式操作起来很复杂，所以我画了更多的技术图来说明操作过程。

由于缺少钢丝，我们在展示“高速公路”场景时不得不另辟蹊径，采用之前将两个活动台面当成汽车的创意。在发挥舞台作用方面，伯克利较为逊色，但我感到设计方案在伯克利的效果更好，因为它更接近剧本传达的精神——更加纯净，多了对剧本的关注，少了以设计为主的考虑。

这里的照片分别拍自普林斯顿和伯克利的演出现场，展现了我们因场地变化而采取的不同策略。

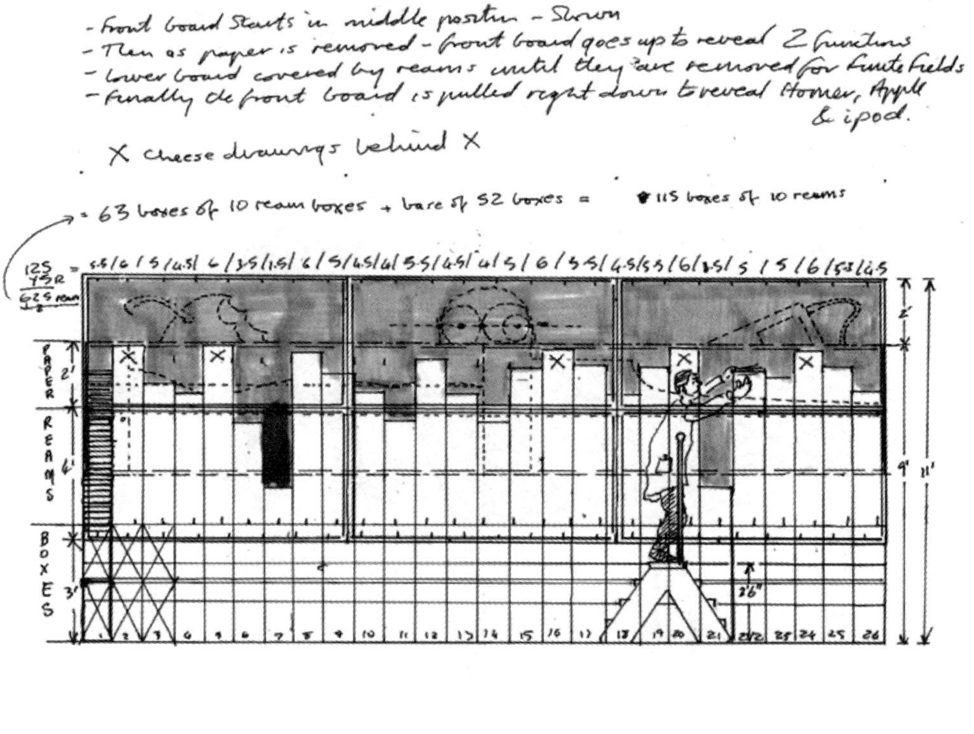

普林斯顿

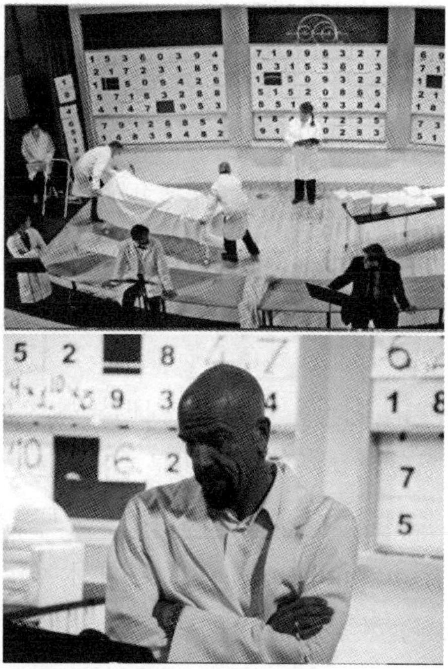

伯克利

您认为自己成功了吗?

这些事很复杂，难以用语言总结。撰写像这样的文章时，人们倾向于从编剧法、配图法、设计美学等角度展现被认为是获得了完满成功的结果。事实是，成功来得有点“随性”。就像我以前做过的大多数设计一样，有些设计元素起到了效果，有些则起不到作用。有些视觉创意明明白白，有些则含混不清。有时表演效果是一边展现剧情，一边传达复杂的数学理论，同时带有强烈的视觉感召力，而有时则不得不做出取舍，结果就不那么令人满意了。还好总体上至少达到了吸引观众的目的。对我来说，此次经历的关注点不在于我的视觉化表演设计，而是数学家观众群体对设计的反响，尤其是对相关创意过程的反响。

从此次经历中，你学到了什么?

在设计的过程中，我问过不少数学家，他们都对我的工作感兴趣，即设计师如何利用文字实现“舞台化”的视觉创意。这是我在本节中希望阐述的部分内容，当然也是我多年来力争回答的一大问题。我采取的策略结合了美学和受空间和剧本支配的语用学，同时挖掘那种我希望能产生吸引力的戏剧感。创意过程固然从观察身边的世界开始——观察人和物、地方、东西移动的方式、形状、颜色、质地……然后你要做的就是寻找联系。在此，我发现了数学的共同点。创意过程也从观察身边的世界开始——数字、序列、规律、形状、韵律……然后还是寻找联系。在这两种情况下，我觉得关键在于努力寻找，发现已经存在的事物。近期离世的美国编舞艺术家莫斯·康宁汉（Merce Cunningham）简单地将艺术家定义为观察事物比其他人更仔细的人。很明显，数学家也一样。

从这部独特的混合剧中，我学到了很多。我帮助创立、设计并参演了这部剧。我接受过剧场设计师教育，如今做到了这一切，证明在剧场设计行业的经历对一系列技能的形成和发展起着促进作用。我经历了现场一位位摆对八位素数的压力，明白如果自己把顺序搞错了，全体观众会忘记故事情节，心想：“那不是素数！”大多数普通观众都不会发现，可这些观众肯定会看出破绽。记忆最深刻的是我见过的所有项目人员都积极拥抱新创意——运用各种戏剧和演出技术来传达甚至是歌颂抽象数学思想。

“画电脑”的未来也许真的会实现。

后记

写完这篇文章之后，我们又在另一个地方举办了第三场表演——加拿大蒙特利尔市伊丽莎白女王酒店的会议厅，作为加拿大数学大会的一项活动（2012年12月）。

这里不是报告厅，而是一个铺着地毯的大厅，用来举办宴会、会议和展示活动。大厅配有讲台，通常是安置在大厅的一端，上面摆有小讲桌，前面放着几排座椅。收到电邮过来的平面图后，我注意到大厅四四方方。这让我放弃了“单向”舞台布局，转而选择被业界称为“双向”的舞台设置。双向是指观众座椅分排相向而设，中间过道即为“舞台”，形似走廊。

针对此次《数学现场调查》的演出，我把讲台布置在走道的一端，安排演员在讲台上朗读。我和珍妮（即“操作员”）在走道上表演。观众一边听演员的“画外音”，一边看操作员表演（操作员也面对观众）。他们也可随意扭头看讲台上的演员。我感觉这种分离的设计比同时看演员和操作员表演更加清爽。操作员的“动作”不仅仅从属于剧本，而且也和剧本形成了对等关系。因此，我觉得这是三场设计中最好的设计方案。此次创新更多的是靠运气和场地空间的灵活运用，而不是因为我有了什么重大的意外发现。

在蒙特利尔表演期间，另一个重要因素也发生了变化，原因是我反思了前面两场设计。我总觉得随着故事的推进，数字间的内部关系渐渐变得清晰起来，文本特征也因此从突然混乱渐渐恢复到有序的状态。这种过程在蒙特利尔被清楚地表现出来，办法是在朗读开始前就向观众展示两个数学元素（整数和排列）遭到“杀害”——相当于一种预演或是莎士比亚戏剧风格的哑剧，体现了即将上演、最终得到解决的问题。在我看来，这是让蒙特利尔演出最为成功的另一个元素——因为视觉元素与文本特征相互平行，文本的主要结构和形态体现在视觉元素中。

安德鲁·格兰维尔（Andrew Granville）现任加拿大蒙特利尔大学数论方向的国家研究首席教授，目前与桑德拉拉扬（Soundararajan）开展的合作研究焦点为解析数论的“虚夸”理解问题。他撰写了百余篇研究论文和十几篇评论，多次荣获研究和写作奖项，其中在2008年以一篇阐述“轻松确定任一整数是不是素数”的文章荣获查文尼特奖。

詹妮弗·格兰维尔（Jennifer Granville）现任利兹贝克特大学北方电影学院院长，曾从事表演、编剧、剧本编辑和制片工作。最初以演员起家，出演英国各地定期推出的剧目，参演《枪眼》（1981年上映，主演马丁·西恩（Martin Sheen）和阿尔伯特·芬尼（Albert Finney））、《肯恩》（1978年上映，主演安东尼·霍普金斯（Anthony Hopkins））等影片，并在BBC电视剧《傲慢与偏见》（1980）中饰演赫斯特夫人。她创作的剧本在大西洋两岸上演，多次赢得剧作比赛奖项。除此之外，她还制作过多部国际上映的剧情片、实验电影及纪录片。她的学术研究重点是非传统合作的理念。她近期出版了《角色选派指南》（*The Casting Handbook*）一书。

迈克·斯宾塞（Michael Spencer）现任伦敦中央圣马丁艺术与设计学院表演设计与实践本科课程的课程总监。该课程继承了剧场设计的独特传统，经过重新编排，以适应不断向外延伸的领域。他在工作中重点关注跨学科实践，并不断努力拓展表演的范围。他是英国剧场设计专业第一位硕士学位获得者。

伊莎贝拉·拉芭

摄影

当时我迷上了基础科学——物理。在那里你可以发挥想象和创造力，就像艺术家一样。如果你抓住机会，事事如愿，那么物理和艺术就没有什么差别了，在知识运用和学者精神方面是相同的。

——大卫·拜恩（David Byrne）（2000年接受蒂莫西·利瑞（Timothy Leary）采访）

数学

我从记事起就以数学为伴。早年，学校认为我有天赋，对我进行速成培养，并送我参加各种数学比赛。15岁进入大学攻读“理论数学”专业；20岁以优异的成绩毕业，完成的毕业论文成为我第一篇发表在学术期刊上的论文，并获得学校的初级学术职位。23岁到多伦多开始读研究生；28岁获得博士学位，从那之后一直从事学术工作近20年。我有幸凭借自己的研究获得学术界一定程度的认可。对于自己荣获的各种奖项和荣誉，我感到自豪。

然而，上述经历会产生怎样的大众印象，我再清楚不过了。数学家自己也推波助澜，树立一位专才（通常是男性）的形象。他专心致志探索定理，将数学置于生活之首位，只是在迫不得已的情况下才不情愿地做出让步。保罗·哈尔莫斯（Paul Halmos）就是一位数学至上派思想的拥护者：

> 怎样才能成为（一位数学家）呢？我想我知道答案：你必须具有天分，必须不断努力追求完美，必须爱数学胜过一切，必须不停地勤奋研究，永不放弃。（……）
>
> 我不是说你要爱数学而不顾家庭、信仰及其他任何事……对数学不留情面的爱人要求你用同样多的时间陪她；作为父母的愧疚感让你在周六下午陪儿子玩投接球，而不是绞尽脑汁解决那个棘手的数学难题——对我们所有人而言，家庭、信仰、金钱、舒适、享乐、荣誉及生活中其他需求，不论是大还是小，在不同程度上都是存在的。我不是说数学家完全忽视所有这一切，也不是说对数学的热爱胜过对其他所有事物的热爱。我说的是，将事物按喜爱程度排列，数学家（这个词的用法正合我意）的最爱一定是数学。我认识大大小小许多数学家，确信他们都符合上述情况。

哈代是另一位拥护者：

> 不可否认，数学能力是一项专业性最强的才能。作为一门学科，数学不以普通的能力或普遍的适应性为特点。如果一个男人在任何方面都是一位真正的数学家，那么他在数学上取得的成功，极有可能远远超过他所能做的其他任何事。如果他放弃发挥这项专长的任何良机，转而进入其他领域从事碌碌无为的工作，他也极有可能办了件傻事。做出这样的牺牲，其合理性只能用经济或年龄因素解释。

（……）一流的数学家放弃数学后又在其他领域取得优异成绩，这样的例子很难找到。

哈代当然还写下了这样一句名言：“数学（……）是小伙子的游戏。”我是女性，而且又快过了哈代认为大有作为的年龄。有人正确无误地指出，这种模式化形象不利于女性的发展。社会期望女性以家庭为重，而不是数学，她们也更有可能经历职业上的推延。我个人的想法不止于此。我觉得“将事物按喜爱程度排列”有太多局限性，失去了实际操作的意义。另外，即便喜爱的事物能按程度合理划分成一个个独立而明确的对象，我也不一定每次都愿意花时间这样做。与其死板地把各种事物按先后顺序排列，我更愿意探究自我身份诸多方面之间的复杂关系和相互依存性，而不是预先想好哪一项会脱颖而出，名列榜首。

数学推理对我来说一直是自然而然的过程。更广泛地看，这种能力不仅仅局限在数学上，而是数学家形成的思维习惯，包括简约型思维、精确表达、高度抽象的能力、在直觉和严密逻辑之间实现平衡的技巧、建立模组及阐明复杂论证的能力。数学塑造并培养特殊的思维方式，为之提供模板，很像是语言的语法结构。现在这种思维方式成为我生命的一部分，以后永远属于我。它常常在幕后待命，不论是我研究数学还是做一件截然不同的事，凡是在必要时，都会出来解囊相助。我把它看成是一种“母语”。

我被自己发现的数学中的艺术创造力所吸引。非专业人士常把数学和计算（也许还有求解）联系起来。然而，数学研究还能建立一个新的世界呢。我把数学比作建筑，但它具有一种扭曲的、《盗梦空间》式的风格。我们建造想象的世界。层层梦境，虽源于现实，但愈发变得抽象。每个空间的内部必须是一致的，但其规则可能会偏离寻常的现实逻辑。例如，一名拓扑学家可能会研究变形的多维空间，很像《盗梦空间》里的那位筑梦师选择巴黎这座城市，使城市空间对折，楼顶相互碰触。运用此般基础架构，遇到无法直接攻破的问题时，我们可能提升几个抽象层次，绕道进入一个新的天地，寻找解决办法或灵感，在一个数学空间里获得对象，然后去另一个空间加以利用，取得理想的结果。

这种架构有其美丽的一面。如果说数学是一门艺术，那也不是被动汲取的艺术。理解数学论文如同根据建筑师的图纸想象一栋建筑。文本和公式只是一幅蓝图，读者必须利用这幅蓝图在自己的脑海中重新构建出作者的虚拟世界。如果她这样做，那么最佳的数学理论就具有和巴黎城对折一样惊人的特点。此番经历既令人激动，又引人着迷。

和哈代的提议相反，我并没有全身心地投入到数学这一职业当中。我的职业道路曾多次面临转变方向的可能；每次重新回到数学的方向，都是由于经济和生活的原因，这恰恰违背了哈代提出的优先顺序。我一直都有其他兴趣和爱好，从未觉得自己缺乏多才多艺的本事而放弃这些兴趣爱好。

创造力和求知欲将永远是我生命里的动力。我的专业工作提供了一个实现它们的渠道，但这并不是说再也没有或不可能有其他的渠道了。我发现相同的心智可通过很多不同的方式发挥；数学（广义上）的创造力不在于某种追求的

西班牙塞哥维亚的罗马高架引水桥

本质，而是取决于人对它的态度。不是所有的数学理论都具有创造力，也并非所有（同样从广义上理解）的数学思想都通过定理、公式和论文传达。

成就不一定非是价值的终极度量。更具体地讲，我认为我们不应该只关注自己取得优异成绩的领域。在数学界亦如此。到目前为止，我已在多个研究领域开展工作，每个领域都从零做起，逐渐积累经验。在这些领域之间建立联系，我的工作渐渐发展成一个更大的整体。如果我的关注面较为狭窄，则不可能实现。很明显，不是所有数学家都选择这样的做法，但对我来说它却是最理想的工作状态，因为我生来喜欢探寻自己所做一切事务的广度，迎接新的挑战。

目前，我在数学研究方面取得的成绩最大。我为自己的工作感到自豪。我也明白时间和精力是必须优先安排的资源，同时还要考虑谋生的问题。可我不想要一种专攻数学的生活。我的时间可以用来研究数学，也可用来追寻其他爱好，用来做自己喜欢但不求出类拔萃的事情，或在全新的环境中做一回菜鸟。我不认为这是“牺牲”，相反我认为这是更加丰富多彩的生活。

科学

摄影技术带有迷惑性。从表面上看，好像只需要把相机对准景物，按动快门就行了。人们很容易地将照片拍得好这一显而易见的事实归因于摄影器材的质量，或者交了好运，在正确的时间看见了正确的景物。

多年来，我拍照纯粹是为了实用。那时，我有一台简单的傻瓜相机，出去旅游或在社交活动时才用它。我从未尝试自己动手洗底片，而是把它们拿到药店和照相馆洗印。相片质量时好时坏。拍得好，我就开心，但也明白即使在同一地点，业余级别的旅游照和专业相册不可同日而语。

我不知不觉爱上艺术摄影是在几年前购买平生第一部数码相机的时候。起初，买数码相机只是为了方便，不用再去药店冲印，也不用扫描就能直接贴到网上。很快便不只是这些便利了。一旦失去限制照片数量的理由——不论是出于成本的原因还是因为避免了麻烦，我无法抑制进行摄影的冲动。实用主义色彩渐渐退却，取而代之的是我对摄影的纯粹之爱。

我越来越关注自己拍照的艺术和技巧，由此真正开始学习摄影。我拍照时广罗资源，从我个人对大自然的热爱、对艺术史的了解到解决数学问题的方式。一切始于视觉的科学。

人眼的工作原理和相机镜头不同。人眼其实是一个很糟糕的光学工具。光线在视网膜上投射的图像是破碎而不完整的。我们相信自己看到的那种连贯锐利的影像是大脑通过解释信号，整理编辑多幅图像，根据先前积累的经验和猜测构建的影像。这个过程被称作“无意识推论”。该术语的历史可追溯至19世纪，由赫尔曼·冯·亥姆霍兹（Hermann von Helmholtz）建立。

这种工作原理究竟是如何形成的，尚不完全清楚，但科学家已经提出几种理论。格式塔心理学认为我们的大脑按照相似性、封闭性、连续性等规律组织视觉数据。即使几何形状（圆形、三角形）有缺损，大脑也会将其视为完整的。我们选择将其看成是连续和对称的，而不是破损和任意的图形。著名的光学幻象为该理论提供了确证。平行的两条线插入几条斜线后看起来便是歪斜的了。大脑从图形周围的几处凹点便可推断出一个三角形。M.C.埃舍尔（M. C. Escher）创作的矛盾画先引诱观众随她一起将画作体现的视觉刺激赋予熟悉的意义，然后当不可能的物体出现时，再全盘否认作者的创作意图。

我们根据宽泛的模板划分眼前的事物，并按照可能性进行解释。我们常常瞥一眼物体，不等大脑处理完视觉信息后转换到“自驾”模式。我们期待看到一栋有门窗和屋顶的房子，因此把门窗和屋顶视为房屋理所应当存在的事物。我们确定自己看到了它们，可我们想不起来它们的形状或颜色。另一方面，不可能或不一致的事情往往不会引起我们的注意——即便我们相信自己正在密切地对其进行关注。伊利诺斯大学香槟分校的西蒙斯实验室（Simons Lab）录制了一系列令人吃惊的视频，展示我们可能错过多少视觉信息。一个房间里的人进进出出，物体被重新摆放，演员在中途被替换。我们对所有这些变化置若罔闻，丝毫没有意识到有什么东西和以前不一样了。

研究人员经研究证实我们对世界的感知很大程度上依赖于我们与它的关系。在实验中，我们负重爬山时，山看起来更陡；有人让我们产生错觉，认为自己的身体变小了，前面的距离就会看上去更远。

从抽象理论中了解现象是一方面，而另一方面在于自己的实践，在于眼前的景象和相机实际拍摄图像之间的差距，在于我因偷懒而没拍好的照片。比方说，我想拍一个物体的特写，如花园里的一个长椅，可最后拍出来的长椅却被淹没在杂乱的背景中。诚然，长椅对我来说非常显眼；下午我经常坐在上面读书，而相机却对我在长椅上读书这段历史毫不知情。

有意识的思维更具误导性。我们常常认为积雨云是黑压压的，但实际上它们是阴雨天唯一的自然光源；只是其他景象通过对比显得更暗罢了。这个错误我犯过不止一次。

“用你的眼睛看，”《权力的游戏》中西利欧·佛瑞尔对艾莉亚·史塔克说。我照着他说的做，果然看到了更多的东西。眼睛的光学构造是自己无法改进的，而且甚至有可能会随年龄的增加而退化。我能做的是通过驾驭脑部功能训练大脑放弃捷径，集中注意力获得并处理实际接收到的图像。我一直在培养这个习惯，到目前为止已经收到了一些成效。

练习，更好地实践，很多小事可以做。我可能会一动不动待很久，静静地观察景物，留心细节，从中挑选出几个代表：一片形状好看的树叶上跳动的光影，一片弯弯的草叶。有时候，我还可能会四处走走，让身体融入景物中，这里瞅瞅，那里瞧瞧，寻找最佳的光线和角度。时而停下来，向树梢望去；时而弯下腰，看看叶子下面有什么。我也许会故意带上“错误”的镜头，这样就能强迫自己摆脱现象，更用心地观察——比如用微距镜头拍风景照。从经常性的随心所欲到更多的把持和注意，所有这一切都极大地帮助我提高自己的摄影水平。

艺术

照片应该捕捉什么？根据上文分析，答案没有理由不复杂。我们应该以反映客观事实为目标——不论事实是什么，还是应该努力拍出美丽诱人的图像呢？照片是否应该包含最大的信息量，捕捉心情，反映个人情感？我们应不应该考虑背包的重量，让山显得更陡峭呢？

在“自动”模式下拍摄、未经编辑的照片会是“自然”的吗？例如，景物明暗不均会怎样呢？我们的眼睛通过缩放瞳孔自动调节“光圈”，使我们看清明暗物体。可相机的光圈是固定的。为了模仿人眼处理图像的过程，摄影师可进行图像编辑或进行几次曝光。然而，也可能不对图像进行处理，以保留曝光不足的部分。那依然可以是一幅好照片，但看上去不一定比处理过的更自然。

我们看照片的方式和看实际景物不同。以风景为例。在实际情况下，我们一步步游览，眼睛从一处景物移到下一处景物上，不断变换着焦距，不慌不忙地在两处景物之间过渡。在一幅小小的照片上，整个过程荡然无存，极其容易把一大堆细致的景物甩到观众眼前而不分主次，无章可循。你中有我，我中有你。各个对象不分轻重，纷纷争抢观众的注意力。好的摄影作品建立并探索视觉关系，修复因维度丧失而垮塌的秩序和空余空间。这些目标需要通过取景、构图、光线、对焦、色彩、对比等艺术工具来实现。

这不是什么新技术。如今人们已经忘记19世纪早期摄影直接以模仿绘画为目的。那是通过细心构图、调整焦距和曝光、洗片时控制颜色和对比度来实现的。早在Photoshop（PS）被发明之前，相片用气笔修饰，并被描画上细节部分。多张底片常常通过剪切和粘贴被结合成一张相片。常常被认为是史上第一位时尚摄影家的爱德华·史泰钦（Edward Steichen）在1903年这样写道：

> 最初，当摄影师调控曝光时间，暗房里的显影剂成分配比满足细部、宽度、水平度或对比度的要求，伪造就成为摄影诉诸的手段了。事

实上，每一张相片从头到尾都是伪造的，而纯粹自然、未经加工的相片不可能存在。尽管这么说，摄影依旧完全取决于程度和能力的掌握。

我们只想真实展现世界，却发现这通常是无法实现的。此时，艺术创造力和艺术视野就被强加在我们身上。对任何照片中的景物进行加工，其实都是需要我们做出艺术选择的格式转换。

上述要求引入解决问题的环节——我发现这和数学工作十分相似。（我不是第一个察觉这种相似性的人。就在去年，我听了一位画家的演讲。他是我崇拜的一位艺术家。在演讲中，他把自己的工作说成是“在解数学方程”。）在研究工作中，我试着以非常具体、充满活力的方式理解手上的问题。我需要知道背后的原理。各成分之间的关系是什么？有哪些从属关系？如果我突然改变这一部分，其他部分会怎么变化？这一部分有无必要？能不能被更替？通常做法是从不同角度看问题，换一种语言表达，把它转换成另一种格式。照片的拍摄和处理基本反映了同样的思维模式。

从梅恩岛看到的贝克雪山

举一个小小的例子也许就能说明我的想法。本节前面的那张照片展现了梅恩岛礁石湾的景色，以贝克雪山为背景。从礁石湾到贝克雪山的直线距离约有110千米。贝克雪山看起来像海市蜃楼。这也许是有道理的（根据我的粗略计算，理论上从这么远的距离看雪山，如果没有光学作用，不应该这么明显。）在照片上，雪山通常很难看清，仅仅呈现出一条模糊轮廓，和背景融为一体。亲临实地，雪山则十分抢眼。我该怎么拍才行呢?

第一个关键点是照片多半能真实反映光影现实。相比之下，个人感知的主观性要强得多。如果我们的注意力集中在了贝克山上，那么这有可能是因为我们特别想把注意力放在那儿。第二点，如何让照片产生相似的效果？这时，格式塔理论、光影错觉及类似的小技巧就派上用场了。在本例中，岸边漂浮的浅色圆木满足了我的需要。看到在接近图像底部的位置有两个白色的物体，观众便会寻找上方第三点白色，当然就会注意到雪山啦。

很多摄影书籍和网站都列出所谓的“构图规则”。例如，“三分法”是把取景框分成三等分，将关注的对象定位在分割线上。另有规则规定了引导线的使用、几何形状、重复景物、相似对象的集中与组织。这些规则与格式塔理论的联系是显而易见的，尽管早在“格式塔心理学”一词被发明之前，画家和视觉艺术家就已在实践中运用了同样的规则。

任何人单凭这些规则，都不太可能变成一位优秀的摄影家。再以数学为例，课本上的机械教条不能代替学生对重要理论真正的理解。前者在一定程度上是有用的，但唯有后者才能提高学生解决问题的水平。同理，好照片要求摄影师在知识和情感两大层面与对象产生共鸣，而不是简单地循规蹈矩。规则只是工具而已，对初学者而言没有多大的帮助，因为就好比不懂微积分的学生，他们不知道究竟应该运用哪一项法则是正确的。这种知识很像是数学，需要通过练习、经验、分析、试错等环节逐步培养起来。

手艺

在日常生活中，我离不开艺术，就像我离不开新鲜空气和阳光一样。从大大小小的艺术馆到手工艺品、咖啡店里的画作、街头涂鸦或文身设计，凡是艺术现身之地，我都在寻觅。

小时候，我一直认为艺术是自己可以欣赏但不应该追求的领域。艺术家不是普通人。他们拥有的才华和才能是我所缺乏的；他们具备的灵感和眼光是我不敢奢求的。不过，我倒是能理解手艺这个东西。它不需要大的眼光，而是起步于简单的日常需求。人们需要衣装、亚麻制品或家庭装饰，于是便自己动手制作。在这个过程中，有些人也许会选择关注设计，随着制作者技艺的提高，设计的复杂性和难度也会慢慢增加。

直到成年后，我才渐渐把艺术和手艺看成是相互关联的两个部分。古希腊陶瓷或中世纪细密画分别是当时盛行的手工品，而如今我们却把它们视为艺术品。手艺既可成为艺术家的起点，又可自成一派，丰富人们的生活，让手艺人一生满足于做好手工品。两者之间的差别只是程度问题，并非门类不同，中间的界限灵活易变。

我对手工艺品和日常生活中的小小艺术创意的欣赏部分源于我在波兰的成长经历。当时，西方人认为波兰的消费品——从服装到家具——都是简单、不好看的产品。这种看法虽说在很大程度上是真实的，却没考虑到手工业生产。缝纫、编织、钩织和刺绣都很常见。喜欢追求时尚的妇女认真而富有创造力地自己动手缝衣服，变换样式，增添饰品。人们用回收来的木板或木箱做出不同寻常的咖啡桌和柜架。物质遗产被多次修改、回收和改作他用。我熟知的生活提供了非常广阔的个人表达空间，从橱窗展示的老照片中根本猜不到。

那时，我钩织的技术还不错，缝纫、刺绣和木工技术停留在最基础的水平，而且我从来都没学过编织。我在学校做的手工也没有得到过老师的表扬。然而，留下来的是在日常生活中对创新表达的需求，是如今创客文化体现的那种自己动手的态度，是认为技能在必要时就能学会的信念。

现在我想起了《机器人总动员》的主人公——那个小机器人，在早已被人类遗弃的地球上清扫垃圾，干着最枯燥、最徒劳无益的工作。给予它人性的是它对艺术和美的欣赏。它的家堆满了它从垃圾堆里拯救出的小玩具和小玩意，用废弃的家具装点，被一条条圣诞彩灯点亮。当瓦力充电和休息时，一台旧电视循环播放着《我爱红娘》。这些画面勾起了我对过去太多的回忆，从学生时代的宿舍和单身公寓一直到每年挂起的圣诞彩灯。

这是题外话，可对于解释自己喜欢摄影的原因，则是有必要的。借用莱昂纳德·科恩（Leonard Cohen）谈论自己的绘画作品时说的话，摄影是我“合意的装扮”。不论我的照相水平是否和我的数学水平旗鼓相当，还是可能应了哈代的话——“碌碌无为”，都没有任何区别。关键是失去了艺术，我会感觉自己被剥夺了感官上的享受。我摄影是为了拍摄和编辑图像时所感受到的兴奋感，为了随身携带照片的那种快乐。当他人喜欢我拍的照片时，我感到巨大的满足；如果他们不喜欢，我也会为了自己继续拍下去。我不会放弃，因为那就是我做的事情，那就是我。

自然

20年前第一次去温哥华时，我就爱上了太平洋西北地区。那里的景色美得让我无语。我欣赏不够那宽阔的海景，那陡峭的山峰和拔“海”而起的岛屿，那壮丽的森林。我几乎能感到自然界难以抑制的脉动，冲破城市的缝隙，快要把整座城市吞没。我发誓自己还会再来。

直到撰写本文时，我已在温哥华住了13年。这座城市和大自然之间的边界并不分明。一只草原狼可能夜逛居民区的街道，或者在大白天光顾一片修剪整齐的花园。白头鹰在城市中央的公园中休憩。就在去年，人们在市中心的两栋办公大楼中间的垃圾箱里发现了一只黑熊。今年夏天，人们在城市码头看见一头鲸鱼。我离开学校办公室，大约走过一个街区就来到了一个观景点。在那里，我看见豪湾对面的层层山峦，大多无人居住，无法进入。还有那孤寂的99号公路及其深入城镇的辅道——这是温哥华北部宽阔的地带，全部被山峦、森林、湖泊和冰川所占据。虽然温哥华的城市化程度很高，但它却从不让我们忘记自然的触角有多么近。

我们爱上某个事物，就想要去谈论它。摄影对我来说就像一位高中生把她的初恋写成诗，急急切切，娇娇痴痴。我要用相机捕捉海湾群岛海滩上那神奇的落日、被海水和海风雕琢成各种奇形怪状的岩石、在一蓬海草上玩耍的海獭、春天温哥华公园里竞相开放的花朵。刚开始，我只有一部非常基础的相机，照相水平也极低。这都不要紧。关键点不在于此。

除去倾听，谈论就没有多少意义了。爱需要成长，需要超越青少年的懵懂，需要灌以实际知识和对所爱事物的理解。在自然摄影中，这一过程从基础知识开始——知道什么地方生长什么植物、何时开花、在哪里能看到苍鹭或老鹰、一天的不同时刻期待怎样的光线变化。还可以了解得更多、更深。比我技术好的艺术家毕生研究太平洋西北地区。现在我离专家的水平还是相去甚远，也许永远都将如此。然而，即使是最微小的知识点，也能帮助我提高摄影水平。虽然有些好照片是靠运气拍到的，但除运气之外，对拍摄地点和备机时间的了解也十分重要。

不列颠哥伦比亚省拥有丰富的地貌和生态系统多样性。沿海地区不仅分布有陡峻的崖壁和茂密的雨林，而且还有菲沙河三角洲的农田和温哥华岛东部的沙滩。海湾群岛部分受温哥华岛山脉降雨带的影响，夏天酷似地中海的气候。在奥肯那根，果园和葡萄园镶嵌在湖畔的山谷中，四周环绕着干燥、半荒漠化的小山。驾车继续向北边的威廉姆斯湖驶去，干燥的地貌渐渐消失，取而代之的是卡里布的冰川湖泊和森林平原。

2012年，我开车来到温哥华岛最北端的哈迪港，然后乘内湾航道渡船到达阿拉斯加山脉正南方向的鲁珀特王子港。内湾航道是一条500千米长的水道，穿越沿海林林总总的峡道和岛屿，两旁高达数百英尺的山峰屹立在海上。大部分的航道途经无人区，只是偶尔见到一座灯塔或伐木场。跟团游览鲁珀特王子港，让我有机会拍到了白头鹰和棕熊。要看的东西远比这多！因此，我更喜欢慢慢探索，多次返回到相同的地点，花一些时间深入了解这些地方。这对照相也更有利。第一次去某个地方，尤其是在时间比较紧张的情况下，我往往只能收获最容易摘取的“果实”——好看但传统（有时刻板）的明信片式照片。这并不是问题。老套传统的照片有其存在的理由。然而，在一个地方多待几个小时，我的视角就不同了。我不再关注第一印象，而开始注意更多的细节，思考更多的可能性。第二次及之后拍的照片较好，部分是因为在掌握基本情况之后，我就能带上合适的器材，仔细研究可能用得上的摄影技巧，或计划一天的时间，捕捉最理想的光线。我也能做更好的心理准备，脑中反复思量那些景象，用上述解决问题的方式对其进行分析（有意识或无意识）。

各类摄影存在各自不同的挑战。例如，雨林美丽非凡，但也非常难拍。摄影离不开光线，而雨林浓密的树冠遮挡住天空，几乎透不进光。穿透的阳光又十分刺眼，人眼和相机都看不到画面的其余部分。照片讲求秩序和限制，而雨林恰好相反，乱七八糟地长着各种植被——木本植物、蕨类植物、菌类植物、苔藓、灌木——层层叠叠，不分彼此，奋力生长。到目前为止，我的最佳成绩是拍摄雨林的一小部分：一根布满苔藓的树桩、一根光线充足的树枝、一截老桩残影下发出的一枝新芽。

微距摄影（树叶、花朵、昆虫等微小对象的放大的特写）也许是我个人最喜欢的摄影类型了。一方面是由于拍摄时靠近对象所产生的那种亲近感；另一方面是因为这种摄影类型增添创作的自由。画面在展现肉眼看不见的微小细部时，打破了现实感，营造出一种悬念。一片树叶或一块树皮经过放大之后便失去了与原有对象的联系，抽象地变成亮光、色彩或图案。拍出来的画面可以带有强烈的主观色彩，既依赖于拍摄的对象，又同样取决于摄影师的眼光。

专业工具

数码摄影的专业工具是计算机和高科技数码设备。如果可能的话，我不一定会选择这些工具。假如我有机会更加审慎地做决定，例如在报艺术课时有人叫我挑选一个项目，我可能会选择水彩画、油画、炭画——某种动手性更强、更接近传统手工的技术，某种能让我远离电脑而不是增加伏案工作时间的技术。可这都不符合实际情况，所以还是用数码相机吧。

对不太熟悉数码摄影的读者，我应该做个介绍。数码相机主要分两大类，分别是电子取景器（EVF①）和数码单镜头反光照相机（DSLR②）。主要区别在于光学工作原理不同。单反相机在镜头后方装有一片反光镜，将光反射到取景器上，然后在按下快门的一瞬间发生偏转，触发反光镜后方的图像感应器。和卡片机相比，单反相机在光学和电子功能方面好得多，其性能更强的光学结构提升了拍摄画面的质量——轮廓更清晰，颜色更逼真，图像变形较少。摄影师可以更好地控制画面，并通过设置对焦和光圈（调整画面各部分的清晰度）、曝光时间、白平衡、色调和色彩强度更加随心所欲地处理画面，发挥创造力。另外，多数单反相机还配有较大的电子传感元件。和普通的卡片机相比，即使名义上分辨率相同，这些元件也能记录更多的细节。

截止本文撰写时，我有一部高级卡片机和一部入门级的单反相机，并配了几个镜头。这部单反相机是目前为止我买过的最好的相机了。原配18～55mm

① 译者注：俗称卡片机。下同。

② 译者注：简称单反。下同。

树叶微距照，摄于温哥华

通用镜头。我用它拍了很多自己比较满意的照片，可很快就暴露出局限性了。这种镜头既无法拉近远处的景物，又不能真实再现全景景观，更不能在普通弱光环境下降低光圈拍摄。从那之后，我进行了升级，买了长焦镜头和微距镜头（专业摄影师的镜头更多）。一些配件可增强相机的功能。弱光照、长时间曝光或远景照需要使用三脚架，避免相机出现抖动。滤镜和遮光罩能让摄影师更好地控制光线。

有关相机工作原理的介绍，就到此为止吧。如今，只要拍摄者具备一定的摄影技术，用几乎任何一部单反相机（包括我买的这一款）都能拍出具有专业水准的照片。如果将来我发现相机的功能不够用了，比方说拍摄更加专业的照片，有某些技术要求（如体育摄影或野生动物摄影要求快速连拍），我会考虑根据需要升级装备的。从我目前拥有的设备和水平来看，还有很大的发展空间。

与此同时，我也不想丢掉那部卡片机。当摄影成为一种习惯，一种感官的延伸时，我喜欢每时每刻带着相机，可单反的体型太大了，不便携带。除此之外，当轻装旅行时，我也需要一部便于携带的小相机。我手上的这款卡片机相当不错，我常常觉得它和单反相比并不逊色，只是不同而已，就像蜡笔和油画颜料的区别。卡片机的有效分辨率较低，功能较弱，技术要求较低，也不适合拍摄强调景深、色彩微调或明暗效果的照片。不过，在明亮的光线下拍摄高对比度的照片，画面中各对象基本清晰时，拍摄效果还是很棒的。

纯粹主义者坚持采用纯手动方式拍照，而我认为没有必要。大多数时候，我仅仅学会相机的部分设置就够了，其中以光圈（用来调整景深）和拍摄移动物体时的快门速度（用来对焦）为主。这两项设置很重要，在后期处理阶段不能更改。我喜欢用半自动设置，除了光圈和快门速度之外，其余都是自动的。我也尽量拍摄RAW格式的照片（卡片机不支持这个功能）。这是一种大型文件格式，包含图像感应器捕捉到的未经处理的原始数据，必须上传电脑，经过软件处理后转换成JPEG或其他常见的图片格式。在处理过程中，可以调整白平衡、清晰度、对比度、色调、色彩强度等多项设置。虽然有很多选项可以在拍照时通过相机设置，但我喜欢等拍完照片后在电脑上调整，有两个原因。一是让我专心拍照，而不用一层层打开菜单。二是我能在保存图片之前看到调整后的效果。

编辑自己拍的照片没有让我感到良心不安。无论摄影师遵循的是何种理念或有何个人喜好，对于RAW格式的图片来说，这都是必要的一步。剪裁和修整图片或抹掉灰尘的痕迹并不是在作弊，而是对观众的尊敬。这不是说摄影技术没有用了。镜头捕捉的光学数据仍然是任何图片编辑工作的基础。一般来说，照片拍得不好，大量运用PS也无济于事。相反，好的照片经过略微加工就能得到大幅改善。

总的来说，装备不是摄影的全部。我个人认为穿越泥地或湿漉漉的林地时，一双好靴子比当今最先进的电子产品重要得多。长时间曝光摄影需要三脚架，可我在紧急关头也用石头和岩架当底座，打开倒计时器，这样就能避免曝光时造成的晃动。假如我坚守好马配好鞍的原则，也就拍不到那么多的照片了。我曾偶尔放纵一下，对此并不后悔（微距镜头很贵，但是值得的），但大多时候我都是利用手上现有的工具，必要时临场发挥自己的创造力。

语言

艺术以孤独为起点——是艺术家内心世界的一种外在表现，而最终却成为某种沟通的工具。

小时候，耳濡目染使我学会了视觉艺术的语言。我在莱格尼察和弗罗茨瓦夫这两座西里西亚艺术和建筑古城长大。古老的绘画、历史建筑、城堡和教堂一直是我生活的一部分。每天从学校走回家都要路过它们。我父亲是一位建筑师，对视觉艺术有浓厚的兴趣，而我可以随时翻阅家里的艺术名录和艺术集。我有很多西方绘画、雕塑和建筑精品，配以大量的模板和参考的书籍，到20岁时已经深深地刻在了我的脑海里。

从那之后，我渐渐爱上了加拿大人的作品——莫里斯·库伦（Maurice Cullen）、艾米丽·卡尔（Emily Carr）、汤姆·汤普森（Tom Thomson）、七人画家小组（The Group of Seven）。我被西海岸艺术吸引了，从卡尔和杰克·沙德博尔特（Jack Shadbolt）的作品——这两人是加拿大的代表人物，在其他地方的知名度较低——到欣欣向荣的当地艺术群体、庄严而规矩的传统海达族艺术品、劳伦斯·保罗·于克斯韦尔鲁普顿（Lawrence Paul Yuxweluptun）等人开创的“第一民族”当代艺术。我还在东亚少数民族聚居的城市生活了将近半辈子的时间。这也对我产生了影响。

所有这些经历对我的摄影大有裨益。构图信手拈来；控光和对焦麻烦一些，主要是因为我需要学习相关技术。我常常一眼就能看出画面美不美，还可以立刻想象出完善画面的办法。这并非直接模仿哪一幅画作或某种艺术风格；我不认为自己有能力这么做——对于原住民艺术品而言也没有这样的权利。相反，我喜欢用自己掌握的词汇和语法来组织新句子，讲述自己的故事。

买了第一部数码相机后，我便立刻开始在博客上发布照片。我没有把它当成多么重要的事，只是觉得在博客里插入图片，会让布满文字的博文看上去轻松些。我并没有期待读者发表评论，也没有刻意征求相关评论。可评论渐渐多了起来，自己也开始一一回复。有自己的观众，与他们进行交流，是一件无比激动的事。观众人数不必多。这种质的转变很早就实现了。那时，我意识到自己的摄影成果竟然能吸引陌生人的关注，他们甚至可能会记住并抽空回访这个博客。

在网络时代，能上网的艺术家没有必要独处。不久，我开始在网上多家摄影论坛浏览、发帖和回帖。此类网络社区众多，有大有小；有开放的，也有封闭的。照片质量往往非常高。同样重要的是交流方面——倾听、关注、回复、分享经验、给出建议。在持续的交流中，艺术不再只是我们谈论的话题，更是一种载体。观点的分享和剖析得以从不同角度进行，表达介体不只是文字，还有相应的照片。各个讨论组和照片展示页以常见的主题组织分类，有微距摄影、花卉摄影、树木摄影、自拍、街头摄影等。发现志同道合的摄影师令我欣喜；和他们建立联系，通过交流获得创新的动力让我激动。

我发现自己还有很多东西要学，这是意料之中的事。然而，从我收到的反馈中，从他人学习的经历中，我受到鼓舞。我喜欢这样的交流，即使自己的“语法”还很笨拙，即使有时无言以对。

美

数学规律如同绘画或诗歌的结构，必须具有美感；思想如同色彩或文字，必须和谐共存。美是第一项考验，因为丑陋的数学在世界上没有久留之地。

——《一个数学家的辩白》，G. H. 哈代著

艺术产生感情最好的方式是生活。人不是为了获得情感而活，而是活着的时候拥有情感。

——《论移情》（*Critique of Empathy*），贝尔托·布莱希特（Bertolt Brecht）著，托德·克洛南（Todd Cronan）译

威尼斯街景

套用布莱希特的话，数学产生美的方式和生活一样，既不能预先谋划，又不完全受人掌控，也不是脱离人的行为的偶发事件。首先，数学必须实现其指定的目标。一项证明必须具有正确性和完整性；一条定理应涉及他人成果。在此之后，我们才能回过头审视成果中所蕴含的美。发现数学之美，往往让我们想起大自然。在自然界，功能先于形式，并决定形式。小鸟、树木或花朵进化的目的是功能和生存，而不是为了取悦我们的眼睛。

这种对比是受西班牙加泰罗尼亚建筑师安东尼·高迪（Antoni Gaudí）的启发。让他最为出名的是巴塞罗那尚未完工的圣家堂（Sagrada Familia）。高迪将生物学和数学运用于设计中，将两大学科元素有机结合。在力求使建筑结构和美学相得益彰的过程中，他参考自然界中发现的各式形态——骨头、骨架、芦苇、贝壳、树桩和树枝。因此，他采用直纹面进行设计，其中包括抛物面、双曲面、圆锥体、碎型图案、二次曲线和悬链曲线。这些也是众所周知的数学对象，其方程式阐明的结构特点是高迪建筑和自然界生物的共同选择。

作为一位数学工作者，有时我经人推荐了解到数学题材的书籍或艺术品：一个研究数学的角色、一件代表几何结构的雕塑、一幅以某种数值格式为基础的画作。事实上，我并不想透过这窄窄的玻璃窗去窥看生活中的一切。对数学方程展开大规模背景调查没有加分。我想让艺术表达自我，表现自我。高迪的作品即是如此，其内涵极为丰富和复杂，其中蕴含的数学现象代表了一种逻辑结构，而不是空洞的装饰。

我认为数学的美具有知识性、多层次、要求高的特点。人们通过积极的参与获得并感受这种美。试图通过艺术情感传达数学思想是本末倒置的行为。这不是说广义上的数学乐趣是艺术所缺乏的。有些艺术作品注重复杂性，挑战我的大脑，也许还能把我引入创新过程。埃舍尔的画作就归于此类，很多与数学没有明显相关性的艺术作品也是如此。与此同时，我也常常见到以数学为题材、纯粹装饰性的艺术形式：瓷砖面、碎形图案、几何图形排列。这没有任何问题。我和其他人一样喜欢装饰艺术。不过，这样的艺术几乎代表不了数学，也完全解释不了我领略数学之美的方式和原因。

我从未尝试过拍摄数学题材的照片，也不希望借用自己的照片为数学歌功颂德，甚至从未动过这心思。我的摄影动力源于自己对艺术和自然的热爱。由于研究工作中养成了一种特殊的思维习惯，因此我的创新过程倾向于“数学化”，但最终成果中，视觉语言必须首先和摄影对象和自我感知相匹配。首要考虑的是主题的美、情感和定力。这些要素和个人职业无关。

对于我个人来说，数学在摄影中扮演的角色和在生活中扮演的一样。如果我根据格式塔理论安排组织各对象，通过对焦使之构成几何形状，那是为了在画面中建立某种秩序，而不是引诱观众去找微积分的书来读。如果我拍一片树叶，那不是因为叶子上的纹路让我想起了拓扑的叶状结构。两者之间确实存在相似性。树叶为何如此生长，有结构的因素；数学为何对此类结构感兴趣，也

树叶微距照，摄于温哥华

有其原因。然而，作为一位摄影师，我喜欢看到光透过树叶，点亮纹路的间隙部分，沿着弯弯曲曲的边缘投下一道道暗影。

在数学和艺术之间，我不需要用一者证明或解释另一者。我朝着它们各自不同的方向一路前行。

伊莎贝拉·拉芭（Izabella Łaba），1994年获多伦多大学博士学位，后在加州大学洛杉矶分校（UCLA）和普林斯顿大学工作，现任加拿大不列颠哥伦比亚大学（UBC）数学教授。主要研究领域为调和分析、几何测度论和加性组合学。她曾荣获加拿大数学会颁发的考克斯特-詹姆斯（Coxeter-James）奖和克里格·尼尔森（Krieger-Nelson）奖，并入选菲尔兹数学科学研究所研究员和美国数学会会士；2014年受邀出席在韩国首尔举办的国际数学家大会并发言。

彼得·拉克斯

绘画与数学

人们往往认为音乐和数学彼此相近。我看不出这种相似性。音乐具有时代性，而数学则不然。不过，我认为绘画和数学之间存在相似性。

绘画有两种作用。一是展现自然世界中的形状、颜色和质地；二是在平整的画布上创造美丽的图像。由此形成两个极端：写实和抽象。大多数绘画作品融合了这两者，比例取决于艺术家和文化。

数学同样也有两种作用。一是描述和推导自然法则；二是建立迷人的逻辑规律。两端分别是应用数学和基础数学。大部分数学研究介于这两者之间。具体取决于建立研究项目的数学家和研究项目所处的文化。

这种划分体现在大多数的数学分支中。

彼得·大卫·拉克斯（Peter David Lax），1926年5月1日生于匈牙利，毕生致力于研究基础数学和应用数学。他分别于1947年和1949年被纽约大学授予科学学士和博士学位，此外一生还荣获多项荣誉学位。

彼得·拉克斯在数学分析方面做出了重要的贡献，主要包括偏微分方程，尤其是可积分系统、流体力学、激波、孤波物理学、双曲守恒律、数学与科学计算的理论和实践等领域。他的学术生涯在纽约大学度过，于1999年退休。

他编写了多部著作：《泛函分析》《线性代数》《双曲偏微分方程》《散射理论》（与拉尔夫·菲利普（Ralph Philips）合著）以及《微积分及其应用》（与玛利亚·特勒尔（Maria Terrell）合著）。他是美国国家科学院院士，同时也是多个国家的外籍院士。1986年荣获美国国家科学奖章；1987年获沃尔夫奖；2005年获阿贝尔奖；2013年获罗蒙诺索夫金奖。

他曾任美国数学会主席及美国教学会吉布斯讲座主讲人（Gibbs lecturer）。

尤里·I.马宁

数学·艺术·文明

谨以此文缅怀德国已故数学家弗里德里克·希尔泽布朗奇（*Friedrich Hirzebruch*）

想象一下20世纪20年代的巴黎，一座现代时尚之都，可可·香奈儿在追忆那个年代时，对保罗·莫兰德（Paul Morand）提到毕加索："我佩服他的画，虽然我看不懂。我觉得他的画有说服力，这是我喜欢的。对我来说，他的画就是一张对数表。"

想想这种让人眼前一亮的共性吧。数学是抽象的，毕加索的艺术也是抽象的。看来《拿小提琴的哈勒昆》（*Harlequin with Violin*）和对数表之间最明显的相似之处就要数抽象了。不过，香奈儿却用了一个别致的词——两者都"有说服力"，而这正是吸引她的地方。

***

本文主要探讨数学作为人类一种长期活动的方方面面，其中我想重点分析这种“说服力”的特点。

从个人层面上讲，一套证明、一个想法或是一次计算机模拟是否有说服力，取决于数学家的几何或逻辑推理能力、哲学思想（有意识和潜意识）以及价值观体系。上升到社会层面，大规模的历史事件成为决定性因素，左右着数学的兴废存亡。何时何地建立或继承数学理论，是数学历史学家研究的对象，原因显而易见，但如果探寻那些让数学遭到冷落，甚或是（暂时）消失的历史时期，也会是一项非常有意思的研究。在基督教诞生后至少一千年的时间里，欧洲古代数学的发展（以古希腊为主）停滞不前。在更早的时候，基督教出现之前，崇尚实用主义和军国主义的罗马人建立了自己的高级文化。在此期间，他们吸收了希腊的人文学，却没有接纳希腊的科学，即便后者明显地有利于军事应用，也没能吸引他们。据希腊历史学家波卢塔克（Plutarch）所述，锡拉库扎（Syracuse）遭围困时，罗马将军马塞拉斯（Marcellus）枉费心机地劝阻手下的士兵不要撤退：

> “呜呼！此乃形学之百手巨人，好行诈术，攻我军舰队，顷刻将千万硕石向我军投射，与传说中的百手之神有过之而无不及也，难道我军必要放弃同此人的战斗？”

根据阐释性史外资料，马塞拉斯的确想劝阿基米德皈依罗马军队（就像在此之后的沃纳·冯·布劳恩（Werner von Braun）），但一名不知情的士兵用剑杀死了这位几何学的“百手巨人”。

相同的史外资料记载，阿基米德并没有把自己的战时工程看成是其数学成果的“应用”——对于他那颗伟大的头脑而言，它们反而是偏离数学轨道的一种身不由己的结果。

***

古罗马贫乏的数学遗产包括下列计数形式：

Ⅰ、Ⅱ、Ⅲ、Ⅳ、Ⅴ、Ⅵ、Ⅶ、Ⅷ、Ⅸ、Ⅹ、Ⅺ……L……C……D……M

这种数字标记法沿用到今天，主要变成了一种装饰。从最有教育意义的角度看，这种计数法称得上是体现古人数学思想状态的特殊遗迹。

作为单位的“Ⅰ”代表木棍上的一个刻度（表示字母的“Ⅰ”是后期产物）。由于在木棍上刻线很费事，而且空间有限，所以罗马人不得不放弃笨拙但又完全系统化、具有无限延展性的标记法：

Ⅰ、Ⅱ、Ⅲ、ⅢⅠ、ⅢⅡ、ⅢⅢ……

他们采用了一套以指代而非符号为纲领的计数系统，逻辑性大大降低：

Ⅰ=1；Ⅱ=5；X=10；L=50；C=100；D=500；M=1000

这种标记法还是无法实现无限延展，即便如此，对于较小的数字来说，这不失为一套适宜而有效的体系。用这些符号表示短小的数字序列，可通过加减法实现，如：

2009=MMIX=M+M-I+X

当然了，在这个体系中，数字“零”没有指代名称。这是因为人类对“无”“空”的概念深深地抱有一种恐惧心理。《传道书》告诉我们：

……缺少的不能足数……

“零”符号的缺失极大阻碍了罗马计数系统的发展，也阻挡了罗马数学向按位计数制的转变。

***

列奥纳多·斐波那契（Leonardo Fibonacci）的《计算之书》（*Liber Abaci*）（1202）问世之后，按位计数制在欧洲传播，这在本质上标志着一种通用的语言真正在全球开始兴起，但其最终地位的确立尚需时日。

1504年，格雷戈里奥·赖施（Gregorio Reisch）编著的《哲学珠玑》（*Margarita Philosophica*）在法国斯特拉斯堡出版。书中的一幅版画上，象征算数的一位女性人物凝视着分坐不同桌子的两名男士，他们分别是珠算者和演算者（图1）。珠算先生俯身于算盘之上，这种原始的计算工具（俄语称作“Счёты”）直到我的青年时代才退出历史舞台，在此之前俄国每家店铺收银员必备一台算盘，顾客付款后，他们就开始稀里哗啦拨动算珠，计算要找的零钱。

那位演算者则在桌子上写着阿拉伯数字，做着某种运算。“演算者”和现代的“算法”这两个词的英文发音[①]均源自伟大的数学家阿尔·花剌子模（Al Khwarezmi）之名（约780年出生于波斯北部城市花剌子模）。

这幅版画所展现的事物在赖施的著作问世之时充满了蓬勃生气。

罗马数字得到天主教会的支持，但对于像商业记账、计算复活日等不固定的纪念日这样实用的领域基本没有用。此时，算盘就起到了大作用。

与之相对的演算者群体通过在纸上或在沙地里写出奇怪的符号就能完成数学运算，他们的这种技艺与奇幻隐秘的穆斯林知识有关。花剌子模的学说成为他们（和我们）的遗产。

***

十进制计数法得到普及后，发展成为一种特殊的现代化通用语言。其“语义”是一种计算能力，几乎无所不能——计算刻度、牲畜、船只、钱币等统统不在话下。“句法”由一种普遍的规则建立，在抽象的数量与（十进制）按位计数的符号之间来回转换。而“语用”则具有两面性。

当这种由数字组成的“文本”涉及实物数量时（如贸易中的实物数量），高层次的“句法”规则将文本与实物联系起来。一个赫赫有名的例子是1494年卢卡·帕乔利（Luca Pacioli）发明的复式记账法。

另一方面，当数字文本涉及科学数据时（以天文观测为例），在“语用”方面就可以与亏蚀的预测或太阳系量化模型的建构联系起来。在这种情况下，文本就需要经过算法处理。换句话讲，对某种项目而言，一个文本成为“输

① 译者注：即“algorist”和“algorithm”。

图1　格雷戈里奥·赖施，《哲学珠玑》，斯特拉斯堡，1504年。加泰罗尼亚图书馆算数女神凝视珠算者和演算者

入”，而（日后）经过处理的一个也涉及自然界观察数据的新数字文本则成为“输出”。

按位计数制不可估量的优势在于其理想的算法处理适应性，尤其是适应简单而又通用的加法和乘法规则，可传授给在校学生和店员。店员面对的那些更复杂的项目用自然语言描述，通过采用基本算法的迭代，再加上条件性说明实现（如“若XXX客户的债务超过了其余额的XXX弗罗林①，则停止交付”）。有数百年历史的编程语言在初期仅仅作为自然语言中非正式的次方言存在，适用面非常窄（但极其重要），并且主要针对人工计算，而非电子或机器计算。甚至连20世纪被誉为“计算机科学之父”和“人工智能之父”的阿兰·图灵（Alan Turing）谈到自己的可计算性理论时用到“computer”一词，指的都是按面前一套有限的指令表进行机械计算的人。

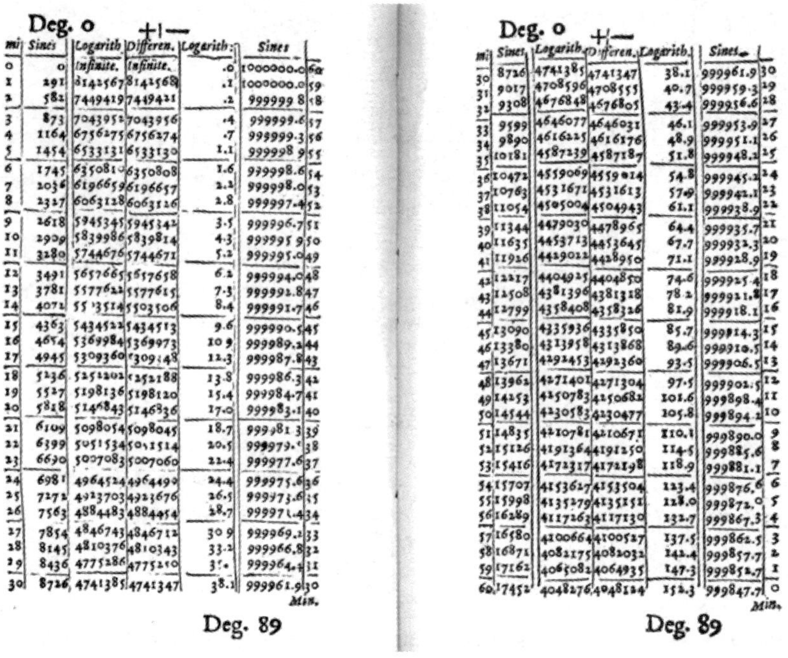

图2　内皮尔对数表

① 一种旧时英国钱币。

上述活动成为全球历史文化的丰碑（可可·香奈儿没有被自己的直觉欺骗），同时也体现出一种自相矛盾的结果。例如，约翰·内皮尔（John Napier）于1614年出版了《对数的奇妙准则》（*Mirifici Logarithmorum Canonis Descriptio*）一书，其中包含长达90页的自然对数表（图2），都是作者通过一个个数字人工计算而得。一方面需要计算人员去遵守，但同时又赋予同一人数学创新者的角色。

***

任何具有实质性内容的数学文本都包含文字和公式内容。发挥一定的想象力，就不难将数学公式看成是一种形式语言的表达（这种语言在不同的论文中可能表现会有所变化，但通常都属于一个版本的集论语言）。对于文字和公式如何共同传递信息这个问题，其本身就有一番奥妙。更为重要的是，文字拉近了论文与人而不是数字读卡器的距离。是文字建立了非形式化的捷径、联系和动力；是文字承担起了传递作者价值系统等细致入微的任务。

然而，在数学文本的核心部分，用于传达意义的公式并不是随时随地存在着的。至少从欧几里得的时代开始——并且在现代高中几何课本中，图形发挥着公式的作用。我们大多数人还记得画一个正方形，用两条线分割成两个小正方形和两个长方形。该图既是公式（$(a+b)^2=a^2+2ab+b^2$的体现，也是它的替代和证明。另一个图要有趣得多，但知名度却相差甚远，表现了亚历山大时代（大约在公元300年）帕普斯（Pappus）的经典定理（见图3）。该图很好地体现了成百上千年来数学家的几何思维与数理及形式思维之间的相互作用。

让我们先来叙述这个定理。首先，在平面上画一个六边形，顶点分别是B、X、b、C、Y、c。（不必像图中那样的凸状！这体现了图形的第一个缺点——它们往往会给我们强加一些我们意识不到的东西。）六边形的任何一组对边，如Bc和bC，确定对角线XY。然后延长这两条边和对角线，可能出现的结果是延长的三条线在Z点相交，在这种情况下，我们说这两边具有帕普斯性质。

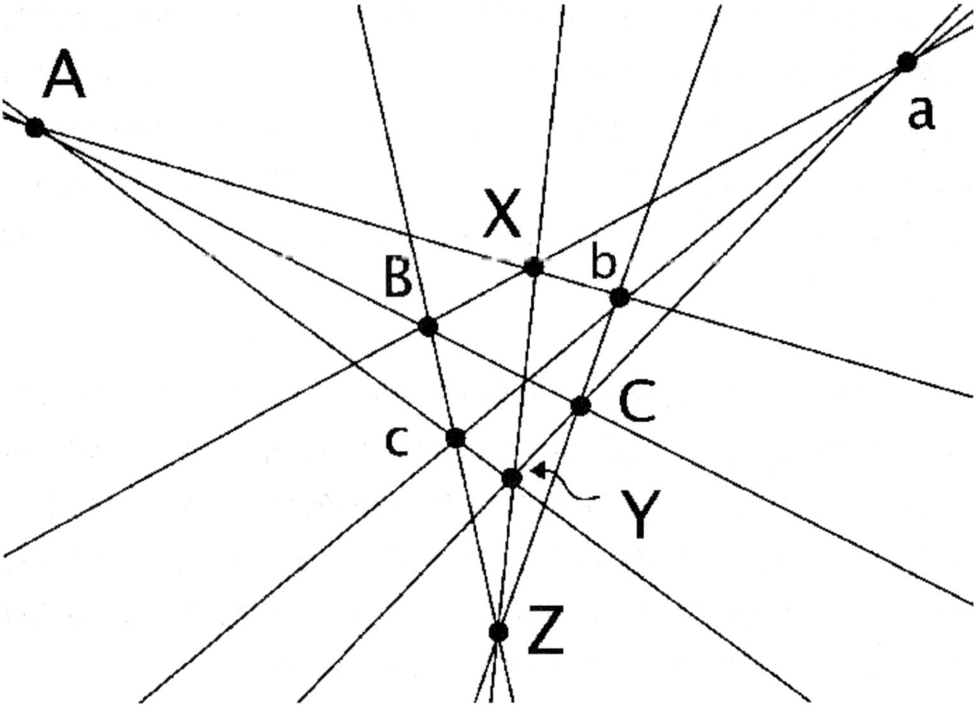

图3 帕普斯定理

帕普斯定理：若一个六边形的两组对边具有帕普斯性质，则第三组对边同样具有帕普斯性质。

这是一个神奇的结果。首先，很难想象一个人是怎样得出这个结论的。和表现 $(a+b)^2=a^2+2ab+b^2$ 的图形不同，它不属于欧氏几何的范畴，在上述定理或其证明中，距离、长度和角度都没有发挥作用，平面上的群体刚性运动亦是如此。

所需的结构性元素具有本原性和严密的组合性，即平面由点组成，直线是多点的子集，两条线在一点相交，一条直线穿越两点。

直到19世纪人们才发现帕普斯定理原来是射影平面几何的核心结果，起初像是一种有关实数域普通平面几何的论述，同时附加一条平行线相交的“无穷远”直线。但之后发现任何抽象域上的投影平面亦是如此。另外，带有合成法则和公理的域可通过帕普斯构造重建。

最终，临近20世纪末期，模型论的出现使得人们能够在大范围里诠释和归纳帕普斯定理和交换域（commutative field）理论之间的对等性。简单地说，建立形式语言L的模型即为L语言传译为集论语言的过程，同时对后者进行标准解释。因此，结构精密的帕普斯图形，其意义蕴涵在复杂的元语言构造中。

综上所述，模型理论是一种元语言的工具，清晰地表现了以语言化、线性化、离散化和形式化为内在特点的理论所包含的几何内容。

但能否反其道而行之？能否仅仅利用图像或几何图形来表达有意义的数学思想？

***

在多重因素的影响下，不便将帕普斯图形构造组织成语言来表达。其内部句法具有特殊性，而不是系统性，结构之间的句法联系不接受形式化的转变。所有图形都具有一种完整性，分析会使之丢失。这些图形在各种情况下传达和保存信息的方式甚至不同于“同义”语言的设计。它们诉诸一种不同的想象力，即右脑的直觉。

对于艺术家为何会创作《拿小提琴的哈勒昆》等立体派画作，冈布里奇（E. H. Gombrich）是这样解释的：“批评家认为这种艺术形式有辱他们的智慧，想让他们相信小提琴‘长成那样’。但事实上并不牵扯侮辱的问题，反而是艺术家对他们的赞赏，相信他们必然知道小提琴的模样，走到作品前，肯定不是为了想了解这最基本的常识。画布上那寥寥几种平面的元素经过组合，呈现出一个立体的图案，这种巧妙的视觉游戏才是艺术家邀评论家一起分享的体验。”

事实上，这番话十分贴切地诠释了数学发展出的关键图形和关键公式，包括它们两者之间形成的密切关系。

Mathematical cubism

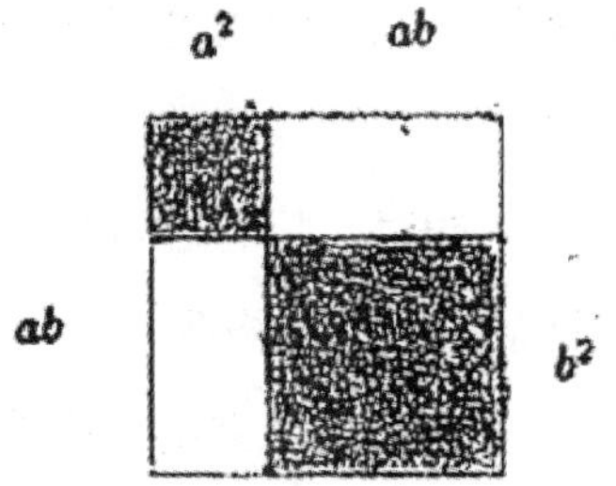

$$(a+b)^2 = a^2 + 2ab + b^2$$

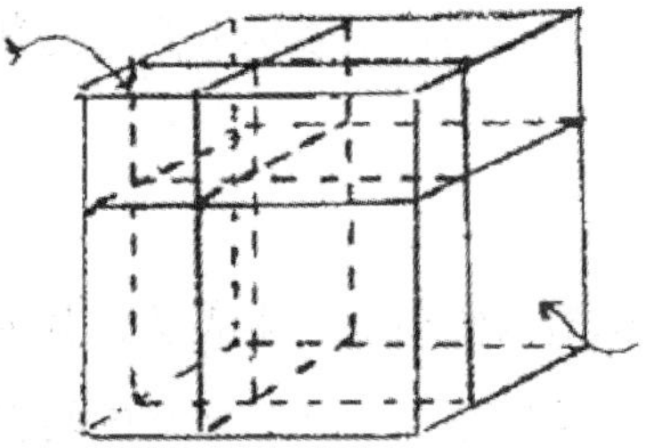

$$(a+b)^3 = a^3 + 3a^2b + 3ab^2 + b^3$$

(2-dim projection of) 3-dim cube

Newton's binomial formula

$$(a+b)^n = \sum_{i=0}^{n} C_n^i a^i b^{n-i}$$

2-dim projection of n-dim cube ??

图4 立体数学

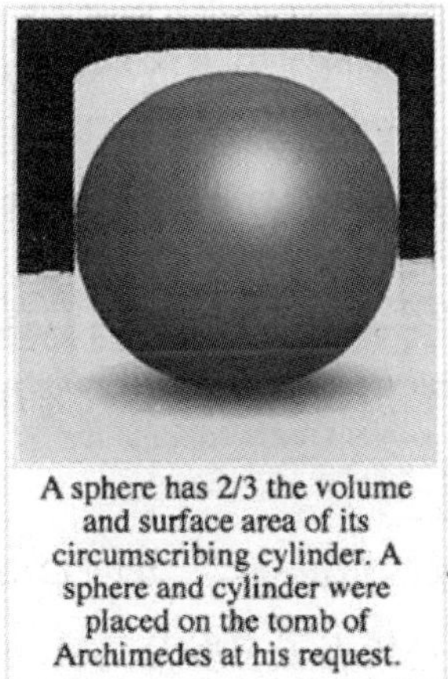

$$\Leftrightarrow \int_{-1}^{1} x^2 \, \mathrm{d}x = \frac{2}{3}$$

图5 阿基米德墓

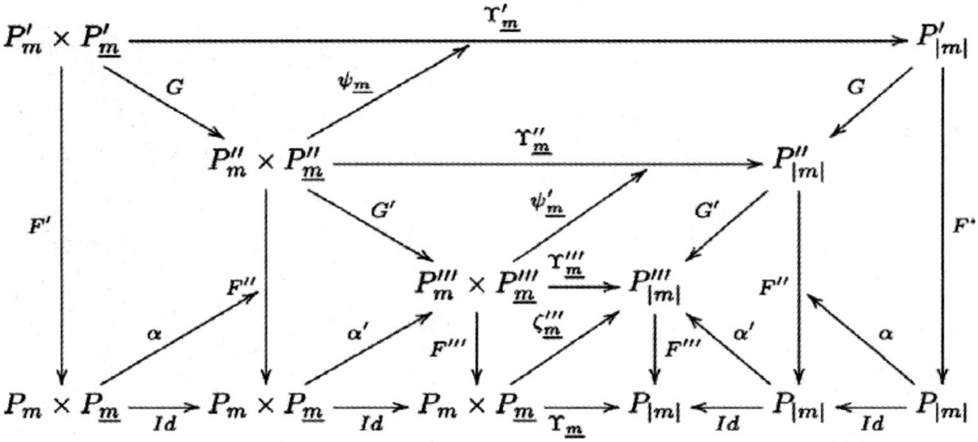

图6 ˝之˝形交换图

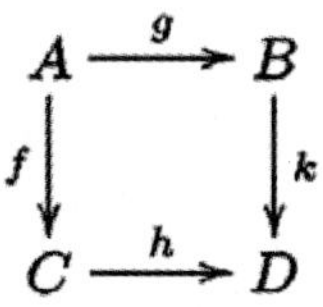

图7 交换方阵

20世纪下半叶，交换图这种表现形式开始渗透到数学中。一段时间过后，数学工作者才适应了“图上追踪”。图6给出了交换图的具体实例（摘自鲍里索夫（D. Borisov）和本文作者于2007年共同完成的一篇论文）。图7显示的交换方阵属于交换图的一个基本组成。在范畴论的时代到来之前，我们几乎能够通过h∘f=k∘g等式将该方阵的表达式纳入到线性语言中。然而，需要注意的是：f、g、h、k属于同一范畴的态射，因此需要了解各态射的源对象及“射中”的对象。

另外，图6包含的等斜箭头代表原始范畴C之外的态射，箭头的两端标出了范畴存在的对象名称。这些箭头更是代表了态射范畴Mor C中的态射：

$$\alpha: Id \circ F' \to F'' \circ G$$

以线性文本的形式表达图中的各项内容，必须采用文字和公式相结合的办法对其进行详尽说明。但这样的文本是否让图形变得多余？答案是否定的。（我曾经和一位同事通过电子邮件就一个非常具体的数学话题展开讨论。对于任何形象化的事物，电子邮件只能用文字来表达。结果同事发来一声心灵的呼喊：“求图！我愿用王国换一幅图！”）

我个人认为，范畴论的发展——尤其是近几十年来同伦拓扑学（homotopic topology）的兴起不仅仅是数学迈向具象领域的重要一步，而且还帮助我们从认识论上转变对数学基础理论的理解，并且通过言语加以表现。我们正面对这种转变。

此处应该说明一点，上文谈到的“基础理论”对我而言不具有限定或规范的作用。依我个人理解，“基础理论”是指数学家在选择研究课题、建立定义和证明以及将新旧数学知识传承下去时所产生的劳动成果。

基础理论研究最重要的社会功能或许就是在“两个文化”（C. P. Snow）之间持续进行对话。该对话的启动源于数学不断产生的一种强烈的哲学焦虑。

若否认柏拉图式的思想世界是独立于人类存在的（哲学家有时甚至否认物体和现象的存在），就等于把数学看成是每一代人当中几百几千人缜密设想的结果。数学研究成果“真实性”的标准暂且不论，数学知识的稳定性及其穿越时代和文明的再现力就足以让人感到惊奇。此外，这种知识再现的方式和《奥德赛》《吉尔伽美什史诗》《福音》等经典文学作品不同，近两个世纪以来，正以空前的速度不断发展和补充，几度改变其形式。

***

让我们回到之前提到的“数学基础理论”的数学内容及其近150年的历史演变过程这个问题上。对于绝大多数经历过重大历史事件（如二战）的数学工作者而言，他们所掌握的基本数学图形是附加某种结构的集合，如拓扑空间、群、环、测度空间等。首先，该集合只是一种康托尔式抽象（Cantor abstraction）——其构成元素的本质并不重要。重要的是，这些元素能够两两分辨，并且作为一个整体的组成部分具有概念化的特点。接下来，新集合的元素可能成为之前集合的开放子集、局部函数等。具有极简主义精神的康托尔对这些集合提出最为基础的问题，证明无穷数的范围是无穷的，同时把理解该范围本体和知识特点的问题留给了身后几代逻辑学家。在一战中幸存下来的一代人更加务实，他们选择了这个可能具有形而上学特点的基础，在此之上利用布尔巴基（Bourbaki）称为“结构”的工业产物，为数学工作者建立了结构现代且实用的建筑。然而，数学工作者却把无穷数范围的问题搁在了一边，继续把离散集合当作基础建筑材料来对待。连续数变成了以分离数为基础的上层建筑。甚至在康托尔之前，基础代数中集构造的问题就已经显而易见了。如果自然数代表木棍上的刻度或任何有限集的基数：

Ⅰ、Ⅱ、Ⅲ、Ⅳ……

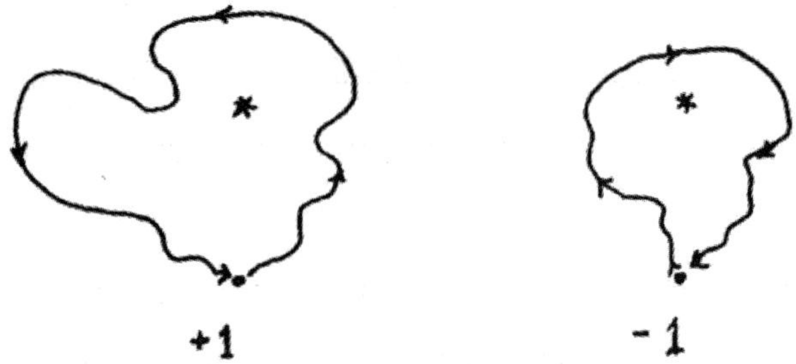

1和−1

1+（−1）=0：等式由同伦圈数来代表。

图8　1与−1，1+（−1）=0：等式伦移替代法

图9　巴赫小提琴奏鸣曲乐谱手稿（无伴奏）

那么零作为空集基数的概念会在心理层面造成困难，而负数要么促使人工代数的产生，要么为经济学等完全不同的领域赋予了新的意义（如“债务”的概念）。

另一方面，如果我们把连续数看成是直觉的起点，把离散数当作派生构造，那么整数就可以非常自然地出现了。想象一个点在一个平面中运动。假设它从某个原点开始随意游动，一段时间过后回归起点，而从未穿越原点。我们不禁要问：它围着原点转了多少圈？该整数可以是零，也可以是正数或负数，对其给出确切的定义并不难（因为这个点可围绕原点正转或反转）。此外也不难看出两个沿反方向旋转的路径相互抵消——可以简单地用“1–1=0”表示。也就是说，两者结合所产生的路径无须穿越原点，即可聚合成一个点。

那么离散数和连续数这两个概念，哪一个是最先出现的呢？当然了，这是一个典型的哲学问题：*λόγς*代表离散，*χάος*代表连续。

借用邻近学科中人种学的一个比喻，我把上述问题同列维-施特劳斯（Levi-Strauss）的神话论做对比。毫无疑问，他受到了布尔巴基的影响，将神话解释成对立的中介。

25年前，我对这方面进行思索，并提出一种反向发展过程的假设。根据上述观点，神话标志着一个时代，其中对立的意识（相当于离散的概念）源于心理混乱。从这个意义上来讲，乐谱源自音乐本身。

研究同伦拓扑的几何学家在脑中勾勒出无限维度空间，这些空间能够且必须经历变形的过程，直到聚合成一点。在以上的分析中，拓扑学家计算并用离散式语言表达的离散性归结到空间以及映射的诱导空间的“连通分支”。在常见的数学阐述中（如今也包括视频），这些个人想象出来的图形通过利用R^3的“扭结”和“球的内外翻转”被外部化。这种外部化结果用于教学目的的可能性微乎其微，就好比一个人在看到斯维亚托斯拉夫·里赫特（Sviatoslav Richter）接受布鲁诺·蒙桑容（Bruno Monsaingeon）的采访后就把自己想象成里赫特，演奏舒伯特的曲子。因此，我只能简要地谈谈自己对上述认识转变的看法。我认为该转变正在对数学根基产生影响，其本质是反转分离数和连续数、语言和想象、代数和拓扑之间的关系。连续性、拓扑学、几何设想——所有的这些被基础数学加以利用后都开始慢慢获得主导地位。语言退居二线，成为附属品，其“内部书写系统”退回至古老的象形文字形态，内容由几何图形组合构成。该组合是非线性、多维度的组合。即使在起步阶段，这种新兴语言融合句法、语义、语用的方式，是我们在哲学层面至今尚未理解的。范畴论中的交换图就属于此项发展的前奏。随着多重范畴（poly-categories）、强化范畴、A_∞-代数以及类似结构的出现，我们开始使用一种外部化抵抗力比以往大幅增强的语言。在我看来，有理由说上述观点并非我个人的凭空幻想，因为在数学和理论物理学的边界之间存在多种平行的发展现实。费曼积分、重正化群法以及计算纽结不变量的威滕（Witten）积分等应用，是我此时此刻想到的证明。

***

在本文的结尾，我想回到开篇的主题，谈谈数学及现代科学这个更为广泛的领域所遇到的说服力问题。

个人经历、亲眼所见、权威身份及文本往往成为建立说服力的全套工具。当然了，物理学家、化学家和生物学家还会加上“实验证据”这一项。可我还想思索有关我称为“文明”的辩论——那个被可可·香奈儿心领神会的观点。文明给我们提供了验证真理的手段，而最后不会仅仅落了个迎合权威、立据为证或通读冗长的数学证明的下场。在准备撰写本文期间，我上网广泛搜索材料——现在几乎每个人对网络这种电子通信手段已经习以为常了。但在此之前，网络这项技术的诞生却要归功于两千多年的数学发展，其中的说服力无法通过我们或被我们看作权威的任何人验证。数学是真实的，其中一个证明是麦克斯韦（Maxwell）方程组的发现促使电磁波信息传输技术问世。你和我的笔记本电脑里都运行着布尔（Boolean）代数。

数学推理的文化在其“文明”层面是抽象的数学知识得以客观化并代代相传最为重要的途径。在个人层面，我认为数学文化——即“证明文化”——与音乐家的培养之间存在共性，即擘肌分理，不遗巨细，直至浑然天成，归纳一体，如巴赫的《小提琴奏鸣曲》。

形式语言的编码及其逻辑和集论的组成部分成为实现“擘肌分理，不遗巨细”的理想手段，但如果伴随意识形态的宣传，如直觉主义或建构主义，则会削弱哲学意义，丧失其“文明”价值。

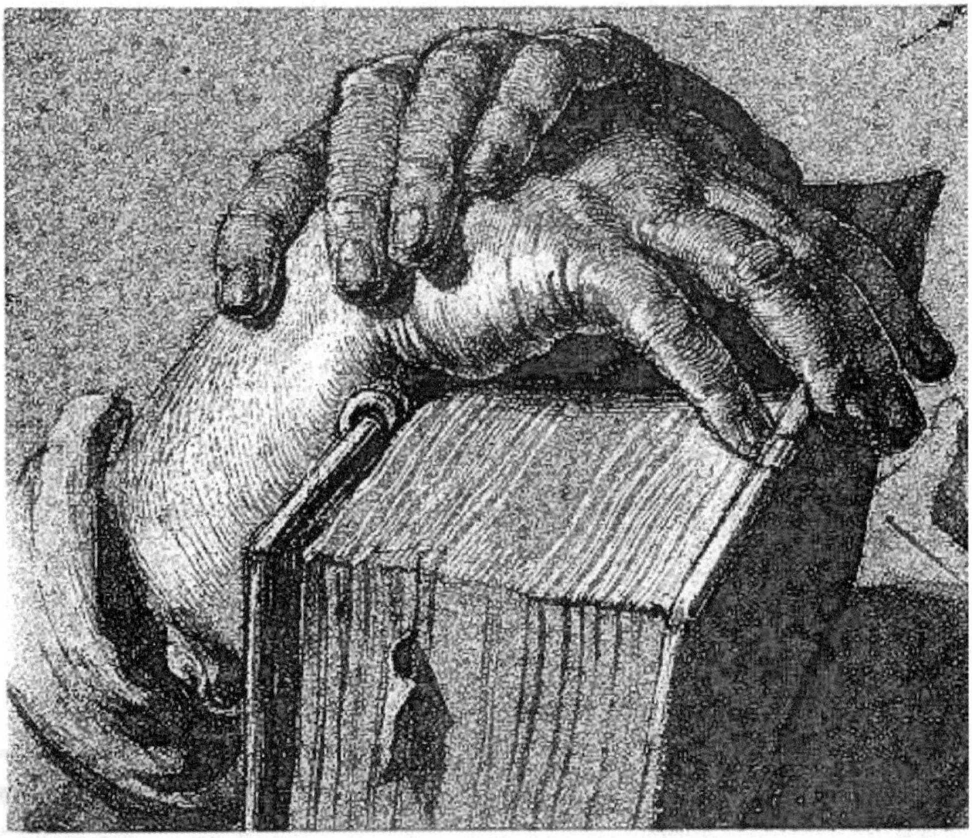

图10　杜勒（Dürer）：书上的双手

尤里·I.马宁

人类原生艺术活动、语符起源及数学直觉

谨以此文纪念苏联已故数学家以色瑞尔·莫伊斯维奇·盖尔方德（Israel Moiseevich Gelfand）

综述

脑半球神经生理及功能上的不对称性不仅体现在脑功能的划分上，而且在半球间还存在不断变化的竞争表现（参考综合临床数据研究[1]）。我们可以把这种竞争想象成某人的大脑在一段时期内围绕一个平衡点出现的波动，在这种状态下，左右各半球执行具有挑战性的任务时所发挥的作用或大或小。

我在本文中提出的上述平衡理论经过很多前人的研究探讨，可用于分析人类文明及文化的特点，尤其在某些转变时期。本文分为两个部分，第一部分着

重分析书面文字的起源及其发展过程。第二部分讨论脑功能不对称性的种种迹象，同时以欧几里得（Euclid）编著的《几何原本》为主介绍数学史中左右脑平衡论的特点。

引言

大脑纵向不对称性的发现及两个半球之间存在的认知功能和协作区第一轮廓线的划分引发了大量学术研究，同时也有很多是迎合低俗、以偏概全[1, 9, 19]。

至少从1976年朱利安·杰恩斯（Julian Jaynes）撰写《意识起源的二元心智论》（*The Origin of Consciousness in the Breakdown of the Bicameral Mind*）一书开始，人们大体意识到，左右半脑（或者更准确地说，心理模块组）存在不断变化的互动关系这一事实对文化及现代人类的发展具有一定的揭示性意义（然而，杰恩斯式的“意识论”却成为广泛争论的对象）。

在本文中，我想首先强调的是，在下列跨度较大的时间段，上述动态变化的某些表现特点十分相似。

· 以分钟为单位：病人从单侧电击中恢复时的表现[11, 24, 25]；

· 以日、月、年为单位：脑部受损之后出现的原发艺术活动[12, 15, 30]；

· 以世纪、千年为单位：① 岩画，汉字雏形/图符的演变[2, 8, 26]；② 数学思维中几何规律与代数规律的异同[16]。

历史上，遗传性改变需要相当长的时间才能渗透到整个种群当中。这些变化通常是不可逆转的，但上述左右脑的相互作用却是动态的，往往被看成是“争夺主导权”，而且在一个人身上平衡一旦实现，就可迅速改变，甚至出现反复波动，因此无法在脑中固化下来形成通路。

从如此之大的时间跨度中，我们推断大脑的这种变化源自于文化（“软件”），而非基因（“硬件”），因此不限时间、速度、地区和文化即可发生。具体而言，从这个角度分析，表意文字系统或字母系统的优势地位或许揭示了这种优势地位是与不同文化之间存在的一系列有趣的系统性差异相关联的。例如，西方古文明中字母书写方式的发展、传播与自然哲学中原子论起源之间明显存在相关性。俄罗斯人文大学于2010年组织了一场主题为“原子论的原则及离散法——语言和思想”的大会，上述相关性成为会议讨论的对象。

***

斯佩里（Sperry）和卑尔根（Bogen）二人对胼胝体切开术后遗症的重大发现引发了大量临床研究，结果显示的情况比人们通常认为的左右脑分工要复杂得多，一般认为所谓的“左脑”负责理性思维、分析能力和语言，而“右脑”则掌管情绪，通览全局，并且在视觉空间方面占优势地位。

但事实上，脑部的两个半球在不同的情况下对各种模式都能起到作用。然而，正如麦吉尔克里斯特（McGilchrist）[19] 坚持认为的那样，脑半球的不对称性体现在“很多不同层面的描述上”，“随进化而加大”，而且大脑对各种功能优先承担的任务与相应的神经元模块自动不均等分配有关。

因此，在一个较大的空间/时间范围内，我们认为书写系统的差异可与“西方科学”与“东方智慧”这类文化对立面联系起来。

博尔茨（Boltz）撰写的 [2] 一书提供了更为简洁和有力的论据。该书最后一章的标题是“中文为何没有演变成字母”。其中第174页以大篇幅引用R · A · 米勒（R. A. Miller）的论述，总结了中国古人的世界观：

> “宇宙万物曾皆有道；亦固有其名，皆有因果，以此反映宇宙之规律”……

之后在该书的第177页，博尔茨用自己的话写道：“中国传统文人不可能将汉字“音”和“意”的特点看成是独立且可分割的，否则将违背建立在中国文人世界观之上的字和形之间各项常态和关系的所有准则。”

在本文中，我大体把“人类文明”想象成一个由权力结构联系在一起的城市网络（再加上农业部分），其物质基础由建筑者和工程师建立，“文化”来源于各代受到严重局限的“文人”团体，他们第二大职责是将文化传承给下一代。对于大部分人口而言，该文化形成了某种“集体无意识”。文化由牧师、教师、艺人、大众媒体传播给这部分的民众——即使民众对该文化的感知总体上是被动的，文化传播也能实现。但是，文人左右脑的（动态）平衡体现在特定文明“文化语言”的结构中，通过该语言得以传播给其余的民众。

现通过一个十分现代的例子加以说明。个人计算机的操作界面改变了我们记忆的方式，指令（信息）的读写从字母形式过渡到点击图标的方式，与此同时，我们的集体情绪也随之从先前的语符导向转变为视频导向。电脑屏幕上的图标属于“反变象形文（insurgent hieroglyph）”。而“动态图”好似一个向新平衡发展的推动因素，力度明显加大。①

***

本文的出发点是综合介绍脑部原发艺术活动的个人体验，并分析我接触到的某些单侧电休克疗法（ECT）临床试验数据（两项资料均来源于上世纪70年代，出处：我的文集导读[18]或其俄语版本[17]）。

---

① “我们正在走向一个以视频为导向的社会。我们的注意力从书面文字转移到了表演场景上。我们喜欢观看CNN（美国有线电视新闻网）一段段45秒时长的音视频。我们和朋友之间不再讲笑话，而是转发视频！英文‘video’（视频）一词源于拉丁文‘I see’（我看见），很好地总结了信息进入大脑意识的方式。脑神经元正是受到视觉的刺激才产生串联，建立意义和联想。我们的想象空间已充满了客观化的事物。皮克斯（Pixar）、迪士尼、CNN及其他众多的‘内容提供商’塑造着我们眼中的世界，进而在很大的程度上改变着我们的思想！[……]作为一位牧师，我有责任去提前发现这些社会文化变动。我必须试着理解身边正在发生的事情，并尽力应对。在我加入的布莱恩斯滕（Bryanston）卫理公会，我愈发意识到传教实际上是以语符为导向，属于一种过时的沟通方式，时间和空间上都不足以吸引现在习惯‘被强迫观看’瞬息万变、奇幻无穷的世界的一代人。”（出处：http://www.spirituality.org.za/blog/C1400319339/E86390675/index.htm）

单侧ECT画图实验及图符由象形字的转变

Николаенко等介绍了一系列的实验。实验人员让病人凭记忆画一幅图，主题是一栋房子、一个人、一棵树、一张桌子、一个立方体、一座桥或伸向天边的钢轨。对照组在接受ECT治疗前画图。接受ECT十至十五分钟后，病人能够画图，实验人员要求他们反复画同一主题，直到他们从ECT中完全恢复为止。

由于脑半球受ECT短时间抑制，无法迅速恢复，图的变化反映了受抑制的脑半球与处于活跃状态的脑半球互动时不断调整平衡，直至恢复到正常的平衡状态。

尼科兰科（Nikolaenko）在文章中详细分析了图的系统变化[24, 25]，反映出这一过程的动态规律。

该动态规律总结如下：病人在从右侧ECT（左脑处于活跃状态）恢复时画的图展现出图画/图符演变到语符的过程（时间必须倒过来看）。在这一过程中，最初“左脑”画的图具有图符的特征，随着时间的推移，重新获得现实感，受语言或学习思维中和的程度大幅降低。

此处的“树”和“女人”这两个语符的历史形态可追溯至中文典籍《说文解字》。在下文中，我将按时间顺序列出其他图符，它们是现代人根据历史文献研究的对象。

请大家注意，研究人员在临床上记录并计算了时间，但该时间与这里所提到的“历史时间”不同，后者是非自然的，因为我们现在考虑的是文化的演变。我在试图寻找中国古代文化中左右脑平衡演变的迹象（从一种左/右脑平衡变到另一种更多是“左脑”的平衡）。

选取的图符/意符/语符的形态顺序证实了该演变过程，与实验结果十分相像。从图符开始不断演变的汉字，其现有的语料库揭示了左右脑交互动态变化关系，而这种互动清晰地体现在单侧ECT的实验结果中——尽管研究对象和时间均不属于同一历史时期。

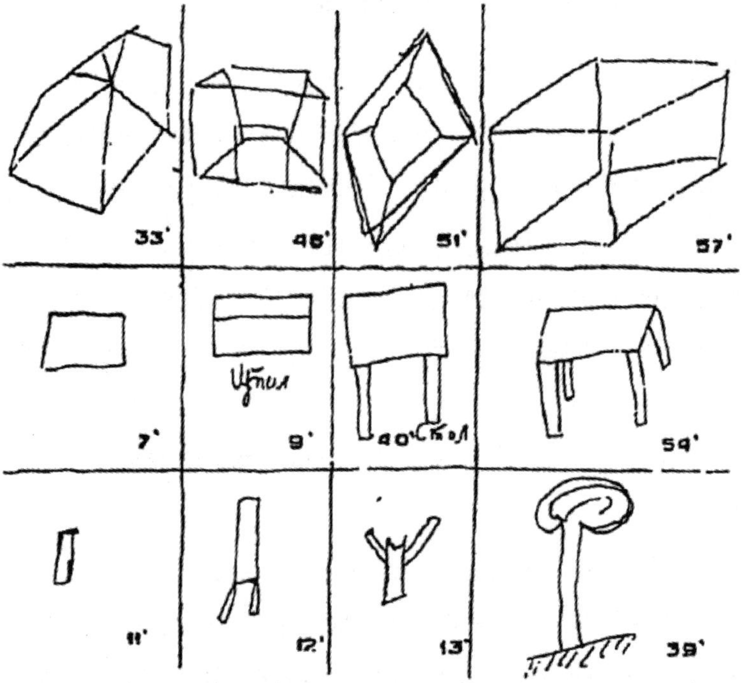

图1：单侧ECT绘图（[ND]）与两个图符的演变

威廉·博尔茨在其论文[2]中第69页列出一张“汉字早期发展三大阶段总结表”，其中他也做出了相似论断：

> “在图19中，我们总结了书面文字发展的三大阶段，并按其历史演变的先后顺序进行讨论。这种顺序当然极有可能是人为排列的。在汉字实际的发展过程中，第一阶段的汉字起源，即形意图形（zodiograph），有可能单独出现，除此之外，以各阶段为特征的演变过程总体上是同时发生的。”

这就好比一个从未去过地球的外星人。他不知从哪弄来一大堆人类的照片，然后按图索骥，研究人类是怎样运动的。一阵分析过后，外星人将照片组织成一个系列，里面有不同性别、不同年龄的人在奔跑……有些人的左腿在身体的

图2：两个中文字符演变的临床时间与历史时间对照（上）；按历史演变时间排列的其他字符[5]（下）

前方着地；有些人的右腿在身体后方着地；有些人抬起右腿，向前迈去，有些人双腿离地；有些人左腿悬在空中……男人、女人、儿童，形形色色的人在不同时间、为了各自不同的目的奔跑着。但是，照片经过这样一番重新组织排列后，结果就大大不同了！

诚然，博尔茨的论述套用法吉欧里（Fazzioli）综合性更强的列表也完全合适[5]。该表的制作有着很明确的初衷，即法吉欧里写书的目的是向接受“字母社会”教育的现代西方人介绍汉字书写形式，在两种不同的左右脑平衡状态之间搭建起一座桥梁。

岩洞壁画、早期语言、首批图符

新石器时代岩画长久以来为人所知，而且还有新的遗址被不断发现。1994年，一个由岩洞学家组成的考察队在法国肖维岩洞（Chauvet Cave）发现了史上最早的一批表现十分丰富的动物画像。

法国另一处知名岩洞——拉斯科岩洞（Lascaux Cave）壁画（1940年被公之于众）描绘了一头怒气冲冲的野牛（也许是受了重伤，肠子流出体外）。在它的前方，一个男人摊开双手，倒在地上（面部酷似鸟类）；一只鸟转身背对他们（或是栖息在枝头？）。据推测，该岩画创作于1万～1.6万年前。

看到上述逼真的景象，首先想到的是打猎时出现意外。然而，猎人长着像鸟一样的脸，这又极为不符合现实。岩画的这些部分像是儿童画——或者说是图符。

霍斯特·基希纳（Horst Kirchner）认为[10]，鸟和鸟面人证明上述景象描绘了一种萨满教仪式，即伴随着动物祭奠的驱邪术。倒地的人即是一位戴着鸟纹面具的萨满教道士。在猎族仪式中，特别是在西伯利亚，栖鸟之处、鸟型面具及服饰发挥着特殊的作用，因为鸟是神灵的助手和萨满的化身。

图3　拉斯科岩画——野牛和人

可是图中的野牛看起来更像是来报仇的，而不像是祭品。

最终，尼古拉斯·汉弗莱（Nicolas Humphrey）在其文章[8]中提出，理解这幅图的关键正相反。他认为画这些图的人当时已经发展出了指向人及其社会生活的完整语义层次，但还不能描述打猎、动物、环境及总体的客观世界。接下来，汉弗莱推断，人际关系中语言的主导地位阻碍了人类创作富有真实性和表现力的人物图像，而用于表达客观世界的语义的缺乏让处于“次级优势地位”的大脑模块得以自由产生动物和狩猎的图像。

该篇论文与单侧ECT病人的观察结果明显保持一致（值得注意的是，汉弗莱并没有引用这些观察结果，而是将自闭症患者艺术成果的研究作为支持性证据）。

然后，汉弗莱根据自己对岩画的理解，以大视角梳理了历史：

> “［……］大约在1.1万年前，冰河时代结束时，不管是什么原因，这种艺术形式消失了。［……］等同于岩画特有的自然主义风格的艺术，在欧洲悄然匿迹，直到意大利文艺复兴时期，透视写生画法再度浮现，但此时，绘画已经被当成一门需要长期专业训练才能掌握的‘艺术’。①
>
> 或许到最后，自然主义绘画的丧失是诗歌兴起的必然代价。人类不可能同时创作肖维岩洞壁画和《吉尔伽美什史诗》。”

究竟何种解释是“对”的（如果这种解释存在的话），我们永远都不会知晓，但汉弗莱这种解释与其他的观察结果相一致。例如，我们知道强势的词语文化（“书本文化”）倾向于禁止人们表达包含神和人体形象的视觉文化。这种情况一直以不同的方式在伊斯兰和基督教内部发生（即：圣像破坏运动）。

上文对拉斯科岩画的推论，其中一项假定条件可能会引起反对的声音，即人类早期言语并不是表达客观世界的信息传输媒介（动物、狩猎活动等），而是人与人之间打交道、操控行为的工具。然而，多项研究都各自分别得出这种猜想，有人将这种概念称为“马基雅维利智慧（Machiavellian intelligence）”[21，22]，

① 在之后的一次网络讨论中，汉弗莱缓和了口气：“［……］我承认我写随着冰河时代的结束，自然主义绘画在欧洲也完全消失了，直至中世纪才再度浮现这段话，有夸张的成分在里面。当然世上也不乏西班牙东部地中海岩画艺术（Spanish-Levantine rock art）所反映出的自然主义风格的佳例，这样的例子还有后来希腊的瓶绘和罗马的壁画（范围更广的包括布须曼人（San bushmen）的岩石艺术）。”

而马宁则提出[13, 14]，与早期操控式言语模式相关的集体记忆存留在被称为“充满魔幻色彩的技巧师”的人物形象中。

马宁2007年研究[18]的引言部分对其早期研究[13, 14]中提出的观点总结如下：

> ①在现代社会中，就语言能力水平而言，差异不是很大，这不仅仅是与普通人相比，事实上其他各类社会成员之间的语言差异也并不大。我猜想在人类言语发展的初期阶段亦是如此。说起来与上述情况有点矛盾，最初，某些原始人萌生出了语言能力，这种由大脑异变产生的非系统性言语通过技巧师（trickster）、原始萨满道士和原始写诗人迅速传遍一个不会用言语表达的社会。就这样，在索绪尔式（Saussurean）语言表达中，言语（parole）先于语言存在。②人类进化过程中的意识，其主要功能不是认知，而是建立在一种能临时终止天生行为规律的心理机制之上。初期形成的言语与之密切相关，其主要作用是建立一个信号系统，用来终止本能的行动，通过内化的过程构建个体心理的基础。初期言语赋予个体控制他人行为的途径，并且使其能够创建“别样现实”，继而向宗教、文学、哲学、科学等方向发展。

***

尼科兰科（N.N. Nikolaenko）和布雷纳（M. Brener）在根据岩洞壁画的证据推断出了相似的结论[26]。其主要支持性论据完全建立在上文提到的脑半球ECT实验报告临床数据之上。

两位作者没有提到汉弗莱的研究成果，也没有介绍拉斯科岩画细节，因此，他们得出的推论一定是具有独立性的。但是他们认为具有统计学意义的岩画特点正是拉斯科岩画所反映的特征：

> “在旧石器时代晚期的整个阶段，欧洲西南部的山洞中有数以万计的动物画，但反映人的形象却寥寥无几，大约只占总数的5%［……］。在这些为数不多的人像中，人往往变成了没有脑袋的‘火

柴棍’［……］。当头部出现时，面部通常变形成了兽或半兽的样子，或者根本就没有面部，这种现象至少持续到了旧石器时代末期。在史前各阶段，面部特征常常以怪异和高度几何式的形式出现。此外，自然风景的展现甚或是组合构图也是画面所缺少的元素，与后期的艺术形成鲜明的反差［……］。”

正如各位作者之前的论述，因为面部和表情的识别主要由处于次级优势地位的半脑（或者说右脑）支配，所以人的画像证明了人类“模特”和兽类形象不同，由左边掌管语言的优势半脑模块进行处理，这与汉弗莱的结论完全吻合（同时参考[28]）。

至此，尼科兰科和布雷纳都没有直接提到语言史，但在后面一段文字中谈到了这个问题，这次他们将面部感知的这种变化与书面文字的普及联系了起来：

“只有到了青铜器时代，随着书面文字的发展，这些［面部（YM）］变形的表现才开始向更加真实的形象转变。”

我认为，对中文书写历史发展过程的研究成果，又是一项例证，填补并完善了汉弗莱、尼科兰科和布雷纳的观点，在相同范例的框架下可以更加清晰地展现，从而反过来加强范例。我的分析逻辑简单明了。（就兴趣和重要性而言，也应该考虑其他的书写体系，如玛雅文字，还应讨论现代早期阶段表意文字和拼音文字之间基础差异的其他文化联系。）

人类最早的文字形态是图符。一个图符代表一个名词（符指），通过简化该名词指代物体（被符指物）的图形来实现。在此之后，图符发生演变，被符指物的范围拓宽到动作、修饰等语域。

如Николаенко所发文章第52页所示[27]，接受单侧ECT实验的病人所绘制的图画，极好地证实了图符向图像符号（iconic sign）的演变过程。

如果假定早期书面文字系统创立者具有和高度依赖右脑模式画野牛和马的前代人相同的左右半球平衡机制，那么我们就会自然而然地认为，这种以右脑为主导的活动受到压制，因而产生意符。随着越来越多的人开始文字创作，尤其是当他们理解意符时，负责写实画法的心理机制开始失效。如汉弗莱所述，冰河世纪末就出现了这样的变化。

与此同时，逐渐被人们接纳的语言在《吉尔伽美什》《摩呵婆罗多》和《伊利亚特》中建立了属于自己的数据库（词义、词形、句法等等），当书面文字发展到一定的高度，才能被人类熟练掌握，使其接受这一烦琐的思维过程，进而升华到其外部记忆之中。

在上文的探讨中，我只是选取了以岩画和早期象形文字为代表的视觉类考古材料，而不是言语类考古材料。

除以上专业分析外，我想另辟蹊径，将自己的亲身经历做成以下案例报告，加强论述力度。

案例报告

患者YM，男性，36岁，惯用右手，在莫斯科国立罗蒙诺索夫大学数学系担任教授，1973年9月被诊断出患有蛛网膜炎（脑部蛛网膜的炎症），医生怀疑是由流感引发。当时，患者正在写一本名为《数学逻辑》的教科书。一天清晨，当他准备再次伏案工作时，疾病突然发作，患者几近晕厥，随后出现读写能力严重障碍，言语能力和认知能力未发现异常。

随后采取抗生素注射法治疗。病情发作约四个月后的一天，在搭乘地铁回家的路上，患者突然有了一种想要作画的欲望。这种冲动是如此之强烈，以至于患者在下一站便下了车，返回莫斯科市中心购买了油画颜料、画笔和几张画布。回到家后，YM创作出了平生第一幅油画作品——《猫头鹰与太阳》。在接下来几个月的时间里，YM又画了两幅肖像、一幅表现了火焰和风景的抽象画以及数十幅铅笔素描。在患病之前，YM的艺术活动仅仅限于为一所省级少年宫的孩子们教授基础绘画课。

图4：（上图）《猫头鹰与太阳》（油画，材质：画布）；YM，1973；

（下图）《穆索梅利（Mussomeli）一景》（油墨画，材质：画纸）；YM，1995

大约一年后，YM完全康复了，能够重新回到大学继续他的研究教学工作。此时，他尚未完全停止绘画创作，但画得越来越少了。1995年9月，他受邀作为演讲嘉宾参加在西西里穆索梅利市的国际会议中心举办的主题为“数学中的真理”的会议。按照活动组织方的安排，他和他妻子入住在山坡上的一栋私人小别墅里。别墅阳台外一角的景色成为YM最后的画作。

如今，看着这幅画，恍若隔世。YM突然注意到它与Nikolaenko的临床研究结果[25]完全吻合，即左脑（YM的左脑在当时已重新恢复其主导地位）倾向于产生“远空间景象（直接视角，远点景象）”，而右脑则倾向于产生近空间景象，属于反转视角。

数学直觉的三大模式

最后，我想谈谈古代数学中主要通过欧几里得的《几何原本》反映出来的一大文化现象。马宁通过不同的背景归纳了以下观察结果[16]。

和其他自然学科不同，数学看上去缺乏外部研究对象。对此，无外乎有两种选择，要么挑战该观点（这种选择产生了长久的柏拉图主义传统），要么将数学看成一种心理和文化现象，对一系列不同寻常又十分有趣的属性进行求证（这种观点尤其使“民俗数学（ethnomathematics）”得以传承。）

有人认为，在个人层面，不论是与生俱来还是后天养成，数学直觉具有三大基础模式，在此，我选择该观点，将这三大模式称为空间模式、语言模式、运行模式（或者说动觉模式）。儿童空间直觉的开发在斯佩尔克（Spelke）的文中[29]有专门论述（同时参考[27]）。

空间模式与语言模式之间的差异曾经是研究大脑横向不对称性的重点之一。在研究人员强调大脑的数学能力时，他们探讨的问题往往变成了连续与离散之间或几何（拓扑）与代数之间的对比。与此同时，这种对比的情感意味也常常见诸笔端。德国数学家赫尔曼·韦尔（Hermann Weyl）那句广为传颂的戏言就此给出了充分总结："今天，抽象代数的魔鬼与拓扑的天使在争抢着每一位数学家的灵魂（Der Teufel der Algebra und der Engel der Topologie ringen heute um die Seele jedes cinzelnen Mathematikers）。"这句玩笑话让人暗暗联想到中世纪时很严肃地把代数和穆斯林的"魔鬼式"数学联系在一起。

很多利用动物进行的原始数学能力实验揭示了空间模式与语言模式之间的差异。动物是通过行动解决并传达基础计算问题的，并非通过词语（参考Stanislas Dehaine著作[4]第一章"天资聪颖的动物"中部分描述）。运行模式经过外部化和代码化的过程之后，成为社会普及数学知识的一种有力工具。"乘法口诀表"的机械式学习法就几乎变成了民主教育的一个缩影。

将数学干净利落地划分为几何和代数两大部分，在现代纪元伊始又加入了数理分析（或者说是微积分），从整个（西方）社会文明的角度，可以把这种分化看成是与上述在个体层面讨论的三分法相对应的关联因素。

较少的人认识到，即使上升到社会文明的高度，在不同的历史时期，数学直觉的空间、语言和运行任何一种模式（或两种模式的结合）都可主导并掌控人们理解和看待基础数学抽象概念的方式。

以所谓的"自然"数为例，如今我们当中大多数人都会不假思索地迅速联想到它们在各种语言里的读法，即*five*、*cinque*、*fünf*，或者用十进制表示：1.2.3……、1984……，也许还可以用系统性不是那么强的标记法完善一下，如10^6、XIX等。

数千年的历史证明，上述情况并非自然存在。

欧几里得的著作《几何原本》受空间模式与语言模式差异的影响，而运行模式则发挥了潜移默化而又至关重要的作用。在欧几里得看来，一个数就是一个"大小"，即一个可能出现的度量结果。将几何图形A（线段，角）通过作为"单位"的另一几何图形U进行测量，该测量方式被看成是一种"心理空间中的物理活动"，如一个线段一步步地沿另一个线段运动、几个小正方形拼成一个大正方形等等。粗略地讲，A小于B的这种不等性意味着B能够容纳A。这种可以实现的运动方式隐含着一种运行模式，直到十九至二十世纪，正交群和欧氏几何平面或空间中的所有可能实现的运动群成为数学对象后，人们才能用语言系统地表现出来。

从这个意义上讲，欧氏几何内容经过具体化之后，或许可以被想象成“一维、二维和三维空间固体运动学”（或者更准确地说根据爱因斯坦，是相应维度引力真空中的物理规律）。欧几里得空间与物理空间的广泛的认同合一很可能影响了欧几里得“第五公设”的发展史，其中包括公设的多次试图求证，即从有限远距离上可观测到的空间性质推导“无穷远”的空间性质，结果是仅仅勉强将波尔约和罗巴切夫斯基发现的非欧空间定义为非物质空间。

对欧几里得来说，大小的乘积与其加减不同，自然要进入更高维度的通道，如将两个长度相乘，得到的是一个表面。这种概念在当时或许是一个巨大的思维障碍，但我想它也为后天培养的想象力开启了通往更高维度的大门。至少当欧几里得需要谈及大型任意有限素数集合的乘积时（如用现代标记法表示他有关$p_1 \cdots p_n+1$的证明），他通过证明三个质因子小心地解释自己的总体推理过程，但毫无疑问，在他的脑海中形成了突破这一局限的某些画面。

在这一点上值得注意的是，正整数一方面属于一种特殊的数量类型，另一方面也很可能使欧几里得联想到了对象不同的存在形式，在直觉上接近于我们现今达成的共识：“某一堆中物体的数量”。

历史上的一项有力证据诠释了两种直觉之间的巨大差距。

1847年，有“英国群岛领地勘测员”之称的奥利弗·本恩（Oliver Byrne）在伦敦出版了《欧几里得的〈几何原本〉前六卷》。此套版本之不同寻常主要体现在：作者不但将欧几里得著作的文字部分忠实地翻译成了英文，而且还自创了一套新的几何图。他强调这些图形不仅仅反映了欧几里得证明对象的几何内容，而且可以被组织起来，形成一系列“公式”，揭示了隐藏在欧几里得证明里的运行动态。为了更好地抓住它们的特点，他采用彩色绘图法，如对新加上去的角、图形的构成元素等等内容用不同的颜色表示，并写上了相关公式、传统代数运算标记和文字。但他却完全忽视了欧几里得分析素数、素数分解等内容的著作。

本恩出版著作的同年，乔治·布尔（George Boole）发表了《逻辑数理分析》一书，使本恩揭示的运行动态在当时具备了未来符号逻辑的现代语言形态。

然而，布尔的形式不是要表达理想实体的运动规律，而是分析从公理/公设向理论转变的语言表达链的组合规律。

近一个世纪之后，几何的这种时间性、动态性的特点向语言回归，具体体现在图灵机的理论中。

现代数学所需并实现的空间和运行设想，其优势可以透过很多例子一探究竟，起初是莫尔斯理论（Morse theory），然后发展到佩雷尔曼（Perelman）对庞加莱猜想（Poincare conjecture）的证明。另外，物理学家们也能创造出像费曼（Feynman）的路径积分和维滕（Witten）的拓扑不变量那样的奇妙理论，而数学家把它们纳入组织更加严谨的领域中，则要付出相当大的努力。

再次回到《几何原本》上，当时整数的系统标记法还未普及，除了数字的概念之外，也没有相关计算规则，而欧几里得在自己的几何世界中能够提出并证明素数的概念、素数（可以是）无穷多定理以及唯一分解定理，这乍一看上去很奇怪。

但我们试着用理性分析上述历史事实，就回到了之前有关大脑处理图像和文字的调查结果上，于是便再一次得出了有点自相矛盾的结论，即一套有效的标记法（如阿拉伯数字）实际上并不能帮助人们理解可除性、素数性等关乎于数字本身而非其名称的属性，相反甚至还会阻碍这种理解。事实上，如果费马、欧拉、雅各比、高斯等人没有拘泥于有效数字标记法，整套数论也一样能出现在他们的著作当中。另一方面，数学中语言模式的初期形成及其对独立性的追求与欧洲按位记数系统的传播联系密切。

再次细细地想一想“数学·艺术·文明”一文中介绍的《哲学珍宝》（*Margarita Philosophica*）里的插图。就本小节的内容而言，插图中的算盘代表了运行模式，而数字运算同语言模式运算发挥相同的作用（虽然在其他的背景下运行模式起主导作用）。之后，运行模式披上了文本转换算法的新外衣，以新的形象登场，标志着现代化的到来。

让我们回顾纳皮尔（Napier）的自然对数表，再稍微仔细地想想其数学内容。

在现代微积分课程中，“自然”一词具有专业含义，指这些对数的底数是$e=lim_{n\to\infty}(1+n^{-1})^n=2.718281828$。但事实上，当时纳皮尔并不知道e的存在！

他的对数表给出了关于底数$(1-10^{-7})^{10^7}$（近似值）的对数，与e^{-1}相近。

底数e后来才被人发现。纳皮尔没有明确提到e，甚至都没有意识到它的存在。笼统地说，纳皮尔首先想好计算的精确度，比如将偏差控制在$\leq 10^{-7}$，然后再计算$1-10^{-7}$的整数幂，其中10^7幂接近e^{-1}。这种务实态度在现代应用计算领域的专业人员身上也有体现，这既是意料之外也是意料之中的事，

如果没有e（以及“想象中”的$i=\sqrt{-1}$），纳皮尔就不可能发现奇妙的公式$e^{\pi i}=-1$（雷纳德·欧拉）。四百年之后，该公式成为现代物理支柱之一概率幅度量子干涉论的表达基础，而在本文中，这又是一个看似矛盾的事实，即数学世界中一套有效且统一的标记法可妨碍人们对数学理论的理解。

莱布尼茨（Leibniz）的哲学洞察力更令人称奇，他在自己著名的论断“让我们计算吧！”（*Calculemus*！）中提出，能够演变为计算对象的不仅仅是数值，而且还有从初级公理中分析出结果的一系列严密的逻辑思想。20世纪逻辑大师（希尔伯特（Hilbert）、丘奇（Church）、哥德尔（Gödel）、塔尔斯基（Tarski）、图灵（Turing）、马尔可夫（Markov）、柯尔莫哥洛夫（Kolmogorov）等）最杰出的成绩就是确定了莱布尼茨理想之国的边界，其中：

推理等同于计算。

（数学）真理可以被形式化，但有时无法通过形式检验。

甚至由自然数这种最小的数学单位组成的无限数学宇宙，其“完全真理”都是有限的语言无法企及的，不能产生真正的定理。

形式语言（以及形式演绎法）这套人类发明的产物，其中心思想继承了自然语言（字母形式）和位置数运算系统双重基础特点。尤其值得一提的是，任何一种古典形式语言都是一维的（线性），由明确表达逻辑基础概念的离散符号组成。

自然语言的自我反观（self-reflectivity）能力（即“说谎者悖论”）与形式语言相结合，便产生出一个关键的概念，使有限性演绎系统的“哥德尔式”不完全定理昭然若揭。莱布尼茨的语言算术化思想使自我反观变成可能。

欧几里得将自然语言严格限制在其证明的逻辑表达上，发现了弥补这种线性不足的办法。他用图像构筑起一片数学想象的天空。

结语

杰恩斯的书出版之后，脑神经科学及其实验方法蓬勃兴起，人们发现杰恩斯对左右脑的认识过于简单，而在不同的神经系统之间存在复杂得多的结构和交互作用。其他作者质疑杰恩斯对“意识”这一概念的诠释。

杰恩斯的“心智二元论（bicameral mind）”是基于《伊利亚特》中英雄人物的心理学分析，其中英雄的行为受右半脑“神的声音”所支配。他将脑半球的划分和现代“意识”起源追溯至《奥德赛》及其人物的“自由意志”上。这种归属的选择也遭到批评，比如有人搬出了更早的《吉尔伽美什》文本作为反对他的依据。从我们的角度看，这种观点的碰撞与不同的地区有关，并不能证明杰恩斯的理论是无效的，只能说有关意识的解释在很大程度上存在不确定性。

杰恩斯认为，在人类的历史中，某些大规模的文化转变可以与左右脑平衡的变化联系起来，他的这种核心观点具有学术吸引力。例如，伊恩·麦吉尔克里斯特（Iain McGilchrist）就用巨大的篇幅撰写了一篇题为“主人和使者”（*The Master and His Emissary*）的论文[20]，其中基本上采纳了上述理论，将前面提到的“优势”大脑模块（关于语言的使用）称为“使者”，反之将“次优”大脑模块称为“主人”，这不偏不倚地反映出作者的观念体系和价值观。然而，大脑半球沿中轴线的演变和波动这种基本概念仍未动摇。

上述一系列的研究结果和猜想也可包括贾斯珀（Jasper）提出的“轴心时代论”（*Achsenzeit*），即公元前第八至第三世纪。可以说，该术语的传统解释太过于意识形态化，以致于无法让研究人员科学对待。不过，罗森·米列夫（Rossen Milev）近期开展的调查研究[23]重点关注一项近期发现：“在公元四世纪的全球所有主要文化中均出现有关书面文字‘革命性的’的变化，同时向一个新手写文化转变。”也许每一个“现代事物”都要通过确定属于自身的“轴心时代”来寻根溯源，也就是左右脑两极之间形成“现代”平衡点的时代。

致谢

在撰写本文期间，切尔尼戈夫斯卡亚（T.V. Chernigovskaya）、弗朗木吉那（R. M. Frumkina）、伊万诺夫（Vyach. Vs. Ivanov）、徐克舰（Kejian Xu）、利森科（V.G. Lyssenko）、伊恩·麦吉尔克里斯特给我了帮助和鼓励。我深表感激。卡丽娜·社穆拉（Karine Chemla）指导我研究有关中文书写的文献资料，提出了大量问题，帮我不断完善和梳理论据，对她我尤为感谢。

最后，我想借此文缅怀色瑞尔·莫伊斯维奇·盖尔方德，他生前的真知灼见激励了几代数学和科学研究工作者，他在领取日本京都奖时的演讲“Ge”主题与本文基本一致。

参考文献

[1] J E Bogen, G M Bogen. *The other side of the brain, The corpussum and creativity*. Bulletin of the Los Angeles Neurological Soc., 34:4 (1969), 191—203.

[2] W G Boltz. *The origin and early development of the Chinese writing system*. American Oriental Society, New Haven, Connecticut, 1994.

[3] M Brener. Faces.*The changing look of humankind*. Lanham, New York, Oxford, Univ. Press of America, 2000.

[4] S Dehaene. *The Number Sense. How the mind creates mathematics*. Oxford UP, 1999.

[5] E Fazzioli. *Gemalte Wörter. 214 chinesische Schriftzeichen—from Bild zum Begriff*. Marixverlag, 2004.

[6] I M Gelfand. *Two archetypes in the psychology of man*. Nonlinear Sci. Today, vol. 1, 1991, pp. 11—16.

[7] *Human Neuroplasticity and Education. The Proceedings of the Working Group 17-28 October 2010*. Ed. by A. M. Battro, S. Dehaene, W. J. Singer.Pontificae Academiae Scientiarum Scripta Varia, 117.

[8] N Humphrey. *Cave art, autism, and the evolution of the human mind*. Cambridge Archeological Journal, 8:2 (1998), 165—176.

[9] Вяч. ВС. *Иванов. Чет и Нечет. Асимметрия мозга и знаковых систем*. Сов.Радио, Москва, 1978

[10] H Kirchner. *Ein archäologischer Beitrag zur Urgeschichte des Schamanismus*. in: Anthropos 47 (1952).

[11] A Kriss, L D Blumhardt, A M Holiday, R T C Pratt. *Neurological asymmetries immediately after unilateral ECT*. Journ.of Neurology, Neurosurgery,

and Psychiatry, 41 (1978), 1135—1144.

[12] M F X Lythgoe, T A Pollak, M Kalmus, M de Haan, W Khean Chong. *Obsessive, prolific artistic output following subarachnoid hemorrhage*. Neurology, vol. 64, no. 2 (2005), 397—398.

[13] Yu I Manin. *On early development of speech and consciousness* (*phylogeny*), 1987. Reprinted in [Ma6], pp. 169—190.

[14] Yu I Manin. *The Mythological Trickster: a study in psychology and culture theory*, 1987. Reprinted in [Ma6], pp. 159—168.

[15] Ю. И. Манин. *Сова и Соанце*. 2011 (unpublished).

[16] Yu I Manin. *Foundations as superstructure.* (*Reflections of a practicing mathematician*). In: "Philosophy, Mathematics, Linguistics: Aspects of Interaction. Proc. of the International Sci. Conference, St. Petersburg, Euler Int. Math. Institute, May 22—25. St. Petersburg 2012, pp. 98—111. arXiv: 1205.6044

[17] Ю. И. Манин. *Математика как Метафора*. (2nd expanded edition) Москва. МЦНМО, 2010, 424 стр.

[18] Yu I Manin. *Mathematics as Metaphor. Selected Essays*. American Math. Society, 2007.xi+232 pp.

[19] I McGilchrist. *Reciprocal organization of the cerebral hemispheres*. Dialogues in Clinical Neuroscience, vol. 12, No. 4, 2010, pp. 503—515.

[20] I McGilchrist. *The Master and His Emissary: The Divided Brain and the Making of the Western World*. Yale UP, 2009.

[21] *Machiavellian Intelligence: social expertise and the evolution of intellectmonkeys, apes and humans. R. W. Byrne, A. Whiten* (eds). Clarendon Press, Oxford, 1988.

[22] *Machiavellian Intelligence II.Extensions and evaluations*. Andrew Whiten and Richard W. Byrne (eds). Cambridge University Press, 1997.

[23] R Milev. *The"World Script Revolution"in the Fourth Century: a series ofcoincidences and typological similarities, interferential influences, or an unexplored phenomenon of parallelism?* In: Variantology 3, ed. by S. Zielinsky and E. Fürlus. Verlag der Buchhandlung Walter König, Köln, 2008. pp. 369—389.

[24] Н Н Николаенко. *Функциональная асимметрия тозга и изобразительные способности*. Текст и Культура. Труды по знаковым системам. Тарту, ТГУ, выл. XVII (1984), 48—67.

[25] N N Nikolaenko. *Artistic thinking and cerebral asymmetry*. Acta Neuropsychologica, vol., no. 1, 2003

[26] N N Nikolaenko and M. Brener. *Functional cerebral asymmetry and itspossible evolution in historical times*. Journ. of Evolutionary Biochemistry andPhysiology, 39: 4 (2003), 491—501.

[27] Н Н Николаенко, В. Л. Деглин. *Семиотика пространства и функциональная асимметрия мозга*. Текст и Культура. Труды по знаковым системам. Тарту, ТГУ, вып. XVI (1983), 84—98.

[28] N N Nikolaenko, A Y Egorov, E A Freiman. *Representation activity of the right and left hemispheres of the brain*. Behavioral Neurology, 10 (1997), 49-59.

[29] E S Spelke. *Core systems and the growth of human knowledge: natural geometry*. In: [HNE], pp. 73—99.

[30] C Thomas-Anterion, Ch Creaćh, E Dionet, C Borg, Ch Extier, I Faillenot, R Peyron. *De novo artistic activity following insular-SII ischemia*. PAIN, vol. 150 (2010), 121—127.

尤里·I.马宁（Yuri I. Manin），1937年出生，（苏联）俄罗斯籍和德国籍数学家，以代数几何和丢番图几何中的工作，以及从数学逻辑到理论物理的许多探索性研究而著名。1960年，师从伊戈尔·沙法列维奇（Igor Shafarevich）的马宁获得斯特克罗夫数学研究所（Steklov Mathematics Institute）副博士学位，现任德国波恩马克斯·普朗克数学研究所和西北大学教授。马宁的早期研究成果包括以阿贝尔簇的算数群和形式群为题的论文、函数域中的莫德尔（Mordell）猜想及代数微分方程。高斯-马宁连接（Gauss-Manin connection）是代数簇家族中上同调研究的一个基本成分。他的关于三次曲面和三次型的著作介绍了怎样应用代数几何中的传统与现代方法以及非结合代数，具有很大影响。为解释哈瑟原则受到的阻碍，他还指出格罗滕迪克（Grothendieck）提出的全域Azumaya代数理论（the theory of global Azumaya algebras）中Brauer群的作用，推动未来的相关研究。他提出了马宁猜想，用来预测代数簇有界高度上有理点个数的渐近行为。除此之外，他的研究成果还包括杨-米尔斯理论、量子信息、镜面对称等主题。他分别于1994年和1999年被授予内默斯数学奖（Nemmers Prize in Mathematics）和肖克奖（Schock Prize），又于2002年分别荣获德国康托尔勋章（Cantor Medal）和沙特阿拉伯费萨尔国王国际数学奖。2010年，他获得匈牙利科学院颁发的波尔约奖（Bolyai Prize）。

City of Sorrow
Heart in the Machine

玛蒂尔达·马尔科里

达达主义者的百转千回之路

通过抽象艺术走进数学

荒诞虚空的命运，你这运转不停的巨轮[①]

抽象的世界。我的父母深入意大利现代艺术界长达几十年。20世纪50年代末到60年代初，他们双双进入米兰理工大学学习建筑。师从厄内斯托·南塔·罗格斯（Ernesto Nathan Rogers）的母亲与康拉德·瓦克斯曼（Konrad Wachsmann）、伊那乔·加德拉（Ignazio Gardella）、阿尔巴·斯坦纳（Albe Steiner）等几位当时最知名的建筑师和平面设计师合作共事。父亲在博洛尼亚大学与翁贝托·依科（Umberto Eco）和托马斯·马尔多纳多（Tomas Maldonado）二人共同开展人文学科的一个实验性教学项目。除此之外，父母

① 译者注：原文摘自中世纪拉丁文吟唱诗《命运女神》（O Fortuna），下同。

还喜欢绘画，艺术灵感往往来自数学的主题（图1和图2）。70年代父母离异，但他们在艺术界、设计界以及共产主义学界结交的朋友依然经常光临我家。我在现代艺术的氛围中长大，深谙其历史发展过程和意义。十来岁之前，常听20世纪无调性经典乐曲。卢西亚诺·贝里奥（Luciano Berio）、路易吉·诺诺（Luigi Nono）、卡尔海因茨·施托克豪森（Karlheinz Stockhausen）、伊阿尼斯·泽纳基斯（Iannis Xenakis）、贾钦托·谢尔西（Giacinto Scelsi）、皮埃尔·布列兹（Pierre Boulez）都是我最喜欢的作曲家。到十几岁时，我喜欢上了早期音乐，如卡洛·杰苏阿尔多（Carlo Gesualdo）、卢卡·马伦齐奥（Luca Marenzio）和奥兰多·迪·拉索（Orlando di Lasso）的作品。浪漫主义乐曲，我一直都听不惯，到现在还是听不懂。我对视觉艺术的品位主要受童年时期发生在身边的几场艺术思潮的影响：父亲的抽象创作接近于欧普艺术和动态艺术以及乌尔姆造型派的风潮；母亲的概念艺术受达达派和极简派的浸润，同时掺杂了符号派的内容。因此我能深深地理解俄苏先锋派和包豪斯时期的画家，以及在战后美国兴起的抽象表现主义。

凄怆的暗影。从知识层面看，儿时的成长环境是发人奋进的，但同时也有着黑暗和暴力。我将部分情况以半自传体网评的形式记录下来，一开始发布在博客上，而后集结成册，出版了《寂静之井》一书[8]。目前，我正重返这一主题，准备写一部名为《欧洲的蹂躏与水仙花的镜子》的小说[15]，其中运用半虚半实的手法，以同时代文化人物和个人之间的通信为主线，同时探索艺术界和我在日后切身感受到的数学界之间的联系和相似之处。

> 悲惨的境地和凄怆的暗影。
>
> 和平和安息从不在此驻扎，
>
> 希望无所不到，这里却是个例外。
>
> ——约翰·弥尔顿，《失乐园》，第一章65–67行

个人发展。生活在这样的艺术氛围中，我却迷上了自然科学。母亲最初

图1　标志图，安娜尔罗萨·科塔（Annarosa Cotta），1986

是学化学的，一生对科学怀有浓厚的兴趣，我从很小的时候就深受感染。在那时，物理学占据了自然科学的中心地位，被誉为社会进步和文明的基石。当时正值航天时代，人类正在摆脱地球混沌不清的未来，去征服未知世界。我发现科技进步的梦想——这个征服宇宙深处的梦想，恰恰与现代艺术的兴起植根于同一片热土。一直以来，以康斯坦丁·齐奥尔科夫斯基（Konstantin

Tsiolkovsky）为代表的科学界和神秘的生物宇宙主义者（Biocosmists）与诗人韦利米尔·赫列布尼科夫（Velimir Khlebnikov）、画家米哈伊尔·拉里奥诺夫（Mikhail Larionov）和未来主义者们一同生活在充满朝气的苍穹下。

原动力。我渐渐明白，一幅抽象画，如康丁斯基（Kandinsky）的《圈之舞》（*Several circles*），一首无调经典乐曲，如我长期喜爱的布列兹（Boulez）的《无主之槌》（*Le marteau sans maître*），它们深深打动我的是对结构之美静静地思考。抽象艺术以抽象结构为基础，数学也一样。十来岁的我对数学产生了更为浓厚的兴趣。当时我就确信艺术和数学只不过是表现相同概念的两个差别很小的途径罢了。

在那个年代，由于享受财政补贴，苏联米尔出版社低价向意大利大批投放高等数学和物理读物。它们成了我在课外的有益补充，因为我就读的古典高中以传统人文学科的教学大纲为主，古希腊、拉丁文、哲学、艺术历史的研究较为深入，但极少涉及科学及一切现代的事物。平心而论，学好两种古代印欧语言对我日后研究语言学十分有用，因此对于文理并学这种怪事，我无怨无悔。数学和物理我学得很随意，只要是本地政府允许出版的相关俄语读物，我能拿到手的都不放过，而这也很有用。当我进入米兰大学学习物理专业时，我如鱼得水，轻松毕业。以后多年，与书结下的不解之缘继续为我的很多研究工作提供着原动力，而如今这种力量却因许许多多好书店的消失而面临真正的危机。

数学、暴力及超现实主义语言

先是坎坷，后又平顺，象被命运玩弄于股掌之上

千禧年的宇航员。说来也怪，在积极运用艺术表达方面。我当时并没有选择自己热爱的抽象艺术（直到后来才又走进了该领域），而是选择了超现实主义的语言，尤其是马克斯·恩斯特（Max Ernst）发明的拼贴技艺。超现实主

图2 《结构符号》，阿蒂利奥·马尔科里（Attilio Marcolli），1985

义是先锋派的另一个面孔，一个更加黑暗的面孔，具有梦境、内观和心理分析的特点，有时也令人感到不安，与抽象那光鲜亮丽、具有理性、高瞻远瞩的面孔形成鲜明对比。恩斯特是我最喜欢的超现实主义者，他开创了拓印法这种简略的表现形式，而且总是遮遮掩掩、半开玩笑地把科学和神秘的炼金术相提并论。他在其知名著作《浪漫拼贴画》（*Coilagenromane*）中对组合画那梦幻般的讲述，尤其是“仁慈的一周”(*Une semaine de Bonté*)，我花了很长时间细细思考。除此之外，我还品读了他晚年创作的一些知名度较小的作品，如《千禧年的宇航员日记》（*Journal d'un Astronaute Millenaire*）和《麦斯米兰纳——非法从事天文学》（*Maximiliana, or the illegal practice of Astronomy*）。

仁慈与残酷。每每找寻合适的图像和文字讲述我在数学界的经历，总喜欢把超现实主义当作艺术表现模式。在数学平和无争的表面背后是一个更加黑暗、充满暴力的世界，与其显而易见的古典之美形成巨大反差，我觉得我也喜欢用超现实主义去再现这种反差。我的朋友尤里·马宁（Yuri Manin）曾经说过："超现实主义者引发关注（可我却感到厌恶），就是因为他们不再继续伪装下去，而是一门心思地宣传残酷所包含的纯艺术价值。"这话有一定的道理：超现实主义作品——尤其是恩斯特早期创作的一些故事贴画（如"仁慈的一周"）——同样表现了暴力与残酷。暴力是存在的，而且常常会遇到，即使在远离现实的数学抽象领域里亦是如此。掩耳盗铃是无济于事的。我认为，能够运用一种语言，以诗歌和艺术的形式讲述暴力，是无比重要的。我们只能通过这种途径来面对和表达社会中无法公开谈论的事物，就好比20世纪初，超现实主义者能够通过其拼贴画自由表现传统家庭和中产阶级社会内含的暴力。在数学界，暴力、欺凌和威逼的情形十分普遍，天天上演。一种"残酷文化"在数学工作者当中普遍存在，但缺乏一个公开讨论问题的平台。艺术有助于表现崇高理想和冷酷现实之间的强烈反差。

《三联画》的创作。在此，我只想谈谈自己于1995年用超现实主义手法创作的《三联画》。此画表现了我在数学界的早年经历以及我对数学界现状的看法。《三联画》的左联（图3）代表数学工作不为人知的一面——耗费大量时间和精力，时而忍受痛苦，只为探索一种尚未完全被人理解、不具备完全形态、纷乱庞杂而又难以分析的"原始物质"。这份工作不见天日，在昏暗的地下室进行着，隐于公众视野之外，可这往往是真正关键的部分。这里是思想的实验室，是发生一系列数理反应变化的炼金炉。左联的象征意义比较明显：辛苦劳作的人，让我们想起但丁《地狱》里的场景，体现了搬动巨石所需的努力，在这里象征着当时我的合作伙伴保罗·阿卢费（Paolo Aluffi）在研究点的PLG_2轨道（为更为复杂曲线轨道问题建立的玩具模型）时观察到的一项有关多面体的令人费解的数学现象。老鼠代表了又脏又乱的地下环境。在那里，思想还没有得到完善，达不到学术界认可的力度。而乐器和鸡蛋的形状（参考了皮耶罗·德拉·弗朗西斯卡（Piero della Francesca）的《圣母子与圣徒》（Madonna di Brera））以及文艺复兴之城的背景则烘托了隐藏在画面主体表现的疲乏倦怠之后的和谐与美丽。我把这个隐秘而粗拙的环境看成数学真正的核心和灵魂，其真实的本质隐匿在种种表象之下。

图3 《三联画》左联，1995，玛蒂尔达·马尔科里

相比之下，右联（图4）描绘了一个截然不同、形于表面的世界。这是一处同时被几个太阳（代表高亏格）炙烤着的城市空地，是我进入高层学术环

境中通过观察男性佼佼者的所作所为渐渐了解的世界。这个世界已经和秘而不宣、孤独寂寞、劳神费力的地下工作脱离了干系——那种艰难困苦但最终能发现真理的工作，那种不为外人所知、常常得不到肯定的工作。这里是数学界众人瞩目的中心，但作为一个社会环境来看，却是满目萧然，唯有孔雀的自我吹捧和蜥蜴的唯我独享，还有那人性的阵阵绝望。象征和谐和美丽的海螺也出现在这幅画面中，提醒人们不要忘记数学之美犹存——即使在数学大师及其个人关系的圈子中充满了荒芜凄凉。

图4　《三联画》右联，1995，玛蒂尔达·马尔科里

《三联画》的中联（图5）采用透视画法，体现了一个人过去和未来的难以调和性，同时也在更大层面反映出残酷（阶梯上的那个骨瘦如柴的人）和温柔（旁边的几只小猫）的势不两立。为了能坚持从事数学研究，我们需留住那

图5　《三联画》中联，1995，玛蒂尔达·马尔科里

种拍案称奇的能力，留住心中的那份纯真，发现事物内在的美，抵挡住这个欺凌暴力横流的社会对我们实施的暴行和破坏。寻找平衡的过程充满坎坷，而且存在矛盾，几乎就像隐藏在现实视角中的一个不可能的图形一般。为了守护平静祥和的内在洞察力，外表上我们需要变成冷酷无情的战士（用盾牌和武器代表）。我们能否坚守数学事业在很大程度上取决于能否保持这种脆弱的平衡。

漫漫长路，东游西荡

我现在只好赌赌运气，赤手空拳向你讨个公道

物理学和拓扑学。对我来说，通往数学和物理学的道路充满曲折和坎坷。1989至1993年间，我就读于米兰大学物理学专业，开始全面接触数学和理论物理学。在那里，学习环境发人奋进，师生坦诚融洽，多次与一群兴致勃勃的好友长驻于山间，学习数学分析，研究量子物理，喝喝酒，听听歌。

在那个期间，我还写了一本数学题材的短篇故事集，叫作《狼的故事》，于近期出版[10]，对此我在《狼与街道：讲述与数学相遇的故事》[1]中做了全面介绍。随后我完成了第一本超现实主义贴画小说《童话中的大灰狼》，这本书我也在《狼与街道》中谈到过。

我还没有毕业，工作就有了一半的着落，准备好去俄罗斯信息系统研究院工作，但到毕业时，苏联解体，那份工作也化为泡影。我在意大利混了两个月，在一次拓扑学研讨会上发言之后，竟意外地被彼得·梅伊（Peter May）招录，进入芝加哥大学数学研究院攻读研究生学位。没有机会多想，我便来到另一大陆生活了。起初，美国的生活很难适应，这也是情理之中，毕竟这是一次生活的突变。但我逐渐开始承认自己已经无路可退（尤其在1996年母亲去世之后）。我获得了拓扑学者这个新身份，过上了新生活，与合作伙伴保罗建立了长久的私人关系，这一切为未来提供了一个充满希望的新视野。

踏入规范场论的幻境。1997年，我从芝加哥大学毕业，毕业论文的主题是风行一时的塞伯格-威腾规范场论和三维流形拓扑学。我的导师梅尔·罗森伯格（Mel Rothenberg）是一个充满正能量的热心人。我和他都相信人类会走向光明的未来，而当时这种信念正从“旧大陆”快速消失。他让研究生完全自由地选择那些能够激发热情和好奇心的课题，这是我极为欣赏的。我之前接触到以理论物理为背景的规范场论，因此很自然地就转到了数学研究上，探究规范场论的数学问题及其自上世纪80年代以来在建造低维度流形不变量方面取得的骄人成绩。我发现，通过解决基本粒子物理学中运动场经典方程，就能分辨基础时空流形的平滑结构，这简直美妙极了。从概念上讲，这种分析在深度远远超过物理直觉的数学层面揭示了物理和几何之间存在的深刻联系。此般美妙不曾因时间的流逝而改变。曾经的美，依旧如故。然而，在业界工作的现实就大为逊色了。在本领域的数学研究者组成的小圈子里，权力关系大行其道。这个我喜爱的数学课题更加黑暗的一面，直到我进入麻省理工学院，干起第一份工作后才意识到。那是一个为期三年的博士后研究项目。当时站在事业的巅峰，身处全球最富有朝气、最激动人心的学府之一，我把这份工作看成是拜师学艺的绝佳机会。我从物理学到数学的转型，以及我对美国学术界的调整适应，看起来好像已经一蹴而就了。

陷入狂乱的深渊。梦想离现实相去甚远。虽然麻省理工学院的环境在个人层面上看似和和睦睦，但事实证明，想要进行专业层面的探讨是不可能的，排外和排挤的现象比比皆是，不容置疑。两年下来，提示我离开本领域——甚至离开数学界的细小声音变得震耳发聩。不过，我还是想办法和王柏岭（音译）合作完成了200页的塞伯格-威腾弗洛尔同调论研究论文，并且写完了我的第一本书——一本关于塞伯格-威腾理论的概论。除此之外，我与瓦吉斯·马塔伊（Varghese Mathai）合作承担起了量子霍尔效应非交换几何学的研究工作，这在当时属于小项目，但它却发挥了极为重要的作用，把我带入了另一个研究领域，不久之后便成为我逃离的渠道。幸运的是，所有的这些工作都有收获，在我进入麻省理工学院的第二个年头，一个机会不期而至，我赶忙将它抓住——担任德国波恩的马克斯·普朗克数学研究所的一份非教学的长期研究工作。在麻省理工学院工作的第三年，也是最后一年，与身边残酷文化的抗争愈发激烈。2000年，我离开了波士顿这个我喜爱的城市，来到新地方。生活又迎来一次突变，又是一段不省心的适应过程。接下来的几年，我几乎都在两地之间来来回回地奔波，努力兼顾美国的家庭和欧洲的工作。然后就是越来越频繁地参加在两大洲举办的各种研讨会和累人的巡讲活动。结果把规范场论的研究丢在了一边。尽管我非常喜欢这个领域，可我无法冲破立在我面前的那堵墙。人际环境变得纷繁复杂，心难以平静，因而不可能创造出质量上乘或是被人认可的研究成果。

在剩下的几个月里，我开始写平生第一部科幻小说《悲伤之城》（*City of Sorrow*）。来到马克斯·普朗克数学研究所的第一个月，我写完了这本小说，也已于近期出版[3]。有关详情，下文再述。

> 那深思熟虑的魔王站在地狱的岸边，
>
> 向那狂乱的深渊观察了片刻，
>
> 思虑前去的航程
>
> ——约翰·弥尔顿，《失乐园》，917–919行

魔法山。来马克斯·普朗克数学研究所工作是我一生当中做出的一个最幸运的选择。在那里，我可以重整旗鼓，学习新的东西。我发现除规范场论之外，数学还有很多美丽之处。最为重要的是，我发现能够安心地探索新的领域了。数学界——尤其是美国的数学界对研究领域看得很重，竖起一道道屏障。一条条定理就这样被埋藏在角落里。除了几位自封的看护人之外，禁止其他所有人接近。擅自闯入某人领地就会受到严厉的惩罚。你研究的是拓扑学还是代数几何？是数学还是物理学？是几何学者还是分析员？你是什么人？什么专业？马克斯·普朗克数学研究所则是一番别样的风景。

研究所深受俄苏数学学派的影响，当时人员构成仍以该学派的访问学者为主，是一个开放自由的学术交流空间。活动围绕每周举办的大量研习班展开。虽然有些研习班是按领域划分的（如数论研习班、拓扑研习班等），但其余研习班的范围要大得多，如马宁主持的“代数、几何和物理研习班”或具有专题研讨会特点的进阶讨论课（Oberseminar）。最为重要的是，所有的交流活动完全不拘小节，人人平等，共享办公室和公共空间，随心所欲地相互讨论。再也没有人把知识分割成一块块的“领地”。

我很快就开始和尤里·马宁合作开展一系列有关数论和非交换几何的综合性研究，以一篇研究限制模块化符号的论文为开端，整个过程十分精彩。我们的合作延续至今，成为我数学研究生涯中最棒的经历之一。与此同时，我也终于感受到了一直以来心之向往的数学研究状态：一项平静、深刻、有益的智力活动，完全摆脱了我经常在其他地方遭遇的黑暗、暴力的暗流。我在数学界坚持这么久，主要归功于上述合作经历给我留下的积极影响。

随着对这个新研究领域的信心不断增强，我以系列讲座这种非正式的风格撰写了第二部专著——《非交换算术几何》（*Arithmetic noncommutative geometry*），旨在向更广泛的数学研究者介绍非交换几何、数论和算术几何的综合研究。

大概在同一时期，我写了第二本科幻小说《亚麻雍》[4]，直面剖析自己主要因个人和家庭经历而对生活在德国产生的内心种种隐讳和恐惧，同时以幽默的口吻描述了研究所的氛围。此外，我写本书的目的也是想揭示在半个世纪之后，第二次世界大战依旧影响着很多欧洲人的感情和世界观。

发不出光亮，只见一片黑暗。我在马克斯·普朗克数学研究所最后几年的感受大有不同，主要是因为发生了两个互不相干的变化，一是周围环境的改变，二是我个人研究和生活的变动。当时，研究所已开始改革，而且在我离开后的几年变动更加剧烈，几乎丧失了90年代末到21世纪初我记忆中的特殊氛围。其中一个重大影响是建立研究生院的决定，但这明显不是研究所的特长。研究生院的建立在以往自由平等、不分等级、高度国际化的氛围和德国学界其他研究机构的那种一板一眼、等级严格、民族单一、大多时候形式化极强的本质之间产生了摩擦。到目前为止，共有16名博士生从我这毕业，但只有两名通过了研究所的考核。因此可以说我经历了研究生教育制度最好和最坏的一面。也主要是这般经历让我决定放弃研究所梦寐以求的工作，回到美国谋职。

第二个重大变动发生在我开始逐渐融入一个新的数学研究者团体，围绕非交换几何领域展开研究之时。从专业角度讲，这是一次有趣且有益的经历，但这个团体深受群体思想、个人崇拜、自我浮夸的侵扰。在那些年里，我常常和阿兰·孔涅（Alain Connes）一起搞研究，也和他一起编写了第三部专著——《非交换几何、量子场和运动》（*Noncommutative Geometry. Quantum Field, and Motive*），从表面上看如我所求，很好地将数学的不同领域（几何、数论）和理论物理结合在了一起。有几年的时间，我认为自己已经找到了一个能够激发创造力的适宜环境。然而，这只是幻象而已。对此，我在自己创作的戏剧剧本《清醒的科学》中进行了大篇幅的描写[9]。后来，我公然成为“不受欢迎的人”，被残酷地驱逐出了那个团体。这时，我已经看够了，再次意识到又一个充盈着美丽数学的领域受到了诟病丛生的人文环境的破坏。

我把那些年的艰难经历记录在了《机械的内心》[5]和《钢铁的尖叫》[6]这两本书中。前者采用系列短评的形式；后者采编自名为“欢迎来到机械世界”的博客。2009年，我也把近几年在研究所和加州理工学院的经历写进了《清醒的科学》这部剧[9]。

> 但那火焰
>
> 发不出光亮，只见一片黑暗
>
> ——约翰·弥尔顿，《失乐园》，62-63行

消耗战。2008年夏天，我搬到了美国加州。加州理工学院几乎不存在官僚

制度，学生非常少，教学任务不重，教职员工也不多，有利于沟通。对身为数学和物理研究者的我来说，这里是进行再度休整的理想之地。重新振作的过程是漫长且艰难的，持续至今，加之学院关闭了一个特别棒的书店，后又对图书馆进行“改制”，更是突如其来的沉重打击。我还指望利用这些资源确定新方向，建立新项目，试着重建我的研究身份。读书对我来说是唯一公平公正、没有暴力的数学交流形式，是我最珍贵的“战友”和可靠的信息来源。失去它让我的恢复过程变得格外困难和漫长。

关于书对我个人学术生涯的重要性，我正尝试展现在一个名叫《境遇：一个图书馆的故事》的文学项目中[16]。与此同时，讲述我在学院头几年的生活的博客日记已经出版成书，名为《聆听泥人》[7]。我在《狼与街道》中提到的完成于2013年的诗集《街头科学》[2]也谈到我在这个时期经历的人和事。还有一个正在进行的文学项目——《穿越夜晚的航行：红色法则》[13]，是我根据近20年来自己对荣格分析心理学派以及卡尔·古斯塔夫·荣格（Carl Gustav Jung）著作的了解，以属于潜意识心理世界的炼金术典型视角，重温了数学界的风风雨雨。目前我正对此书做编辑校正工作。

迄今为止，我已经在加州理工学院工作六年了，期间受形势所迫，经历了一场研究工作的重大结构变革。我努力挽救离开马克斯·普朗克数学研究所、非交换研究遇阻时还在进行的项目，缩减了很多长期项目的规模，把它们变成可以和学生一起研究的短期目标，使之至少具有一定的教育意义。我努力在新的方向重塑自我。

我主要研究运动之间的关系和能量场理论，后者是建立在我与阿兰·孔涅合作项目基础之上的新课题。通过更多地关注课题中有关代数几何的内容，我发现自己在多年之后又能与搭档保罗合作研究一项新课题。在艰难的过渡时期，这对我产生了极大的帮助，但后来再次遭到业界两位知名专家的非难，认为侵犯了他们的领地。在我眼前不断发展的领域再一次变成了竖起道道屏障的荒芜之地，一个我再次被迫撤离的“禁区”。

我再次踏上了征程。与冈萨洛·塔布阿达（Goncalo Tabuada）新开展的一个合作项目让我学到了很多有关运动和差分范畴的知识。在另一个方向，我尝试研究信息论，起初与尤里·马宁继续展开合作，采用量子统计机械法研究错误修正代码的渐进界，后与我的一些学生探索信息熵、计算化和非规范化、几何和量子信息等领域。最后，我只是琢磨着把计算语言学当作一个我愿意积极参与的新研究领域。在人类知识的疆域，寻找一处平静祥和的理想之地，容我安心地工作，或许就像所有乌托邦的想法一样，到头来只是脑海中浮现出的又一个蜃景，但接下来寻岸的航程带我一路领略了很多有趣的风景。

我试着学习并教授梵语，在当地的书店讲授艺术和数学，不断把讲稿整理归纳成一本文集[11, 12]，在湾区无政府主义者书展上卖自己的书。我在试着转移注意力，使自己远离研究工作前线不断上演的劳形苦心的消耗战，将创造的渴望带入更加平和的环境中。

在加州工作的六年里，我撰写了53份新研究论文，在数学、物理学和信息论等不同领域之间进行广泛研究，而且还完成了一部研究量子场论中代数簇运动发生率的专著——《费曼运动》（*Feynman Motives*）。然而，最近我渐渐意识到，这样的加速战斗模式其实并不能帮助我走出阴影。我知道在这个阶段，和数学相比，倒是艺术更能让我从一个有意义的视角看待整个经历，并且让我获得前进所需的属于自己的那份平和心态。若要创造出优秀的数学成果，平常心是不可缺少的。继续在争强好斗的环境下工作会降低成果的质量。如同我以往多次的经历，脱离环境寻找缓行之计才是上上策。在这样的变动期，我常常借助艺术来释怀，来熬过那些荒诞事。

以力取胜，并非全胜

——约翰·弥尔顿，《失乐园》，648–649行

非法从事宇宙学。我最近几年尝试研究的一个课题是宇宙学的几何模型，

合作伙伴有我带的两名研究生，还有一位宇宙学家，名叫伊莲娜·皮埃尔保利（Elena Pierpaoli），是我在意大利读物理专业时结交的一位老友。我们写了几篇论文，后来与非交换几何学群体的摩擦越来越大，迫使我们终止了研究。

一天早晨，我在校区里的咖啡馆遇见了研究宇宙学的同事马克·卡米奥库斯基（Marc Kamionkowski），他开玩笑地问我是不是"没领执照就搞起了宇宙学研究"。我立刻想到了恩斯特的"非法从事天文学"，于是便以诗歌和抽象艺术（图6和图7）相结合的形式开始创作[17]（尚未完成），题目就叫"非法从事宇宙学"。

与此同时，凭借非传统的数学宇宙学研究，我获得了圆周理论物理研究所宇宙学部杰出访问研究讲席一职，并在接下来的几年里，进行长期的访问。数学宇宙学或计算语言学能否成为我的下一个研究领域，还不好说，但大的方向不会变，更加远离了数学和理论物理学传统课题的核心地带。

图6 《生物宇宙演化一号》，2010，玛蒂尔达·马尔科里

图7　《生物宇宙演化二号》，2010，玛蒂尔达·马尔科里

此身亦在乌托邦。科学家谈论科学时，往往受古希腊理想品行（*Kalos kai agathos*）旧观念的不利影响，即美丽的事物也一定是美好的，反之亦然。这不可避免地导致科学家被描绘成卡通式的英雄人物。越是博大精深的科学，科学家就越可能被展现成为具有优秀诚实本质的人。事实上，并非所有美丽的事物都是美好的，美丽的数学思想可以且往往是被品行卑劣的人创造出来的。值得称赞的佳例少之又少。这并没有破坏数学本身的美。事实上，科学的可歌可泣之处恰恰就在于尽管参与其中的人是丑陋残酷的，可也确实能揭示关于宇宙的美丽真理。将这个事实隐藏在常常被神圣化扭曲的现实背后，会导致我们不能很好地服务于科学，服务于所有踏上科学征途的人。他们理应得到更加诚恳的

提醒：美和丑在路上都有可能会遇到。我的多数艺术创作，从各类形式的文字到各种视觉表达，主要都是为了传达我根据20年的个人经验所判断的业界更加真实的一面。

永恒的无政府主义

在此时刻，请勿迟疑，立即拨动令人心悸的琴弦

悲伤之城。我的第一部科幻小说——《悲伤之城》[3]，其形式接近美国动作探险类科幻小说风格，约有三分之一的内容是以批判的眼光审视我在童年接触到的一些神话故事。在冷战的岁月里，意大利扮演了一个奇特的角色：虽然官方上属于北约，但在文化上距离俄苏的影响圈比其他任何西方国家都要近得多。从小到大，我很容易接触到苏联的影视诗歌，当然还有上文所说的俄苏科学。除了高雅文化之外（安德烈·塔可夫斯基（Andrei Tarkovsky）、鲍里斯·帕斯捷尔纳克（Boris Pasternak）、约瑟夫·布罗茨基（Joseph Brodsky）、弗拉基米尔·维索茨基（Vladimir Vysotsky）、斯特鲁加茨基（Strugatsky）兄弟等），还出现了一些真实性更有待考证的手工艺品和大量的神话，紧密联系到科学进步的希望和航空时代的欢愉。以批判的目光重新审视这些神话故事，分析冷战如何影响像我这样一代有理想的科学家，是有必要的，这构成了我写《悲伤之城》的一部分动力。在动作探险情节的背后，也是对社会主义和无政府主义的批判性反思——我总体上认同这两个复杂的、多元化的政治空间。《悲伤之城》的最后一章写于我离开麻省理工学院之后，笔触有所不同，侧重批评我往年所经历的科学界，在那里，我目睹了人性的残酷，体会到强烈的属地化倾向，领教过排斥他人的争斗，最终，科学界背叛了为人类共同利益而广泛展开合作的梦想，而我儿时一直相信人的利益才是科学的本质所在。

我计划写另一部表现数学界内部运行状况的科幻小说——《陶土战士》[14]。目前还在早期酝酿阶段，但我希望有一天能把它完成。

图8　《此身亦在乌托邦》，1996，玛蒂尔达·马尔科里

达达派信仰的坚守。在1957年广为人知（或广受谴责）、针对淫秽内容而进行的法庭审理案中，艾伦·金斯堡（Allen Ginsberg）的诗作“嚎叫”被说成是讲述“一位坚守达达派信仰的漂流者”的故事（诗的第三部分涉及卡尔·所罗门（Carl Solomon））。此番让人感到辛酸的表述，倒是能十分贴切地形容20年来我在数学界经受的痛苦旅程。

直到最近写《街头科学》这本诗集时[2]，我才尝试诗歌创作。很明显，形式上的灵感来源于我最喜欢的英文诗作家艾伦·金斯堡，虽然我那小小的风格特点不是采用诗节的物理分割法，而是通过运用节奏、节律性声调和频繁的压头韵实现一种隐含式的分节。我在《狼与街道》中谈到过，诗集的主题是概括性地回顾我的20年数学研究生涯，从1993年物理学专业毕业开始，直到2013

年着手写这些诗为止。

依我来看，诗歌是革命艺术最好的形式，应该用于一个人想要迸发出一声愤怒的呼喊或一声战吼的特殊时刻——那就是一声嚎叫，黑夜里的一声嚎叫，一声穿越世界之巅的惠特曼式野蛮的叫喊。

我的其余文字都采用散文的形式，一种是科幻小说，将现实轻轻推入一个幻想中的未来[3, 4, 14, 15]；另一种是博文短评等散文[5~8]。

在数学和物理学的科研工作中，我向来是一个局外人，一个漂流者，一个无政府主义者，一个浪人。我不属于任何一个公认的学派或任何知名团体。不停地奔波，不停地通过自我转变和自我蜕变获得新身份，如此这般穿越雷区，塑造自我。对于我的文字和艺术，我有意识地选择地下出版的方式，联系加拿大的一家小型网络出版社，以规避任何常规的出版形式。我也亲自去加州各地的无政府主义书展推销我的书，希望找到合适的读者群，能接受我那具有悲喜剧色彩、有关数学权力结构和领域争夺游戏的经历。

由于最古老的“夜”和“混沌”，
“自然”的始祖，从洪荒太古就掌握了主权，
在不断的战争喧嚣、纷扰中，
长期保持无政府状态。
——约翰·弥尔顿，《失乐园》，第二章894–897行

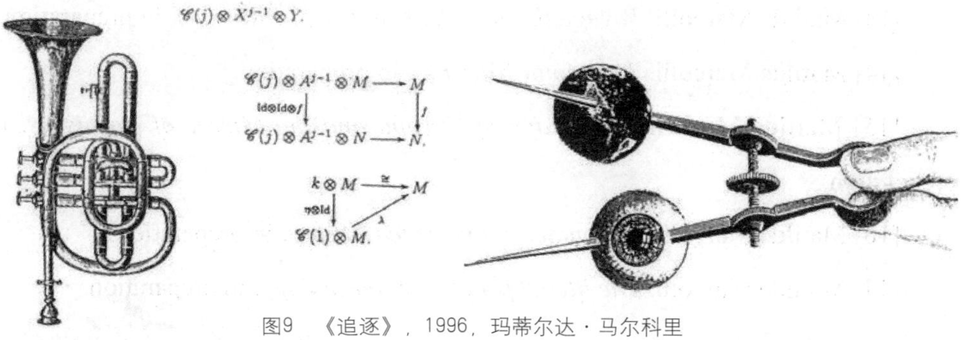

图9 《追逐》，1996，玛蒂尔达·马尔科里

参考文献

[1] Matilde Marcolli. *The Wolf and the Street: Narrative encounters with Mathematics*, in"Imagine Math 3: Between Culture and Mathematics" (Editor: Michele Emme Springer Verlag, 2014.

[2] Matilde Marcolli. *Street Science*. Lulu Press, 2013.

[3] Matilde Marcolli. *City of Sorrow*. Lulu Press, 2014.

[4] Matilde Marcolli. *Yamaon*. Lulu Press, 2014.

[5] Matilde Marcolli. *Heart in the Machine*. Lulu Press, 2013.

[6] Matilde Marcolli. *Screams of Metal*. Lulu Press, 2013.

[7] Matilde Marcolli. *Listening to Golem*. Lulu Press, 2013.

[8] Matilde Marcolli. *In the Wells of Silence*. Lulu Press, 2013.

[9] Matilde Marcolli. *The Somber Science*. Lulu Press, 2013.

[10] Matilde Marcolli. *Racconti per il Lupo. Matematica e altre fantasie*, Lulu Press, 2012.

[11] Matilde Marcolli. *Still Life as a Model of Spacetime*, lecture at Century Books, Pasad2012; Lulu Press, 2013.

[12] Matilde Marcolli. “The Void in Modern Art and Modern Science”, lecture at CentBooks. Pasadena, 2014.

[13] Matilde Marcolli. *Voyage through the Night: Opus Rubrum*, in preparation.

[14] Matilde Marcolli. *Terracotta Warriors*, in preparation.

[15] Matilde Marcolli. *The Rape of Europa and the Mirror of Narcissus*, in preparation.

[16] Matilde Marcolli. *Encounters: a narrated library*, in preparation.

[17] Matilde Marcolli. *The illegal practice of cosmology*, in preparation.

玛蒂尔达·马尔科里（Matilde Marcolli），1969年生于意大利科莫，1989年完成在文法高中的学习，

1993年获得米兰大学理论物理学专业学士学位，后分别于1994年和1997年获得芝加哥大学数学硕士和博士学位。1997年至2000年，她在麻省理工学院担任摩尔导师，后在2000年至2008期间担任马克斯·普朗克数学研究所副教授，现任加州理工学院正教授，同时在圆周理论物理研究所宇宙学部担任高级访问研究讲席一职。

马尔科里教授曾在数学和理论物理学从事多项课题的研究工作，包括塞伯格-威腾规范场论及其低维度拓扑应用、量子场理论中的代数几何结构及动力结构、用于宇宙学粒子物理、量子重力和凝态物理的非交换式几何模型。她于近期开展了计算语言学的研究。

2001年，马尔科里教授荣获德意志研究基金会（Deutsche Forschungsgemeinschaft）设立的海因茨·迈尔-莱布尼茨奖（Heinz Maier-Leibnitz Preis），又于2002年获得亚历山大·冯·洪堡基金会（Alexander von Humboldt Foundation）颁发的索菲·柯瓦列夫斯卡娅奖（Sofia Kovalevskaya Award）。在阿姆斯特丹举办的2008年欧洲数学家大会上，她应邀做了大会报告，在海德拉巴举办的2010年国际数学家大会上，也做了数学物理分会的报告。

迄今为止，马尔科里教授总共编写了4部数学物理学研究专著、90多篇研究论文、2部科幻小说、1部戏剧、1部短篇故事集和1本诗集。

雅罗斯拉夫·内谢特雷提，米罗斯拉夫·佩特里切克

由内而外，由外至内

科学的数学化看似一个简单的过程：只要分离出基本的规则或公理，（从某种意义上）验证这些理论，剩下的就是按逻辑走，再次遵循一套简单的规则进行下去就行了。然而，这种高度程序化的方法非常不切实际，而且完全地束广就狭，从严谨的数学角度看，甚至都不可能实现。即使能实现，也仅仅限于非常简单的情况。可仍有很多人往往还是把数学想象成解决问题的一套戏法。

从另一角度讲，对于非常深刻的问题，上述方法仅仅触及表面。数学“事物”本身十分抽象，在各个层面——甚至在基础层面都难以领会其真正的意义。引用辛钦（Khinchin）那美妙动人的经典著作里的一句话：“切勿忘记，在数学中（也许在其他任何科学领域中），凡是真正有价值且重要的东西，吸收起来都是一项费力的工作。”[1] 是的，就连像“集”“群”“连续”“连

通”这样最为基础的概念，其真实意义、作用及影响也是难以理解的。传授这些表面上看似浅显、实则难以讨论的基础概念很不容易。只有大师才能做到，比如亚历山大·埃斯冯金（Alexander Zvonkin）写的书就引人入胜[2]。

在数学界中，内在和外在这种二分法（有人会说“对立性”）的例子不胜枚举，影响着数学家生活的各个方面。

例如，数学界把形式层面和直觉层面一分为二。数学的标准写作文体清晰明了，格式规整，甚至太过简洁了。或许部分是由于这种数学文本写作风格的缘故，才形成了大众对数学的印象。近些年来，“大众”文本写作风格的新趋势（如蒂姆·高尔斯（Tim Gowers）的著作[3]）好像表明数学界意识到了这一问题（本文也不属于那种“纯数学”风格）。另一方面，数学直觉（更不用提感情了）往往匿迹潜形，好似无关紧要。可每位数学工作者都清楚数学直觉的重要性及其扮演的关键角色。这些对立面也体现在两大数学活动中，一是构建理论，二是解决问题。最近在双重文化的背景下（参见格雷厄姆（Graham）等人的著作前言部分[4]），上述话题引发热议[5]。

我们为何在这里进行这样的讨论？数学实践的这些特点为何重要？以下是我们想要表达的观点：一是数学在这里不具有特殊性，二是任何有深度的思想看似都有相似的方面。这种相似性并不是存在于内容，而是存在于形式，存在于事物组织和显现的方式上。对我们来说，一张照片就是一个十分具体的例子，足以诠释上述观点。这种通过实例深入浅出说明复杂问题的方式与数学思维非常接近，而且看起来也比较切题。艺术历史学研究也一直采用该方法，收到了很好的效果（可参见卢克-大卫（S. Lücke-David）的著作[6]以及克拉克（T. J. Clark）的佳作[7]。）

那么，本文的主题是什么呢？上面提到内在与外在，两者之间的关系是本文讨论的重点。本文第二位作者在近期出版的著作里以更广泛的背景探讨了这一话题[8]。内外的对立性看似不容置疑，不仅仅是从心理学的角度。哲学——尤其是构成现代人文学本源之一的现象学传统认为，这种对立性是实存世界以人为本的基础，而视野的概念（即引导各种意向性行为的所有想法的深度）作为人类理解力的先验条件作用于其中。

但这种对立出现在非物质的隐喻层面，就不会如此地不容置疑了，因为在这种情况下，我们能够找到很多反例驳斥该对立性的证据。很多时候，这是由于其文化评价有悖于隐喻的空间基础或媒介。比如在生物学中，内外的对立看上去只有反过来才能成立。对此，阿道夫·波特曼（Adolf Portmann）和汉娜·鄂兰（Hannah Arendt）认为，生物生存的目的是自我外显，即外表，也就是外在，但反之不然，因此“我们身处的这个世界中的相互关联、具有意义的事物应该浮于表面。”[9]与这个基本的生命取向相一致的是这样一个事实：对于生物而言，其外表具有近乎无限的多样性和差别性，实现了个体化的角色，而“非外显的内部器官仅仅为了展示并保持外表而存在”[9]，因此所有内部器官看起来相差无几。

然而，对于像结构语言学或结构人类学这样更为精准的学科，就无法明明白白地进行类比了。莱维-施特劳斯（Lévi-Strauss）认为，结构应该是潜意识的（因此深藏在表面之下），而对人类沟通方式或集体行为的详细研究发现，不可能将内外两层严格分开，在这两个层面之间存在交互决定的关系，即结构（内在）决定结构体（外在），反之亦然。

这种交互性同样清晰地体现在数学中。从数学的角度看，每一个好问题都会产生理论，而每一条好的理论又会对一系列的概念产生有趣的新定义，相继引发新的问题。一个中规中矩，另一个亦步亦趋。关键在于精妙。关于这点，我们可以拿匈牙利数学家保罗·厄多斯（Paul Erdős）认为上帝会赋予他“数学天书”的故事做个比喻：世间有一本“书”——“数学天书”，为上帝所拥有，包含了各条最美妙的（真实）数学定理证明，这本书就叫作《天书证明》。我们都在努力寻找各种天书证明，甚至有人针对此等努力写了一本书[10]。从更具哲学意义的角度讲，德国哲学家埃德蒙德·胡塞尔（Edmund Husserl）提出的语言现象论面临同类交互的问题。该理论认为，表达作为意义的外在形式和“意向化”感官的显在形式应该仅仅是一种工具而已，因而不具产生性——在重大的方面不应参与意义的构成。然而，这种观点最终是站不住脚的，因为表达事物的方式涉及感官的创建，（可交流的）意义必须经过外部化才能具有概括性，进而才可交流。这再一次证明，内外是相互依存的。

人们可能会较为普遍地注意到，20世纪的文化开始一步步重新思考内在和外在的关系。如法国作家保罗·瓦勒里（Paul Valéry）在其《博物馆之殇》(*Le problèm de musées*，1923)一文中提出“成为表面”这一著名的观点；如奥地利心理学家西格蒙德·弗洛伊德（Sigmund Freud）认为潜意识只是一种表象；如法国哲学家莫里斯·梅洛－庞蒂（Maurice Merleau-Ponty）尝试理解“交错配列，即一种相互交错”的内外关系。梅洛－庞蒂的后期哲学整体上通过“看”的动作和“被看”的物体之间的密切联系，不是以“世界的肉身”和“身体的肉身”之间的对立性，而是以其可逆性为基础（肉眼看到的是具有肉体真实性的物体）。通过这样的方式，梅洛－庞蒂打破了主观现实和客观现实的界限，可他又向前迈了一步，最终发现了外在和内在非同寻常的和谐性，这种和谐“只能通过调解正无穷或无穷之无穷（这样说是因为对某种无穷性的每一次限制都会成为否定）来实现。正是在这种正无穷中，相互外在（Partes Extra Partes）事物的实际存在及我们所认为的延伸才得以相互沟通，相互联系。”[11]

诚然，有人或许会反对说，内外的混淆似乎印证了德国诗人歌德（Johann W. Goethe）的那句名言：“人不应该透过现象看事物，因为是非曲直在于自己”[12]，同时也折射出德国哲学家尼采（Nietzsche）笔下没有上帝的世界，在这样的世界中，人不禁要问：“我们做了什么，将世界与其天主分离？世界为何在运动？我们为何在运动？是要远离所有天主吗？我们难道不是一直在极速运动吗？没有向后，向前，向侧边，朝各个方向冲过去吗？还有上下之分吗？”[13]而造成这种混乱的原因正是由于用非物质的隐喻法来诠释仅限于物质空间的各种关系，所以这种不清不楚的状态或许可以被看成是把这些关系印刻在特定文化框架上的结果。

另一方面，反驳上述观点的方法是要提醒自己，某些基础哲学观念慢慢成为20世纪思想的主要参照，并且受到大胆的思考实验的支持，逐渐与西方传统哲学和文化设想对立起来，其中的内外关系出现了深层次的改变。其二，也可以认为，在上述思考实验开始之前，先锋派艺术家对视觉艺术的新发展所展现出的热忱即可证实艺术界（还有科学界）发生了多次真真切切的革命运动——摄影技术几乎在同时间问世。这种情况乍一看有点自相矛盾，可实则不然，因为对于很多先锋派艺术家来说，摄影具有准确性和客观性的特点，能够帮助他们挖掘展示现实的其他方法，让他们观察不曾留意的有关现实的各个方面，尤其在这项新技术发明主要依靠感知的人格化或主观化条件之时。将观察到的事实自动记录下来，这与科学检验的理想十分接近。摄影器材的使用将艺术和科学联系到了一起，因为摄影的实践既是一种艺术创作，又相当于实验室研究。不仅仅关系到新即物主义，即精确摄影的客观化风格，而且还关系到新视界，突出相机的创意用法，借此挖掘空间再现的新途径，以及/或者通过这些再现的手段构思空间。此项技术不是人眼的延伸，也不是人眼的模仿，更不是人类文化的延长，因为几百年来与文化相关的世间景象是以（传统）绘画视角为基础得到再现的，但摄影技术实实在在地成为一部无须确定中轴线便能产生偏轴图像的“影像机器”。上下的概念也变得模糊起来，因为可以从各种意想不到的、“非自然”的角度（和幅度）捕捉图像，揭示了一个全新的可视性。对于这种视觉上的探索，最好的例子也许要数阿尔弗雷德·施蒂格利茨（Alfred Stieglitz）的著名摄影系列作品《对等》（*Equivalents*），他拍摄空间图像时有意避开清晰明确的视界，把照片创作成“无限空间的小碎片”。我们也许还会注意到，第一批显微照片于19世纪50年代和60年代问世（由福克斯·塔尔伯特（Fox Talbot）和阿道尔夫·伯茨（Adolphe Bertsch）拍摄），随后出现航拍图、天文摄影和X射线成像技术。

建议把所有的这些典故熟记于心，以便更好地欣赏那个历史阶段的照片，甚至欣赏那些看上去非常传统的照片——例如，匈牙利摄影师拉斯洛·莫霍依-纳吉（László Moholy-Nagy）于1928年拍摄的《柏林电视塔》，就理应受到特殊的关注和待遇。

当然可以说莫霍依-纳吉拍摄这幅照片时采用了特殊的角度，但在20世纪20年代，这一点都不特殊。他的同胞安德烈·柯特兹（André Kertész）采用了类似的手法拍摄法国埃菲尔铁塔（相似的富有动感的创新型视角）。另外还有几位摄影师也被铸铁建筑物的奇特景象深深地吸引了，如杰曼·克鲁尔（Germaine Krull）。她也是在同年拍摄的埃菲尔铁塔。她频繁运用独特视角的原则，从外向内取景（可参看她于1929年拍摄的《皮加勒剧院》（*Théatre Pigalle*））。所有的这些照片都凸显出一种在摄影的记录本质、其客观性及现代技术三者之间的张力，印证了那些年以建构主义者为主所进行的宣传。但很明显，莫霍依-纳吉并不是在追求“陌生化”的效果。他不是在寻求与众不同的摄影方法——所有的摄影作品都是他艺术创作的一个组成部分。1923年至1928年，远见卓识的他在包豪斯学院讲学，同僚中包括画家保罗·克利（Paul Klee）和瓦西里·康丁斯基（Wassily Kandinsky）。他积极参与新兴影视制作技术的分析研究、实验及应用。除了照相之外，他还制作电影，创作拼贴画，拍摄蒙太奇和所谓的物影照片——就是把各种透明或半透明物体放到相纸上曝光，不经过相机和底片而直接得到的图像。与此同时，他也从事绘画和动态雕塑。在这个阶段，他写的大量东西表明，最令他感兴趣的是光线和空间的关系（例如他写道：“摄影是对光线的设计。”）以及相机以有别于人眼的方式构建空间的能力。他相信摄影带来的可能性超越了相机对现实的记录，相信相机的机械设计必然改变人与空间的关系[14]。

这就是为什么对于莫霍依-纳吉来说，摄影是一种不可缺少的“工具”。在一篇题为“一种新视觉工具”的短文中，他写道：“在摄影行业中，我们拥有一种不同寻常的影视制作工具。但是摄影远不止于此。如今，摄影有望（通过光学原理）给世界带来全新的事物。摄影的具体要素可与自身伴随的问题分离，这不仅仅是理论上的分析，而且也能在摄影所反映的现实中感知。”[15]当然，摄影可以再现或展现事物，但这不是它唯一的或者不存在问题的功能，因为如果我们高估了这个功能，我们就会回到传统的问题上来（平面效果、黑白图像等）。在各类影像中，照片具有特殊的地位，这是因为照片既是一种映像“符号”，同时又属于指示“符号”。现代符号学创立人之一查尔斯·桑德斯·皮尔士（Charles Sanders Peirce）就发现了这一特点。虽然照片上显示的是拍摄对象，但与此同时也说明该对象真实存在，树立在镜头前，因此照片——定格在感光材料上的印记——成为该对象的迹象。一个迹象当然就是指示性符号了。

摄影证明拍摄对象的存在性或现实性。因此，艺术摄影和非艺术摄影之间的差别一时间（20世纪20年代和30年代）在局部（先锋派艺术家）变得较为模糊起来，而且摄影的行为构成一个特殊的试验场地，在可见中寻找不可见，或如瓦尔特·本雅明（Walter Benjamin）在1936年《机械影像制作时代的艺术工作》一文中所称：这是“光学潜意识”[16]。摄影器材可以让肉眼无法捕捉的事物变得清晰可见。马雷（E. Marey）和迈布里奇（E. Muybridge）就把这点体现得淋漓尽致。在这个背景下，从弗洛伊德那里借来的“潜意识”概念具有了下列意义：有一种现实，不是位于受人生理条件限制的范围下，而是蕴涵在共同视野的叠嶂中。

这再次证明莫霍依-纳吉并没有追求非自然化或“陌生化”的效果——距离感的实现仅仅是一种通过视觉表现概念的方式。科技能够帮助人们挖掘其他的空间表达。在科学家发明出“可操纵式”飞船和飞机那个神奇的时代，我们可以从高处俯瞰现实，并且“这些新机遇又给我们的生活增添了一个意想不到、几乎无法形容的视角。”莫霍依-纳吉在1943年“时空与摄影师”一文中如实写道[17]。简单地说，空间不是凭空而来的，它有属于自己的历史，期间它慢慢揭开自身的维度（从古埃及到希腊万神殿再到往后出现的各种不同的表现策略来看）——而照片只是一种表现形式而已。我们的时代发展出“空间定位和沟通领域里的一种新语言。”[17]科技（摄影、摄像）超越了我们所谓的自然观感，用于实验性艺术领域后，就要重新调整空间的传统概念，包括内外的关系，或者从较为普遍的角度讲，度量空间和非度量空间的关系，因而就可以解释摄影实践为何能与非具象绘画实践相提并论。所有的这些实践事实上都是认真的探究——真实物体或形态的转变同样挑战着我们对空间的理解。

以下提出几点看法。生活、科学和艺术中任何新的尝试都需要正确理解和不断钻研。真正的创新也需要巨大的勇气。前行的动力也许会让人费解（甚至有误导性，例如哥伦布横跨大西洋的动力是什么，值得很多人思考），但这赋予我们的努力以内涵和力量。抽象艺术就是很好的例子。艺术大师不甘于墨守陈规，在看似毫不相干的领域里潜精研思（如研究神秘主义的库普卡（Kupka），研究音乐的康丁斯基）。同样，数学家（和计算机科学家）也喜欢想象从严格意义上讲无法想象的事物。抽象的数学概念可以变得活灵活现，就连数字也可以是五颜六色的，颇具浪漫色彩。

上文提到莫霍依-纳吉的摄影作品《柏林电视塔》，其特点较为鲜明：拍摄角度居高临下，对角线纵横交错，产生了视觉冲击力。长焦镜头的使用拉近了与地面的距离，使画面的各个部分看起来如同在一个平面上。作品中每一个物体彼此之间的距离关系都不同于“自然”空间里的关系。由此拍出来的照片很像某种奇怪的图表。诚然，任何一台相机都可以在三维空间中拍出二维效果，但只有用长焦镜头才能消除纵深度。而莫霍依-纳吉恰恰不愿意要像这样的小伎俩："相机带给我们精彩纷呈的机会，探索才刚刚开始。视觉图像被扩大了，现代镜头也不再束缚于我们眼睛所能及的狭窄范围……而我们也不应该单单用负面的眼光看待镜头的图像扭曲能力——上位视图、下位视图、斜位视图，因为它提供了一种公正的手段，而我们的双眼却被联想所左右，无力企及。"[18]

对于新发明的数学工具，人们总要立刻研究一番。这种工具将之前发现的事实置入一个新的环境中（新环境也许还更加自然和简单），或许能够揭示以前没有被发现的东西，或许能帮助我们理解知识的复杂性（当然也和时代有关系）。我们总是提出涉及"维度""算法""分解式"或"普适性"以及"表示"等概念的问题。

神奇的是，在艺术这个截然不同（且新建立）的领域，上述文字竟然可以一字不差地用在我们所举的例子上。因此，我们谈论科学时，以反映莫霍依-纳吉的艺术为尺度。从"生活空间"的角度看，依据莫霍依-纳吉的实践，我们也许要说"地方"的意义存在二元结构，即相对于"定位"的意义（这关系到人占用空间的方式，是指一个特定的"位置"，即以人存在于世为本质的一个地方，或如德国者哲学家马丁·海德格尔（Martin Heidegger）所说的"存在性"），也具有"场地"的意义（即一个较为普遍的空间地点或一般空间中的一般位置），但以《柏林电视塔》这幅摄影作品为例，尽管地面上的人和物变成了一个个几何点，却不能说这两种意义孰轻孰重，因为与此同时我们感觉塔在向外移动，感受到塔仿佛有了生命一般。从这张照片中也可以观察到有机形态和非有机形态之间奇怪的关系：两者不是并列的关系，而是相互渗透，几乎可以互换。塔身的几何构造让人联想起有机物的生长，因此它被安排在了"集约"或非度量空间的一侧。当然了，这是感性上的分析，但值得一提的是，这个历史时期（20世纪20年代和30年代）是空间和几何的数学模型快速发展的阶段。期间，拓扑和之后出现的代数拓扑（当时称作组合拓扑）等"非度量"模型快速发展和变化。仅仅通过邻域、覆盖以及抽象收敛的手法去表

现空间，需要巨大的勇气，也离不开一些数学大师辛苦的工作。这是一项最基本的数学活动，影响了20世纪较大部分的抽象数学，如参见H. 惠特尼（H. Whitney）的研究成果[19]。

一方面，这座塔被安排在了一个较为特殊和复杂的空间里，而另一方面，塔底代表人间的餐馆彰显出错落有致的排列，体现了“空旷”或度量空间（即普通意义上的空间）。两者得以融合在一起，是因为一者包含在另一者中，无法在两者之间划出明确的界限。这就是为什么这张展现静态物体的照片极富动感的原因。但这是一幅摄影作品——不是小说，也不是人为布景，其真实性不可否认，因为正如上文所提到的，照片不仅仅是映像符号，而且还是一种指示符号。照片完完全全是客观的，因为它告诉我们，“事情就是这样。”

没错，这种客观性及“无情的事实”正是数学的本质。你可能不喜欢，也可能不理解，但数学研究成果不容任何怀疑，并且超越了真正意义上的讨论。数学不仅仅反映现实，同时也是对现实及其发现和认定的事实进行提炼、改变和归纳（尽管有时我们不愿面对这种事实）。在艺术生涯刚刚起步的阶段，拉斯洛·莫霍依-纳吉就重点突出摄影的这个层面：“……相机产生纯光学图片，因此发生的图像扭曲、变形、缩小等现象都具有光学真实性，而人的眼睛配合知识经验，会凭借联想感受光学现象，在形式和空间上创造出的是概念形象。因此，相机是我们最可靠的助手，指引我们走向客观视野的大门……”[20]

毫无疑问，《柏林电视塔》这幅摄影作品构图精湛，别具匠心，整体上与莫霍依-纳吉的创作背景十分吻合。例如，作品的图表式结构无疑反映了人们寻找一种通用视觉语言的理想。在20世纪20年代，这个理想凝聚了影视界的许多艺术家（除吉加·维尔托夫（Dziga Vertov）等人之外，还包括汉斯·李希特（Hans Richter）、维格·埃格琳（Vigg Eggeling）和几位包豪斯派艺术家）。真正重要的不是景象的再现，而是形态的组织或安排以及通过相机把握时空中物体脉动的实践。在像这样的“抽象”层面，某种“普遍有效性”是能够实现的，可与数学语言的精准性相比，而莫霍依-纳吉认为后者也是摄影的特点。摄影对现实的表现超越了“看”的普遍观念——很像“印刷术”，符合现实自身——是视觉上的言语。而莫霍依-纳吉也试过将字母和照片结合起来，称之为“印影术”。物影照片是他在这个方向到达最远的一步。从他去世后出版的《运动中的视觉》一书中看得出来，寻找现实的通用语言与空间的探索息息相关。甚至在影视作品中，他也注重有机形态和非有机形态，或者说度量空间和非度量空间的融合。例如他于1929年拍摄的纪录片《马赛印象》（*Impressionen vom alten Marseiller Hafen (Vieux Port)*），开片镜头是一张地图（即度量空间），然后地图慢慢从中间裂开，以俯视的角度展现一条熙熙攘攘、充满生机的十字路口（给人一种非度量空间的幻觉）。该影片最让人难忘的部分是从一架巨大的吊桥俯拍其内部结构、锚碇和周边景物的镜头。这属于一种“意象”，但还是渐渐地过渡到同时代以产生抽象“动态图像”为目标的先锋派影片风格，即以纯形态的直接变化为基础的空间运动。同样在这个方面，莫霍依-纳吉在马赛拍摄的大桥景象与《柏林电视塔》十分相近——其拍摄目的不是为了展现景物，而是为了探究空间自身所具有的另一种可能的表达。在以摄影为主题的“视觉的新工具”一文中，莫霍依-纳吉写道：“通过摄影，我们也能参与空间的新体验，而摄像更能加大这种体验的力度。在这些技术的帮助下，同时也在新建筑思潮的帮助下，我们已经实现了自己对空间欣赏力的补充和升华，理解了一种新的空间文化。正是因为摄影师的出现，人类才能透过一双新的眼睛，感知周围环境及其存在。”[21] 话已至此，我们也许就能把《柏林电视塔》看成是进入新的“空间文化”的代表作。其中一个矛盾点在于，塔的视角看上去仿佛既建立在内部又同时来源于外部（因此，图像既没有力求表现三维空间，同时又让人怀疑其平面性）。这就仿佛在说，空间的感知靠的不仅是触觉，而且还要靠视觉，因为人无法靠触觉区分内外。再者，触觉一向是外在的感知，但“外在”一词在这里不是“内在”的对立面，因此具有特殊的意义。也许“内在”包含了上述人与空间关系的“升华”；或许物影照片是该升华的另一种形式。莫霍依-纳吉介绍自己采用和曼·雷（Man

Ray）类似的创作手法时，是这样形容“雷氏图”的：“地心引力的法则好像完全不存在了，物体漂浮在一个魔幻的空间里。”[22]之所以称为“魔幻”空间，是因为单纯从三维或二维的角度看，说不清图像究竟属于哪个维度。

但我们必须注意，莫霍依-纳吉在摄影、摄像、绘画和雕塑领域的空间和光影实践一直以努力实现绝对客观性为背景，这既关系到他采用的方法，又关系到最终的艺术成果。因此，无比重要的不仅仅是摄影，而且还包括照片制作技术。展示现实的传统（尤其是绘画传统）以及人类视觉的特点都不会影响通过“镜头”看事物的方式。摄影是“开启新生活最重要的一项因素”，因为它能让人获得“数学确定性”[23]。《柏林电视塔》展现的空间并没有走形，而是在“阐释和净化”的过程中得到“升华”。有机形态和非有机形态、内在和外在、顶端和底部的奇怪组合让人们看到这样的升华可能产生的结果：一个曝光适度的空间，一个有点绝对化或者说绝对纯粹的空间，一个王者空间。然而，照片作为一幅图像——也就是说作为一个特定的符号——不仅仅是一个指示（index），而且还是一个映像，能以某种方式把该空间表现成为相机无疑在瞬间捕捉到的现实——而同时又几乎具有了一种“抽象”的表现。在这种似是而非的状态下，就能寻找问题的答案，解释莫霍依-纳吉为何将物影照片说成是受“新视界”支配的非物质化程度最高的媒介。此外，或许还可以说，这种一步步升华的过程也包括他的绘画和雕塑作品，尤其是他最有名的雕塑作品——《光影—空间调节器》（*Licht-Raum Modulator*）。在这个意义上，我们就可以谈论抽象空间了——甚至可以更进一步，区分通往抽象艺术的两条路，因为此时抽象艺术已经萌芽。那种抽象产生于空间的升华，而不是源于另一条道路，即调性音乐编排的提炼，和谐和韵律的净化（阿诺德·勋伯格（Arnold Schönberg）——库普卡和康丁斯基），这会在拉斯洛·莫霍依-纳吉那里展现出来。因空间升华而产生的第一类抽象风格逐渐形成，这在莫霍依-纳吉的其他几幅抽象作品中有所体现。例如，他于1941年创作的无题物影照片或《新视界》中最后一幅插图就带有《柏林电视塔》的印记，好似升华更高阶段的突破：虽应该属于“平面”作品，但激发起一种特定的深度。这种向更高层次的空间抽象发展，从《柏林电视塔》到莫霍依-纳吉用字母和数字创作的作品（CH X，1939）或到有些神秘难懂的《带与钉的研究》（*Study with Pins and Ribbons*）(1937—1938)。所有的这些作品都是对观感的破坏：它们虽是“平面”图像，却给观众造成了晕眩之感（如他在20世纪20年代拍摄的三幅摄影作品：《德绍》（*Dessau*），《阿斯科纳》（*Ascona*）和《罗腾堡》（*Rothenburg*）），即王者空间的映像化体现，而王者空间正是《柏林电视塔》以指示性方式所呈现的主题。

由此看来，艺术让数学化过程重现活力。埃德蒙德·胡塞尔认为欧洲的数学化起源于近现代，并把它看成是科学实际意义或终极目标的起源。但像20世纪20年代这样的时期，问题的关键是另一种数学化，它不仅仅影响感知的物体，而且更关系到我们感知这些物体的空间本身。古典现代主义的实验表明，尽管欧氏空间的概念自古以来被视为所谓的“自然感知”的基本元素，但两者之间实际上没有任何关系。在不同的背景下，这种矛盾一直持续至今。

我们还认为，数学的一个关键问题，以及计算机理论与工程学的目标，是寻找适合的模型，针对构成人类本质和生活环境的系统，让人们了解其各个组成部分复杂的内在联系，这并非巧合。大型动态系统是真真切切的现实（不是一种渐进性或限制性的抽象），对它们的研究超越了具体的学科（生物学、物理学、计算机科学、数学和社会学）。

有些时候，我们从美学的角度解读具体的数学研究成果（或者科学想象）。但我们极少有机会通过艺术过程来表现科学思想。这甚至听上去就像雾里看花，或根本不可能实现。本篇短文也许不足以说服读者朋友，但或许清晰地呈现了20世纪现代主义者的思想和数学家的（永恒）策略之间存在的某种密切联系。

参考文献

[1] A. Y. Khinchin. *Three pearls of number theory*, Gralock Press 1952, Dover 1998.

[2] A. Zvonkin. *Mathematics from three to seven*, Amer. Math. Soc. 2011（原著为俄语，2007年出版）.

[3] T. Gowers. *Mathematics-a very short introduction*, Oxford University Press 2002.

[4] R. L. Graham, J. Nešetřil, S. Butler. *Mathematics of P. Erdős*, Springer 2013.

[5] T. Gowers. Two cultures in mathematics. In Mathematics: *Frontiers and Perspectives* (Amer. Math. Soc., Providence, RI, 2000), 65-78.

[6] S. Lücke-David. *Max Ernst "Euclid"*, Books on Demand GmbH, Norderstedt, 2008.

[7] T. J. Clark. *The sight of death: an experiment in art writing*, Yale University Press, 2006.

[8] M. Petříček. Myšlemí obrazem, Herrman a synové, Praha 2009.

[9] H. Arendt. *The Life of the Mind*. Vol. I. "Thinking", Harcourt Brace Jovanovich, 1978, p.27, 28.

[10] M. Aigner, G. Ziegler. *Proofs from the Book*, Springer 1998.

[11] M. Marleau-Ponty. *Signs*, trans. Richard McCleary, Evanston, Northwestern University Press, 1964, pp. 148-149. (Signes, Gallimard, Paris 1960, p. 147).

[12] J. W. Goethe. *Scientific Studies*, ed. and trans. Douglas Miller, vol. 12, Collected Works in English, New York, Suhrkamp, 1988, p. 307.

[13] F. Nietzsche. *The Gay Science* (1882-1887), § 125, Walter Kaufmann ed., New York: Vintage, 1974, p. 181.

[14] L. Moholy-Nagy. "Espace-temps et photographie". In: *Peinture. Photographie. Film et autres éctrits sur la photographie*. Gallimard 2007, p. 234. ("Space-Time and the Photographer", American Annual of Photography, Boston and London, no. 57, 1943).

[15] In: L. Wells (ed.). *The Photography Reader*. Routledge, London and New York, 2003, p. 92.

[16] W. Benjamin. "Klein Geschichte der Photographie", Gesammelte Werke, Suhrkamp, Frankfurt am Main, Bd.II, p. 371.

[17] L. Moholy-Nagy. *Peinture. Photographie. Film et autres éctrits sur la photographie*. Gallimard 2007, p. 237.

[18] L. Moholy-Nagy. *Painting, Photography*, Film. With a note from Hans M. Wingler and a Postscript by Otto Stelzer.Translated by Janet Seligman.MIT Press, Cambridge, Mass. 1967. Original German edition: *Malerei, Fotographie, Film*, Bauhausbücher Vol. 8, 1927 (2. ed.), p. 7.

[19] H. Whitney, Moscow 1935. *Topology moving toward America*. In: A century of mathematics in America, Part I, Hist. Math. vol.I, Amer. Math. Soc., Providence, RI, 1988, pp. 97—117.

[20] L. Maholoy-Nagy. *Painting, Photography*. Film. p. 28.

[21] *Peinture, Photographie, Film*. p. 216. (Telezor, Brno, Nos. 1-2, 1936).

[22] *Peinture, Photographie, Film*. "La Réclame photoplastique" ("Photoplastiche Reklame", Offset, Buch und Werbekunst, 1926), p. 142.

[23] L. Moholy-Nagy, *Painting, Photography, Film*. p. 27.

雅罗斯拉夫·内谢特雷提（Jaroslav Nešetřil），捷克数学家，1946年3月13日出生在捷克布尔诺市，目前在布拉格查尔斯大学任教，研究领域包括组合分析（结构组合分析、拉姆塞理论）、图论、代数、偏序集和理论计算机学。

内谢特雷提教授曾荣获捷克斯洛伐克国家奖（和V.罗德（V. Rödl）共同获奖）、阿拉斯加大学荣誉博士学位（2002）、波尔多第一大学荣誉博士学位（2009）、捷克共和国荣誉勋章（2010）、查理斯大学数学与物理系金奖（2011）等各项荣誉。他曾当选一家德国学院（1996）和欧洲科学院（2012）的院士，现任匈牙利科学院名誉院士。

他与捷克顶尖艺术家吉里·纳切拉迪斯基（Jiří Načeradský）一起合作，曾举办多次艺术展，并出版相关宣传画册。

米罗斯拉夫·佩特里切克（Miroslav Petříček），布拉格查尔斯大学教授，查尔斯大学科学委员会及布拉格艺术学院艺术委员会成员，曾师从让·帕托卡（Jan Patoča），1990年前在布拉格水文气象学院工作。

佩特里切克专攻艺术哲学，研究媒体（尤其是电影）、文学及艺术与当代法国哲学的相互影响。他曾出版多部著作，其中包括颇具影响力的《（当代）哲学概论》（1991），还翻译过法国的很多主要哲学专著（梅洛-庞蒂、福柯（Foucault）、德里达（Derrida）、德勒兹（Deleuze））及文学作品（如托马斯·伯恩哈德（Thomas Berhard）的作品）。

在研究和教学方面，佩特里切克均称得上是捷克最具影响力的哲学家之一。

Chubb

安娜·凯普斯·塞迈雷迪

与克劳斯·罗斯的对话

众所周知，克劳斯·罗斯（Klaus Roth）是一位数学天才，但有谁知道他的舞蹈才能？有谁知道从恰恰舞到牛仔舞等各种舞步都难不倒他？

2013年，我和丈夫安德烈·塞迈雷迪（Endre Szemerédi）看望了克劳斯·罗斯。他住在苏格兰因弗内斯市的一家养老院里。他的妻子梅莱克因癌症去世后，他就搬到了这里。看到他独自躺在小小的单人间里，下不了床，我们感到非常难过。不过，谈到舞蹈时，尤其当谈到他和妻子一起跳了这么多年的舞时，他就充满活力，精神振作起来。

感谢克劳斯让我们有机会看望他，并与我们倾心讨论了舞蹈，这将给我们留下永久的珍贵记忆。

安娜（A）：你说舞蹈在当今没有得到足够的重视？

克劳斯（K）：我是说所有的传统文化都发展出了各自不同的舞蹈风格。

看上去舞蹈是人类的一种需求。可如今只有年轻人跳舞。

A：舞蹈为什么重要呢?

K：为什么重要？我不知道为什么。可舞蹈要是不重要，怎么还会在每个时代都得到独立的发展呢?

安德烈（E）：……在各个文化中也得到了发展。

A：我知道舞蹈对你来说一直是生活中重要的一部分。最初跳舞是为了什么?

K：唔，我妻子的双腿……双脚做了一次手术。她问外科大夫用什么办法恢复最好，大夫回答：“我告诉你，但你不会做的。”接着他说：“跳舞。”可梅莱克真的去做了。

A：和你一起。

K：是的，和我一起。选她做舞伴，是我的福气。就这样我们开始一起跳舞。我们越来越喜欢跳舞，以至于后来每天都要跳。

A：你们俩喜欢同类的舞蹈还是有不同的意见?

K：没有，我们喜欢同一种舞蹈，拉丁舞……

A：所有类型的拉丁舞?

K：我们喜欢不需要太大空间的舞蹈。因为你去外面跳舞，渐进式舞步需要很大的空间，碍别人的事。所以我们把注意力集中在被舞蹈界划定为拉丁舞之一的牛仔舞上，还有恰恰舞和伦巴。我们都同意这样跳。我们的口味相同。

A：一天跳多少个小时？在哪儿跳?

K：（笑）多少个小时？……我不记得了，一直跳到精疲力竭为止……客厅是我们的舞池，留声机播放舞曲。

A：不跳舞的时候，你喜欢听哪种类型的音乐?

K：我喜欢巴罗克风格的音乐……我们喜爱马勒的作品。马勒是一位真正的天才。

A：马勒的作品和拉丁美洲的音乐不太相近。

K：对，一点都不相近。但我们跳舞时喜欢选择的乐曲与平常喜欢听的音乐截然不同。

A：除了马勒之外还喜欢谁？

K：舒伯特、莫扎特、贝多芬……

A：家住伦敦的时候去听音乐会吗？

K：不如在这听得多，因为伦敦音乐会的票非常难买。可在因弗内斯市……就大为不同了。

A：因弗内斯市的音乐生活好不好？

K：非常好，因为全球一流的乐团都到这里演出。这里的音乐生活棒极了。

A：你为什么决定从伦敦搬到因弗内斯市住？

K：我一直说自己退休后就先来因弗内斯市住一阵。我想让梅莱克来这里看看，可她总是不愿意。我一直劝她，直到有一天她终于同意和我一起来这里度假两周。待了三天，她就想在这里买房了。我以为她在开玩笑，可她不是。

A：你们最初开始跳舞是在伦敦还是在这里？

K：我们最初跳舞是在伦敦。

A：是出去跳还是在家跳？

K：有合适的场地就去外面跳。我们更喜欢出去跳舞，因为空间更大。

A：你们上舞蹈班吗？

K：没有上舞蹈班。我们找了一位私人教练。就连全球最好的舞者也需要接受定期指导，因为你看不到自己的动作。要让别人告诉你怎么跳……

A：你认为舞蹈和数学之间有共同点吗？

K：舞蹈和数学？没有，对我来说没有。

A：跳舞时有什么样的感受？能形容一下吗？

K：巨大的挫败感，因为太难了。

（安娜、安德烈和克劳斯齐笑）

A：比数学还难？

K：我能通过文字解释和理解数学，而舞蹈是一项完全不同的技能。即使有人表演给我看，我觉得也没有办法解释清楚。

A：哪些回忆对你来说更珍贵？是解决数学难题的回忆还是跳舞的回忆？

K：总体上和梅莱克一起跳舞时的回忆比起对数学的回忆更加让我快乐。这不太符合情理，但事实就是这样。

不过，我因接触到天才思想而感到非常幸运。

E：我确信人们因接触到您而感到非常幸运。

之后我从克劳斯·罗斯教授的学生威廉·陈（悉尼麦考瑞大学）那里得知，克劳斯和梅莱克的舞蹈教练是1977年至1981年蝉联世界拉丁舞锦标赛冠军的艾伦和黑兹尔·弗莱彻夫妇（Alan/Hazel Fletcher）。罗斯教授曾把“论不规则分布Ⅲ”一文题献给艾伦·弗莱彻。

克劳斯·费里德里希·罗斯（Klaus Friedrich Roth）（1925年10月29日生于德国布雷斯劳，今波兰弗罗茨瓦夫），德裔英国数学家，1958年凭借数论研究成果获得菲尔兹奖。

1945年，罗斯获英国剑桥学士学位；1948年取得伦敦大学科学硕士学位，1950年获同校博士学位。1948年至1966年在伦敦大学学院工作，后在伦敦科学、技术和医学皇家学院担任基础数学教授，1988年离任。

1958年，罗斯在爱丁堡国际数学家大会上被授予菲尔兹奖。他一直致力于数论的研究，尤其是解析数论。使他荣获菲尔兹奖的研究成果与代数数有理近似论相关。若α为任一无理数，不论其是不是代数，因α的连分数收敛因子数将满足条件，所以存在无限多的有理数p/q，如$|p/q-\alpha|<1/q^2$。延伸开来，便是根据幂μ描述无理数的问题。幂μ存在无限多的近似值p/q，满足$|p/q-\alpha|<1/q^{\mu}$。若$\overline{\mu}$为该类幂的上界，当α为代数时$\overline{\mu}$值的问题被约瑟夫·刘维尔（Joseph Liouville）于1844年攻克。他的研究显示如果α是n度的代数数，则$\overline{\mu}<n$。1908年，阿克塞尔·图厄（Axel Thue）证明$\overline{\mu}<\frac{n}{2}+1$。1921年，卡尔·路德维希·西格尔（Carl Ludwig Siegel）证明基本上$\overline{\mu}<2\sqrt{n}$。1947年，弗里曼·戴森（Freeman J. Dyson）将其改为$\overline{\mu}<\sqrt{2n}$。1955年，罗斯证明对于任一代数数α，$\overline{\mu}=2$。该解有相当大的难度。罗斯在整数数列研究方面也取得了瞩目的成绩，尤其是在解析数论中对Selberg筛查法的运用。

罗斯出版的成果包括他与海尼·哈伯斯坦姆（Heini Halberstam）合著的专论《序列》（1966）。

巴拉兹·泽盖迪

莎莎舞与数学

我第一次参加莎莎舞会是在2006年。那时，我已经跳了两年的交际舞，正忙着提高自己的水平。所以说莎莎舞来得比较意外。莎莎舞的流行势不可挡。很快我就养成了外出旅行随身带上舞鞋的习惯，从旧金山到东京，无一例外，因为我确定无论去哪都会有莎莎舞的活动参加。

关于莎莎音乐和舞蹈的起源，古巴人和波多黎各人展开了激烈的争论。事实是这两个民族都做出了巨大的贡献。不过，莎莎舞历史最激动人心的部分发生在20世纪70年代的美国纽约。那时，以波多黎各后裔（新波多黎各人）为主的音乐家通过结合古巴颂乐和北美音乐创建了一种新的音乐风格，取名为“莎莎”。现今，莎莎乐融合多种不同的音乐风格，包括70年代创作的音乐。莎莎舞也结合了多种舞蹈风格。比如我跳的是纽约风格的莎莎，最接近曼波，具有恰恰及其他非洲-古巴舞蹈的元素。它和所谓的古巴莎莎舞差别巨大。我模仿5

秒钟，舞伴就知道我跳得不对。

记得第一次参加莎莎舞会让我获得了巨大的满足感，同时也收到烦心的批评——现在我对此非常感激。当时根据跳交际舞的经验，我相信自己只要模仿其他舞者就能蒙混过关。取得部分成功后，我邀请跳舞的姑娘抱怨说我的力度太强了。舞蹈包含很多东西，其中必须掌握两大技巧。一是施力的方法。二是收力的方法。后者甚至更加重要。刚开始学交际舞时，“力”对我来说是一个很神秘的问题。我是一位科学工作者，当然知道书本上“力”是什么，当时觉得舞蹈老师讲的概念一点都没有道理。听他们说要用“胸部施力，然后伸开手臂”，我问自己：“好吧，伸开手臂前要施力，可那有什么关系呢？伸开手臂就是咯。”舞跳了许多年之后，我才不得不承认老师说的没错，自己那套科学方法太狭窄了。舞蹈中的“力”是一个非常重要的概念，告诉舞者如何调整姿态——如何把握空间和时间的优势。力用得到位，即使是最微小的动作，也可产生极强的表现力。

我第一次参加莎莎舞会，便立刻爱上了莎莎舞。这一点是我不应该忘记说的。仅仅在那一晚，我就见到了许多种独特的跳法。看到莎莎舞提供这么大的创新空间，非常激动人心。同时我也清楚地认识到那是一种快速发展的舞蹈。同样在科学领域中，研究具有发展前景的新课题比固守老生常谈的教条有意思得多。舞会结束一个礼拜后，我去加州看望兄弟克里斯蒂安（他也是一位数学家）。他同样迷上了莎莎舞。我们度过了一段疯狂时光，白天晚上都在跳舞。我们上私人培训班和集体培训班，每晚都去参加莎莎舞会，分析步伐，在家练习基础动作，加以巩固。结果一发不可收拾。我成了“莎莎舞狂”。那时自己对莎莎舞的迷恋也感染了舞伴。不久，我们加入了多伦多的一个表演队，由知名舞蹈演员和DJ马克·安东尼·谢帕德（Marc Anthony Sheppard）领导。多年之后，我回到了匈牙利，并申请加入了ImprOn2表演队，目前是该队的成员。

写到这里，我觉得有必要从表演艺术的角度谈谈舞蹈。人们非常普遍地认为舞蹈是快乐和自由的表现。从这个角度看，在舞蹈房里练几个钟头，直到浑身肌肉酸痛为止，就显得不正常了。再说了，如果舞蹈是自由自在的，那么舞蹈演员为什么还会想去严格遵守一套动作呢？要解释清楚背后的道理，用弹钢琴作比方比较贴切。不会弹钢琴的人也可以坐在钢琴前，兴高采烈地按着琴键。这种行为其实也可以产生许多欢乐，但仅仅限于弹琴的人自己。我对此十分了解，因为小时候我经常这样做。然而，音乐真正的乐趣源于多年的刻苦练习。快乐的感受因合适的韵律、良好的平衡和控制而增强，而不是减弱。人体是舞蹈的工具，只有通过学习才能掌握它。我必须意识到在一定的阶段，演出几乎成为提高水平的必经之路。一套普通的莎莎舞步只有三分钟。然而，演员需要准备三个月，精细到分分秒秒。不用说，这带来的不仅仅是愉悦感，还可以是巨大的压力。后台是一个独特的天地，为表演某类艺术的人所熟悉。在那里，你可以看到很多目光呆滞的人在心中做最后一遍的排练。后台的一个美妙之处在于身边都是对舞蹈如痴如醉的人。有时你会见到全球著名的舞蹈演员备演。如果辛苦的准备工作让你感到有些倦怠，后台散发出的活力可重新点燃你的灵感。然后重要时刻到来了。你和舞伴或团队成员登上舞台，灯光亮起。生命不是永恒的，但在舞台上，当下的一分一秒是如此的重要，使这一时刻几乎成为永恒。

从我最好的莎莎舞老师那里学到了最重要的一点，那就是“乐感”。莎莎舞乐为4/4拍。理论上，所有的该节拍的音乐都可被莎莎舞采用——甚至用巴赫、贝多芬和莫扎特的作品都可以。在基础阶段，只要在转动身体时控制好时间，效果就不错。但要想达到艺术水平，就要求舞者大幅加深对音乐的理解。当你观看优秀的莎莎舞蹈演员表演时，你会注意到音乐的特点通过细致的身体动作得到完美展现。舞蹈成为音乐的视觉化再现。随着音乐转变成动作，这对演员来说是一种超然的感受，是一种空间、时间、和谐和节奏相互统一的体验。在理想的情况下，演员不用大脑分析思考，而是处于一种超然自逸的状态。

也许有人要指出这就是舞蹈和数学最大的不同之处。数学看起来是意识与分析思维的本质。然而，至少对我个人来说，从事数学研究也具有超然自逸的部分，和舞蹈十分相近。让我试着解释背后的原因。从表面上看，数学论述和数学概念由一系列的逻辑分析串联起来，思维只不过沿着分析的路线走罢了。这种观点极其不切实际。对我来说，每一个数学概念都被云雾般尚未挖掘的各种可能性包裹。我的大部分思考过程是把数学概念置入一个更大的空间，看看它们能否透过云雾相互沟通。这是在发挥想象力，而不是关注细节。思维处于非常放松的状态，而且几乎完全依赖潜意识。如果两个概念产生共鸣，那么我就试着把这种联系变得更加明确。此时，分析思维才发挥作用。换句话说，我的大多数成果最初都源自一个模糊的印象，然后使其一步步变得清晰起来，而不是遵守一系列清晰的逻辑步骤。面对这种思维方式，需要具有足够的耐心，慢慢梳理模糊的概念，不能急于求成，也不能过多地限制其意义。我甚至把数学看成是一种艺术。它以美学思想为基础，以灵感、想象力、潜意识思维为要求，并且和任何艺术形式——甚至和莎莎舞一样能给人带来快乐。

巴拉兹·泽盖迪

有关艺术和数学的随想

艺术是什么？艺术的一个特点是它不受任何定义的束缚。历史上，它经常冲破界限，改变自身性质。通常一个错误观念是从美学的视角去理解艺术。同样，用分析的态度去看待科学也是一个错误的观念。艺术可以是丑陋的，既能煽动人心，也可搅乱心境，甚至引发反感。艺术可以让我们从层层叠叠的错觉和幻梦中惊醒。必要时，艺术可以被剖析，美也可以成为科学的动力。艺术脱离了美的概念，还会剩下什么呢？墙上好看的装饰物和具有真正艺术价值的绘画作品之间有什么不同？我并不是要试着回答这个难题，可我想探寻其中一个方面。艺术具有深度。它揭露现实，开创丰富的知识空间，使人能够探索种种诠释和意义。艺术的动力往往来自于形而上学的基础思想。我最喜欢的一位画家保罗·塞尚（Paul Cezanne）反复画圣维克多山，超过60次。他对该主题的兴趣超越了自然景色的美。对他来说，此处风景具有丰富的象征意义，他将其细致地表现在一系列的画作中。他那精彩的文笔更体现了与圣维克多山联系起来的形而上的思想："瞧瞧这座圣维克多山，像不像一堆废墟？换言之，像不像从始至终都与灾祸相伴的景象？大自然的鬼斧神工，如果失去杂乱，又该到哪里去寻找呢？"另举一例。1915年，卡西米尔·马列维奇（Kazimir Malevich）在白色背景上画了一个纯黑的正方形，取名为《黑方块》。这幅画极大地降低视觉刺激，从而极大地增强观感。这种两极之间相互矛盾的联系也着重体现在了阿蒂拉·尤若夫（Attila Jozsef）的一首诗中："身为一叶小草，大过天地中枢"。马列维奇的画成为深度的纯粹体现。画上无色、无物的空间极大地限制了外在信息的流入，成为自我意识的写照。《黑方块》完美地展现了艺术的知识内涵。在赏心怡情方面的价值要么微不足道，要么可以说一点都没有。除马列维奇之外，不会再有第二个人因画黑色的正方形而得到同样的赞赏。同理，第二个发现DNA分子的人也不会得到相应的荣誉。灵感是艺术重要的概念之一，是首次感觉到某个未知事物的存在并产生相应动力（灵感）的时刻。灵感的表现形式多种多样，可以是一个和音、一个模糊的概念、一行有力的开篇诗句，也可仅仅是知道"那里有问题"。数学更普遍地把这种感觉称为"直觉"。灵感的力量可以被压缩成灵光闪现的一瞬间，即使这需要用一生的时间去实现。缺少这种瞬间，一首诗变得支离破碎；一幅画仅能用于装饰而已。艺术和数学都存在揭开现实层层迷雾的愿望。然而，根据我的经验，并不是所有的数学家都赞同这种说法。在过去的20年里，我听说过把数学家划分成不同类型的几种建议。最经典的版本是根据数学家对数学实体本体状态的观点进行划分，有柏拉图主义者、建构主义者、形式主义者等。另一种办法是按数学家的研究风格划分。例如蒂莫西·高尔斯（Timothy Gowers）在《数学中的两种文化》一文中就谈到了问题解决者和理论建造者这种区分。他认为对理论建造者来说，"解决问题的目的是更好地理解数学理论"，而对于问题解决者来说，"理解数学理论的目的是更好地解决问题"。弗里曼·戴森（Freeman

Dyson）在《鸟与蛙》一文中把数学家分成两类：鸟和蛙。他说“鸟类数学家”从高处审视数学宽阔的视野，将不同区域的各种问题结合在一起，而“蛙类数学家”则注重细节，单独解决一个个问题。

除上述各种类别之外，我想贡献出自己的一套数学家分类方法。更确切地说，我想介绍数学家根据自己的性格而在不同程度上感受到的两种乐趣。我称之为艺术型乐趣和工程型乐趣。工程型乐趣比较容易解释，所以先说说它吧。这是建造运行良好的机器时所感受到的乐趣，是所有部件安装到位、完美吻合时的那种满足感。数学家建造的不是机器，而是证明和理论，可快乐的感受却非常相似。应该说解谜题、猜谜语（玩魔方等活动）和研究正规表达式都属于工程型乐趣的范畴。

艺术型乐趣更多地处于精神层面，因此比较难解释。这种乐趣贴近有形陈述和细节背后的形而上学思想。从艺术的角度看，机器（即证明或理论）只是帮助我们走近灵感之源——形而上学思想的工具。机器本身是次要的，如果有另一种工具帮助我们更快地实现那灵光闪现的瞬间，先前的那一种则可被丢弃。巴赫作品最伟大的诠释者之一、著名画家格伦·古尔德（Glenn Gould）曾说过：“钢琴并不是我非常喜爱的乐器……（可）我弹了一辈子的钢琴，它是我用来表达想法最好的工具。”

总体上，我不敢按上述两种类型对数学家进行具体划分，但我比较肯定地说逻辑学家库尔特·哥德尔（Kurt Gödel）属于偏艺术型的那一类。他著名的不完全性定理认为在任何包含佩亚诺公理的体系中都有一项无法在该体系内部得到证明的陈述。我不再继续深入解释该定理，只是想介绍其背后的形而上学思想。

数学的语言经常冲破自身规则的限制。把这种说法和本短文的出发点比较一下，便可看出艺术和数学在许多方面都有联系。

巴拉兹·泽盖迪（Balázs Szegedy）是一位匈牙利的数学家。他有三个兄弟，其中两个也是数学家。兄弟四人就读于以数学课为特色的米哈伊·法泽考（Fazekas Mihály）高级中学。高中阶段的教育对泽盖迪未来的职业发展产生了深远的影响。在积极进取的学习环境下，他和很多同学分享自己对哲学、数学和艺术的热爱。泽盖迪的老师拉兹洛·素兰尼（László Surányi）拥有活跃的哲学思想，极大地影响了他对数学的总体认识。

读完博士学位后，泽盖迪继续在微软研究院从事博士后研究工作。期间与拉兹洛·洛瓦兹（László Lovász）合作研究将图论分析联系在一起的“图极限论”基础。此项研究荣获2009年欧洲组合数学奖和2012年富尔克森奖。泽盖迪研究领域包括群论、组合数学和分析学。2013年，他因在高阶傅里叶分析方面取得卓越的成绩而荣获考克斯特-詹姆斯奖。泽盖迪曾担任7年多伦多大学教授，目前在布达佩斯的阿尔弗莱德·莱利（Alfred Renyi）数学研究所领导一个研究组。

泽盖迪积极投身舞蹈运动，以纽约风格的莎莎舞（又称爱迪·多雷斯风格）为主。目前他是ImprOn2表演队成员，已参加多个国家的舞蹈演出活动。

塞德里克·维兰尼

数学与艺术

导言及数学本质

现今，数学与艺术的交融成为一个十分热门的话题，涉及许多讲座、会议、著作……甚至出现了《数学与艺术》学术期刊和“欧洲数学与艺术学会”……

形成这种风潮的因素除数学和艺术这两大领域之间存在某些共同点之外，还包括艺术广泛的吸引力和数学迷人的魅力。两者的结合可产生强大的吸引力。记得迪士尼动画片《唐老鸭漫游数学奇境》是我童年挚爱之一，其中重点展现了数学与艺术的两点联系。一是著名的黄金比例及其在建筑或绘画中的运用——时而真实可靠，时而牵强附会。二是奠定欧洲音乐基础的毕达哥拉斯音阶。该音阶系统以分数为基础建立，比如从C调过渡到D调时频率乘以9/8，或吉他等弦乐器的弦长除以9/8。有关这两大学科的话题还有很多，包括后代人发明的音阶结构，但我不必逐一进行阐述。一是因为数学和艺术的关系已得到很好的证明，二是因为它们的重要性被高估。

让我把视线转向这样一个事实：并不是所有和谐的形态都体现黄金比例，但即便如此，我们也能在自然界中发现一些数学化程度极高的形状，如对称形。一个泡泡那近乎完美的圆形、向日葵等植物中出现的斐波纳契数、呈现美丽曲度的树叶，这只是几个简单的示例。再者，即使我们忘记了毕达哥拉斯音阶，我们也应该记住鸟鸣等任何声音都可编译成气压数据，最终转换成数学函数。

因此，数学自然而然也体现在人类创造的事物中。这样的例子包括源自古代阿拉伯艺术的准周期瓷砖面。这类瓷砖面缺乏完全的周期性，却具有明确的对称性。建筑师高迪在镜中反观这种瓷砖面结构，便开始喜欢用锁链的形状来建造拱门。从更广的角度说，他喜欢从自然界简单的形状中获得灵感。如今，现代设计师会用基于数学的软件对火车或建筑的外形进行优化。建筑师格里（Gehry）近期设计的法国巴黎路易·威登基金会大楼就是一个精彩的佳例——20年前，由于缺少现代数字化工具，怎能建起这座大楼！

逻辑推理和思想观念的核心也藏有数学的身影。因此，埃舍尔创作的那幅一只手画另一只手的名作不可避免地再现了递归性这一数学概念。路易斯·卡罗尔（Lewis Carroll）喜爱数学逻辑，并用它来讲述爱丽丝那些不合逻辑的奇遇。其他例证可在基础博弈论中寻找。记得十来岁时读到道格拉斯·霍夫斯塔特（Douglas Hofstadter）的《数学魔法》一书。我被深深地吸引了，意识到“囚徒困境”等简单的数学规律对我们的行为产生多么大的影响。这些情况同样激发艺术的灵感。

在大自然展现的伟大艺术作品中，数学现象比比皆是。任何自然现象都可以变成数学方程和数学思想。正如伽利略所说：“世界以数学为语言书写。”艺术的一部分是对现实的再现。因此，数学在艺术中扮演重要的角色也是预料之中的事了。一次我参加在美国加州举办的大型数学研讨会。一部主流电影的研发部部长在会上的一席话逗乐了参会的数学家："每一部好莱坞大片都应该给你们版税！"我们当然都笑了，但这是一个非常严肃的事情——电影产业的数学化程度非常高。以荣获七项奥斯卡大奖的《地心引力》（*Gravity*）为例。除了故事卖点产生的效果、编剧的想象力、演员的才华之外，可以说这是迄今为止数学化最强的电影，因为其中几乎所有的成分——演员除外——都是利用数学算法和数字技术制作而成。

这个例子体现了数学神奇的力量。这种力量不仅用于再现我们所熟知的世界，而且还能超越现实和直觉，有助于想象力的发挥。若要把数学比作一种文学题材，那非诗歌莫属。首先，两者都受严格的条件限制（在数学中这一点很明显，一切都必须按逻辑推导；而古典诗歌也存在大量的格律约束）。第二点更为重要：数学激发创造力，重新创造出一个完整的世界，就像诗歌词源意义所体现的那样。第三，数学和艺术都具有文字的魅力，用一个词即可表现完全原始的含义，构筑起一个全新的天地。众所周知，洛特雷阿蒙等诗人利用数学的昭示性、神秘性和历史性的特点进行创作。

因此，数学面对一个无形的世界，和诗歌一样具有感召力。这个无形的世界因关系到现实而介于想象和现实之间，有时是对现实世界的诠释。以原子论为例。在我们周围存在着看不见的微小粒子，即"分子"。它们以极高的速度在我们身边相互碰撞，弥散开来，形成气体。原子论的建立就是想解释这种气体的复杂属性。借用让·佩林（Jean Perrin）的话，就是"解释复杂有形体中的简单无形体"。难以解释的数据通过佩林或斯维德伯格（Svedberg）实验进行分析，比如每隔一段时间统计流体小区内部那些不停游动的微小粒子数。结果产生长长的一排小数字（斯维德伯格实验统计出的每列粒子数从未超过5个），作为游动过程的数学模型及数学统计数据。从中可推导出巨大的阿伏伽德罗数——它是原子论的一个成果，也是数学家和人类思想的一次胜利。

数学提供的方法不仅能揭示这个无形的世界，而且还能对其加以利用，如用于天气预报、GPS定位系统、再现隐匿的几何图形等方向。因此，数学不但具有诗歌的特点，而且还有实际的效用。在设计中，你不仅要顾及艺术方面的要求，而且还要注意保持设计的简洁性、简单性和功能性。

我用“简单”一词，在非数学专业的读者看来也许有些奇怪，因为通常人们认为数学非常复杂。诚然，描述现实世界可成为一件极其复杂的事情——看看表现群体动态或其他任何自然现象的模型，其复杂程度也许就能吓到你。但殊不知，这种复杂性不是源自数学方法，而是源自我们身处的世界。事实上，对于任何的自然现象，即使采用纯粹定性的方法进行分析，也十分复杂——想想描述生命基础的克雷伯氏循环吧。在纷繁复杂中，只要出现混沌，数学都会施以简单化的应对策略，找寻秩序。

数学中的艺术

“秩序”的概念往往关系到美和简的概念。亚里士多德曾说过：“美的主要形式是秩序、公度性和精确性。”秩序、公度性、精确性，这听上去不就像是对数学的描述吗？公度性与和谐的概念相关。那正是数学家亨利·庞加莱（Henri Poincaré）在两千多年之后提出的，涉及最深刻的美学思想：“各部分之间的和谐秩序。”

果不其然，数学家们对此十分敏感，每天相互之间都会说：“多么美的发现！”“多么美的定理！”“多么美的证明！”

现在让我们在几何学中寻找实例。这样的例子有都柏林双曲线针织珊瑚礁博物馆展出的双曲线编织法，有帕雷斯（Palais）和贝纳德（Benard）通过数字技术创作的美丽呼吸子曲面（Breather Surface），还有杉本博司（Hiroshi Sugimoto）在卡地亚当代艺术基金会组织的数学展览会上展出的伪球面。这三个对象从表面上看形态迥异，但在几何学家的眼中却是如此相似，都是以双曲几何为基础，即恒定的负曲率几何。这是在差异中寻找秩序和统一的范例。

有些时候，意外的结果、结论或预测会产生美，产生艺术。例如预测性极强的蒲丰投针实验。你把一根针扔在木地板上，重复多次后，针和地板接线处相交的概率会自动接近$2/n$。例如高斯波动现象。该现象统合了原始宇宙辐射、人类体型变动、洋面变化等各种不同的现象，涵盖范围之广，用高尔顿（Galton）的话来说，看上去就是“无理之大法”。例如著名的欧拉公式。该公式以意想不到的方式结合了数学中五个最重要的数：0、1、e、i、n。又如将正凸多面体分为五类的理论。在所有的这些事例中，揭开一项法则，因其出人意料，又具有简短、统一、秩序性强的特点而显得最为美丽。这的确称得上是艺术。

有些时候，应被看成是艺术品的不是结论，而是证明本身，因为证明也可能具有清晰、简短、出人意料的特点。毕氏定理的几何证明就是这样一个范例。该证明十分简单，连孩子都能理解。另一个范例是用来计算$1+2+3+...+n$算术级数的法则。结果本身并不是特别美，但论证真的很美。对于数学家而言，真正重要的往往是证明的简洁性，而有些证明被誉为艺术杰作。例如格里戈里·佩雷尔曼（Grigori Perelman）建立了精彩的庞加莱猜想证明——21世纪最重要的数学成果。又如已故数学家威廉·瑟斯顿（William Thurston）曾提出一套完善且美丽的方案，用来理解有限三维宇宙中所有可能的形状——由此促成了庞加莱猜想证明的建立。他的愿景不仅鼓舞了数学家，而且还为三宅一生品牌（Issey Miyake）的设计师们提供了灵感，成为旗下一个时装系列的基础设计元素。

可以这样说，艺术甚至也可体现在发现证明的过程中。例如在下午茶等活动中的一次偶遇，就像蒙哥马利（Montgomery）和戴森（Dyson）在普林斯顿的那次相遇。或者在计算的过程中出现某个喜人的小插曲，如高斯意外地发现双纽线长度。

回到和谐和视野的概念上。这两者是我们数学家巨大的驱动力。交流新视野往往比该视野产生的结果重要得多。例如我与同事在20世纪末和21世纪初合作开展的一个研究项目。在该项目中，我们发现了熵的概念（气体论或其他统计理论中的无序状态）和非欧几何（里奇）曲率之间的关系。这是一个新的视野，一个新的视角，因而有很多研究人员加入进来，使其发展成为一套完备的理论。

还有一次，在数学生涯的早期阶段，我在帕维亚大学访问，并根据乔治白·托斯卡尼（Giuseppe Toscani）的建议进行一些计算，希望解决切尔奇纳尼猜想（Cercignani conjecture）。很快我意识到托斯卡尼的建议行不通。然而，在计算的过程中，我注意到一个完美的正方形。它“太美了，肯定有用”。我放弃了原来的想法，却保留了这个美丽的结果。没错，这是解决问题的起点。

综上所述，作品、艺术和美学的概念在数学界得到了良好的发展，激励着我们，辅佐着我们去找寻正确的理念，指引前行的方向。

连接数学和艺术的三大桥梁

很多艺术家认识到数学包含的艺术成分，竭力实现以数学为动力或养分的艺术作品。此类事例不胜枚举，与其一一列出，不如谈谈实现这一目标的三大途径。我鼓励读者每次遇到数学或艺术对象时，都要想一想设计者选用的是哪种途径。

第一种途径是利用有助于产生艺术的数学方略。例如分形艺术作品。其数学方略往往异常简单，但结果看上去却精细复杂。例如，可以上网搜索一下根据牛顿法设计的一些精彩纷呈的分形图。又如米格尔·阿罗约（Miguel Araujo）等艺术家创作的古典艺术作品。其中隐藏的视角、暗影或其他经过计算的元素发挥着重要的作用。另一个著名的实例是艺术家燕尼·泽纳基斯

（Yannis Xenakis）创作的音乐作品。还比如一些乌力波派的文学作品。在其中一部作品中，雷蒙·格诺（Raymond Queneau）运用组合数学的力量以及对一首诗逐行拆分的可能性，产生无穷无尽的组合，达“百万亿首诗”之多。

在上述例子中，数学被用于创造新的产物，而数学法则反之也可用于限制这种创造。这并不是标准化观点的要求，而恰恰相反是出于创造力的考虑，因为众所周知，局限可以激发创造力——道理很简单，必须善于创造，才能克服强大的局限。继续以文学为例。乔治·培瑞克（Georges Perec）在小说《消失》（La Disparition）中从未用过字母e。音乐领域里的同类代表是乔治·里盖蒂（György Ligeti）的开创性作品《莱切卡组曲》（*Musica Ricercata*），其中限制了音符的使用。例如第一部分仅仅用了A调（最后一个音符除外）。你会认为这样做的结果很单调，但其实不然，因为音符的力度和韵律产生了丰富的变化。我最喜欢的也许要数该系列的第三部分，其中只用了三种音符（最后一个音符依然是例外）——C、降E、G，像琶音的效果。这种规则像是数学公理，带有巨大的限制性条件。

数学与艺术联姻的第二大途径不是利用数学工具或数学法则，而是受数学本身的启迪。这要求首先理解数学理论的细节或精神，然后再现由此激发的创新思想。例如数学家和艺术家阿纳托利·福缅科（Anatoly Fomenko）的一些画作。又如《相对性》（*Relativity*）、《天使与魔鬼》（*Angels and Demons*）等由埃舍尔受双曲几何启发创作而成的著名画作。请注意，在以上两个例子中，数学只是艺术作品的一部分，更重要的还要依赖创作者的艺术技能。

在音乐方面说明数学和艺术第二大联姻的途径，也许可用里盖蒂的另一首乐作当作例证——第一首练习曲，名为*Désordre*，取混乱之意。这首曲子不是利用数学法则，而是受到数学法则的启发——虽然演奏者不是数学家。与同一人创作的《莱切卡组曲》形成强烈对比。

*Désordre*最明显的一个特点是乐谱看似规整，听起来却没有规律。当然，

这部分是由于曲子中穿插了强弱音所致。Désordre一词在数学中有多种含义，但经常指确定性混沌。这种混沌产生于非常规律的体系，受确定性方程支配，但从长期来看，由于细小离差的扩增作用，混沌实际上是不可预测的。里盖蒂成长在匈牙利善待科学的环境中。他渴望成为一位科学家，与伯努瓦·曼德博罗（Benoît Mandelbrot）为友。从他的文字和访谈中，我们推测他汲取了20世纪科学理论的精神，因此很有可能对确定性混沌有所了解。我们可以据此判断曲子里的强音代表了确定性体系的某种无形态，在不可预测的时间进入某种状态，影响整个结果的产生。

数学结合艺术创作的第三大途径既不是对数学加以利用，也不是受数学的启迪，而是展示数学，即暴露、展现数学化的形态、对象和概念。它们也许脱离了原始背景，却为观众所欣赏。观众也许不能理解其意义，但他们能为之而惊叹。这就是摄影大师曼·雷（Man Ray）所采取的方略。20世纪30年代，他访问庞加莱研究所时拍了一些著名的摄影作品——被他称为"莎翁式方程"的数学对象。如今，庞加莱研究所把这些对象借给多家博物馆，用于举办超现实主义展览——近期包括蓬皮杜博物馆。值得注意的是，曼·雷通过调整光线和角度就能把这些对象转变成另外一种形式。他并不了解对象有何意义，这点毫无疑问——有一次他拍的是模型架，而不是数学模型本身！但这是人类创造的对象，用来理解有形和无形的世界。这个事实令他惊叹。通过这些对象，世界成为人类思想和大脑的礼赞。

法国巴黎市中心夏特雷-雷阿勒地铁站摆放的一件雕塑作品运用了类似的创作手法。每天成千上万的人路过这尊雕塑，但几乎无人注意到上面刻着薛定谔方程和海森伯不确定性原理。雕刻的目的是为了纪念这些带领我们探索无形量子世界的数学方程，同时象征这样一个事实：方程时刻伴随着我们，可我们却注意不到！

在文学领域，我写《活着的定理》（*Théorème vivant*）一书时也采用了上述方法。该书以日记和冒险小说的混合体形式揭示了数学定理创建过程及其背后的人际活动和神秘历程。期间有高潮，也有低谷；有偶然邂逅，也有意外经历。书中还展示了我们数学家使用的词句、互发的电子邮件、编写的公式、欣赏的音乐、制定的日程安排等内容。很多读者给我写信说他们非常喜欢思索那些无法逾越的公式。他们完全看不懂公式，但就像曼·雷所采取的策略，这些简明而又神秘的文字能够成为强有力的手段，用来研究我们看不见、摸不着的事物。这点着实令人着迷。

同样，从古代计算表到今天的黑板，书写数学的方式也可从艺术的角度展现。法国艺术家让-米歇尔·阿尔贝罗拉（Jean-Michel Alberola）甚至记录下了书写数学方程这个动作，在卡地亚基金会举办的展览上展出。他还大胆地想到把我为一个研讨会手写材料的过程制作成一部电影，向屏幕前的观众解释我对切尔奇纳尼猜想的研究成果及其证明。关注点不在于结果如何、数学意义如何，而在于创造和交流的动作，在于书写数学公式的那双手。粉笔与黑板的碰触，伴随飞扬的粉笔灰，将黑板变成了一扇窗，时而明亮，时而模糊，具有现实和比喻双重含义，体现了数学家相互交流时的所思所想。他们时时刻刻在思索用哪种办法处理黑板上的内容最好，以便分享自己的愿景和成果。就这样，在阿尔贝罗拉的作品中，黑板变成了某种意义上的一件艺术品。

结语

上述连接数学和艺术的三大桥梁各有千秋，但都是以分享人类文明为目的。艺术家利用数学这种用于创造新事物和概念、分析数学成果的语言和技术，是对其力量的认识。艺术家受数学之启迪，是因为数学不仅仅为专业人士所用，更是对文化的一种补充。艺术家展示数学，是在分享人类智慧解释无形世界，并将其呈现给其他数学家时所展现的美。这一过程要用到两种人类进化意外得来的非凡工具：语言和数学写作。

在上述各种情况下，最关键的是交流和分享愿景。对艺术家而言如此，对数学家而言也是如此。建立一个愿景，想办法分享艺术创造力，正是引领行业之道。

塞德里克·维兰尼（Cédric Villani），1973年生于法国，1992年至1996年在巴黎高等师范学院学习数学，毕业后留校担任助理教授；2000年至2010年在里昂高等师范学院担任教授；目前在里昂大学任教。他曾在亚特兰大、伯克利和普林斯顿担任客座教授。自2009年起，任巴黎庞加莱研究所所长。2010年因在非线性朗道阻尼和玻尔兹曼方程研究中获得突出成就而被授予菲尔兹奖。从那之后，他成为法国数学界在媒体、经济政治圈中的代表人物。2012年，他出版《活着的定理》一书，详细记录了定理创建的前后过程，把读者带进高校研究的天地。近期该书分别由FSG出版社和企鹅兰登书屋在美国和英国出版，书名被改为《一个定理的诞生：一次数学之旅》。2013年12月，他入选法国科学院院士。

弗拉迪米尔·弗沃特斯基

走进森林

弗拉迪米尔·弗沃特斯基对摄影，尤其是野生动物摄影有浓厚的兴趣。

在普林斯顿森林研究所的展览，精选一些他的动物、鸟类、昆虫和植物方面的精美作品。

弗拉迪米尔·弗沃特斯基（Vladimir Voevodsky）于1966年6月4日出生在俄罗斯莫斯科市。母亲是莫斯科国立大学的一名化学家，父亲在苏联科学院核研究所从事实验物理学研究工作。上高中时，他通过奥列格·舍利米特夫（Oleg Sheremetev）认识了抽象数学。1983年，他进入莫斯科国立罗蒙诺索夫大学主修数学，但在1989年末他放弃了该校的正式教育。不过，

他仍然靠自己的力量继续研究代数几何、同伦论和高级范畴论，并与其他科学家建立了直接合作关系。最初同尤里（乔治）·萨巴特（Yuri (George) Shabat）合作，后与米哈伊尔·卡普拉诺夫（Mikhail Kapranov）合作。1990年9月，在卡普拉诺夫的帮助下，他成为美国哈佛大学的一名博士生。博士论文以“概形与协变主对象（motive）的同调”为题，导师是大卫·卡日丹（David Kazhdan）。

1992年至1993年，弗沃特斯基在普林斯顿高等研究院工作；1993年至1996年任哈佛协会的初级会士；1996年至1997年任德国波恩马克斯·普朗克数学研究所访问学者，后担任美国西北大学副教授（1997—1998）。1998年9月，他回到普林斯顿高等研究院工作，起初担任研究员，2002年1月晋升为教授。

2002年，弗沃特斯基因在主上同调（motivic cohomology）和代数簇同伦论方面取得杰出成绩并证明了米尔诺猜想而荣获菲尔兹奖。

2003年，弗沃特斯基成为欧洲科学院院士，2004年被中国武汉大学授予荣誉学位。

弗拉迪米尔·弗沃特斯基涉足多个数学领域。早期研究关于亚历山大·格罗滕迪克（Alexander Grothendieck）在其著名的手稿《纲领草案》（*Esquisse d'un Programme*）中介绍的思想，尤其是关于远阿贝尔几何以及作为同伦型模型的∞广群，即所谓的“儿童图画”（dessin d’enfant）。从1990年到2009年，弗沃特斯基大部分的研究都与主上同伦论（motivic homotopy theory）发展相关——以“仿射直线”（affline line）和“单位区间”（unit interval）之间的类比为基础，结合了代数几何和同伦论的思想。此项发展以贝林松（Beilinson）和利臣堡（Lichtenbaum）提出的两个猜想为指引和动力，处理（当时属于假设的）主上同调属性问题。1995年，弗沃特斯基发现了米尔诺猜想的证明——这是贝林松-利臣堡有限系数主上同调猜想的一个典型例证。在此之后，他用了12年的时间——从1997年到2009年——解决贝林松-利臣堡有限系数猜想证明的细节问题。这一成果以系列论文的形式被公布，相关结论发表在2011年的《数学年刊》上。

大约从2002年开始，弗沃特斯基积极思考计算机辅助验证纯数学证明这一问题。首批成果于2005年推出，以单值纤维化（univalent fibration）理论及其与类型论的关系为雏形，但直到2009年秋才清楚地发现已有的Coq系统对基于单值理论的数学公式化基本上是充足的。2010年春，弗沃特斯基正式提出单射基础纲领（Univalent Foundation program）。从此该纲领一直是他数学研究的重点。

他认为数学应该是简练而精确的，数学证明应能被验证，数学在诚实、完整性和清晰度方面应成为其他学科的典范。

理查德·斯坦利

摄影

能在本书中发表摄影作品，我感到非常激动。因为就摄影而言，我只是一个业余爱好者，从来没有在媒体上正式发表过摄影作品（除了下文将提及的关于“间谍”的照片之外），也从未参加过摄影比赛和摄影课程，我甚至没有单反相机。在2002年买了数码相机之后，在美学方面我开始比以前花更多的时间和精力了。我尝试着给相机做不同的设置，这样我就可以拍出更好的照片，而不是业余地乱拍一通。令我感兴趣的拍摄主题之一是动物。在以动物为主题的照片中，通过它们做的一些有趣的动作，我们可据此思考动物在想些什么，它们的感受是怎样的。这可以使人们感受照片中内含的更多维度[①]。

伯克利数学科学研究所拥有观赏旧金山湾区的绝佳位置。2002年我在伯克利数学科学研究所拍到了湾区日落的美妙景色。夕阳正慢慢落下，霞光万丈。

① 当然，人物照片也可以体现出人物行为和感受的深度和维度，但我们可以有其他更多的方法知道其想法。就动物而言，对于它们在想什么有着不同的争议，甚至对于它们是否存在有意识的思维也存在很多争议。

蹦极跳

2003年我到新西兰普利茅斯参加会议，会后几天我去旅行，最后一站是奥克兰市。在这里花100美元可以从天空塔做两次“蹦极跳”。天空塔是南半球最高的单体建筑（1076英尺）。但这里的蹦极并不像一般的蹦极，蹦极者做蹦极时背后有绳索牵引而下。我当时想试一下“蹦极跳”，但是要排好几个小时的队，只好作罢。后来我在天空塔的主观景窗口拍到了一张照片，照片上是另外一位蹦极者正往下降落。在照片的左侧、上方、右侧可以看到各有一条引导的绳索。

2008年我在韩国大田市的韩国科学技术院校区中散步，我花了些时间观察那里的三只鹅，非常有意思。当时它们正巧排成一行，我随即拍下了一张有趣的照片。

在美国大沼泽地国家公园，可以拍到很多动物的照片。我最喜欢的是，一只蛇鸟正在给它的孩子喂食的照片。如果将这照片尽可能放大，可以看到在蛇鸟妈妈嘴的右方靠近图片右侧边缘的地方有一橘色“叶片”，这“叶片”实际上是一条毛虫在观看喂食。另一张照片也是在美国大沼泽地国家公园拍的，是一条鳄鱼在悄悄地接近一只

鹅

龟。在这过程中两只动物看起来都不紧张。我看到它们时，它们似乎是不动的。龟的一条腿定在半空中，很少能拍到这样的照片。

喂食

我喜欢拍摄一些变形的景物，比如物体在建筑或者水面上的投影。在上海博物馆拍的照片就是这样一幅。这张照片的独特之处是，上海的标志性建筑东方明珠广播电视塔像一个幽灵一样潜藏在背景当中。

我有一张最让人印象深刻的照片，但它其实并没有什么美学价值。2010年6月28日的晚上，我听到我所住的位于美国马萨诸塞州剑桥的公寓外有一些动静。我的公寓是住宅楼中的一套，住宅楼共有四套公寓。我走到外面，看到有美国联邦调查局（FBI）的车停在楼前，还有很多美国联邦调查局的警员（他们穿着带有FBI字样的衣服）站在车的周围。一位警员走到我面前，对我说这里已没有任何危险了，但是他并没有解释发生了什么。随后我在我卧室的玻璃窗前用相机拍了几张美国联邦调查局的车和警员的照片。第二天早晨，当我打开门要去上班时，我一下就被8名记者包围住了。记者们问我是否认识一星期前搬到这楼里的住户。其实，我并没有什么机会去认识这个楼里的人，平时最多也就是与他们礼貌地打个招呼。但当我告诉记者们我拍了昨晚的一些现

跟踪

场照片，他们很兴奋。我这才知道我的新邻居是俄罗斯间谍。但很显然，这些俄罗斯间谍还没有机会开展任何间谍活动。

结果我拍的那一组照片中的一张“间谍”刊登在了全国发行的报纸和杂志上，包括刊登在《时代》杂志以及《纽约时报》的头版，图片来源写着：“理查德·斯坦利，美联社”。很多摄影师都梦想着自己的照片可以刊登在《纽约时报》上。然而我足不出户就意外地实现了这个梦想，而且照片还被刊登在头版上。

映像

间谍

理查德·斯坦利（Richard Stanley）于1944年出生在美国纽约，小时候曾在纽约州的塔哈瓦斯、马萨诸塞州的阿灵顿市、弗吉尼亚州的林奇堡市以及乔治亚州的萨凡纳市生活过。他的本科毕业于加州理工学院，博士毕业于哈佛大学。当时他的博士论文导师吉安-卡洛·罗塔（Gian-Carlo Rota）在麻省理工学院任教。从哈佛大学毕业之后，他在麻省理工学院做了一年讲师，之后到伯克利做博士后，1973年他又回到麻省理工学院任教。从2014年开始，每年春季学期他都会在迈阿密大学上课。

理查德·斯坦利受邀担任很多访问职位，包括美国加州大学圣地亚哥分校，法国斯特拉斯堡大学，瑞典皇家理工学院，日本东海大学，美国加州大学伯克利分校以及哈佛大学。他还受邀担任一些咨询职位，其中包括喷气推进实验室，微软，贝尔实验室，通信研究中心。他曾获得美国工业与应用数学会的Pólya应用组合数学奖（SIAM Pólya Prize in Applied Combinatorics，1975年），美国数学会的Leroy P. Steele奖（Leroy P. Steele Prize for

Mathematical Exposition，2001年)，瑞典皇家科学院Rolf Schock奖（Rolf Schock Prize in Mathematics, 2003年），滑铁卢大学名誉博士（2007年），南开大学名誉教授（2007年），美国国家科学院院士（1995年当选）。总共有59名学生在理查德 · 斯坦利的指导下获得了博士学位。他有两个孩子，名字分别叫肯尼斯（Kenneth）和莎伦（Sharon），他还有一个孙子班尼特（Bennett）。除了喜欢摄影，他还非常喜欢写作。

理查德 · 斯坦利已经完成五本程度各异的数学专著以及很多介绍性的文章、故事、传记片段等。他的大部分非数学文字作品并没有发表。他的其他爱好还有徒步旅行，骑自行车，打乒乓球，玩棋，连环画，桥牌，歌剧，民歌、乡村音乐、寻根音乐，中文，动物，哲学，纸牌、猜谜、魔术，这些爱好对他而言既轻松又有趣。

鸣　谢

导言

阿萨夫·纳欧尔个人照，由安玛丽·佩尔提供

安玛丽·佩尔个人照，由约西·玛莎提供

一位数学家眼中的歌剧与音乐

贝拉·博洛巴斯个人照，由盖比瑞拉·博洛巴斯提供

2012年12月6日大都会歌剧院《狄多的仁慈》剧照，由盖比瑞拉·博洛巴斯提供

2011年12月3日盖比瑞拉同安德烈·塞迈雷迪和潘妮·塞迈雷迪观看《罗德琳达》时的合影，由贝拉·博洛巴斯提供

理查·瓦格纳（1813—1883）照片，公共所有

2013年1月4日在布达佩斯上演的《漂泊的荷兰人》全体演员谢幕照，由贝拉·博洛巴斯提供

2013年1月4日盖比瑞拉站在布达佩斯剧院大厅楼梯旁的留影，由贝拉·博洛巴斯提供

路德维格·霍尔文1910年设计的《莎乐美》海报，公共所有

2013年1月10日布拉格剧院《鲵鱼之战》全体演员照，由贝拉·博洛巴斯提供

2013年1月10日贝拉·博洛巴斯在布拉格观看《鲵鱼之战》首演时与雅里克·内赛特雷尔的合影，由贝拉·博洛巴斯提供

2013年1月25日贝拉·博洛巴斯在科芬园中庭顶层的留影，由贝拉·博洛巴斯提供

2013年1月25日《牛头怪》全体演员照，由贝拉·博洛巴斯提供

贝拉·博洛巴斯个人照，由盖比瑞拉·博洛巴斯提供

美在数学和艺术中的脆弱性

杜勒创作的《忧郁》，公共所有

恩里科·邦比利在艺术工作室的个人照，由安娜·凯普斯·塞迈雷迪提供

萨拉·琼斯·尼尔森个人照，版权归Taylor Photographics摄影公司所有

数学、爱和文身

爱德华·弗伦克尔个人照，由本人提供

《爱的仪式与数学》剧照，由爱德华·弗伦克尔提供

《爱的仪式与数学》剧照，由爱德华·弗伦克尔提供

《爱的仪式与数学》海报，由爱德华·弗伦克尔提供

爱德华·弗伦克尔个人照，由本人提供，伊丽莎白·李普曼拍摄

音乐——未曾选择的人生之路

蒂莫西·高尔斯个人照，由J. 巴饶（J. Barrau）提供

蒂莫西·高尔斯个人照，公共所有

数学剧诞生记

安德鲁·格兰维尔个人照，由西蒙斯基金会提供

手绘图，由迈克·斯宾塞提供

普林斯顿上演詹妮弗与安德鲁·格兰维尔编排的戏剧，由西蒙斯基金会供图

伯克利上演詹妮弗与安德鲁·格兰维尔编排的戏剧，由数学科学研究所大卫·艾森伯得供图

安德鲁·格兰维尔个人照，由西蒙斯基金会提供

詹妮弗·格兰维尔个人照，由数学科学研究所大卫·艾森伯得提供

迈克·斯宾塞个人照，由克莉丝汀·比萨特提供

摄影

伊莎贝拉·拉芭个人照，由本人提供

摄影图片《罗马高架引水桥》，摘自伊莎贝拉·拉芭撰写的《摄影》一文，所有图片均由本人拍摄，2012—2014

摄影图片《贝克雪山》，摘自伊莎贝拉·拉芭撰写的《摄影》一文，所有图片均由本人拍摄，2012—2014

摄影图片《树叶》，摘自伊莎贝拉·拉芭撰写的《摄影》一文，所有图片均由本人拍摄，2012—2014

摄影图片《威尼斯街景》，摘自伊莎贝拉·拉芭撰写的《摄影》一文，所有图片均由本人拍摄，2012—2014

树叶微距照，摄于温哥华，摘自伊莎贝拉·拉芭撰写的《摄影》一文，所有图片均由本人拍摄，2012—2014

摄影图片《夕阳》，摘自伊莎贝拉·拉芭撰写的《摄影》一文，所有图片均由本人拍摄，2012—2014

伊莎贝拉·拉芭个人照，由本人提供

绘画与数学

彼得·大卫·拉克斯个人照，2006年摄于西班牙托莱多，由拍摄者拉蒙·艾司可贝多提供

彼得·拉克斯个人照，由西蒙斯基金会提供

数学·艺术·文明

尤里·I.马宁撰写的文章《数学·艺术·文明》。©尤里·马宁。该文也被收录在另一部著作中（*I, Mathematician*, Peter Casazza, Steven G. Krantz and Randi D. Ruden, Editors, Mathematical Association of America, 2015）

尤里·I.马宁个人照，由塔蒂亚娜·普罗蒂尼科娃提供

图1：《哲学珠玑》图，斯特拉斯堡，1504，公共所有

图2：内皮尔对数表，公共所有

图3：帕普斯定理，由尤里·马宁提供

图4：立体数学，由尤里·马宁提供

图5：（上图）阿基米德墓，G.M. Gingerelli摄；（下图）球体的图片，公共所有

图6：“之”字形交换图，由尤里·马宁提供

图7：交换方阵，由尤里·马宁提供

图8：1与-1,1+（-1）=0：等式伦移替代法，由尤里·马宁提供

图9：巴赫小提琴奏鸣曲乐谱手稿（无伴奏），公共所有

图10：《书上的双手》，杜勒，公共所有

人类原生艺术活动、语符起源及数学直觉

图1：单侧ECT绘图（[ND]）与两个图符的演变（N.N. Nikolayenko, V.L. Deglin 1984. Semiotics of space and functional asymmetry of the brain. Sign Systems Studies (Trudy poznakovymsistemam) 17; 48—67）

图2：（上图）摘自艾德尔多·法吉欧里和艾琳·陈梅灵合著的*CaratteriCinesi*一书。该书最初于1986年由Arnoldo Mondadori Editoree股份有限公司出版。版权所有

图3：拉斯科岩画《野牛和人》，公共所有

图4：（上图）《猫头鹰与太阳》（油画，材质：画布），1973，由尤里·马宁提供；（下图）《穆索梅利一景》（油墨画，材质：画纸），1995，由尤里·马宁提供

尤里·马宁个人照，由塔蒂亚娜·普罗蒂尼科娃提供

达达主义者的百转千回之路

玛蒂尔达·马尔科里个人照，由本人提供

图1：《标志图》，1986，安娜尔罗萨·科塔

图2：《结构符号》，1985，阿蒂利奥·马尔科里

图3：《三联画》左联，1995，由玛蒂尔达·马尔科里提供